C'ÉTAIT LE XXe SIÈCLE

* *

OUVRAGES DU MÊME AUTEUR

Louis XVII retrouvé (1947)
Letizia. Napoléon et sa mère (1949)
La Conspiration du général Malet (1952)
La Médaille militaire (1952)
La Castiglione (1953)
Les Grandes Heures de Versailles (1954)
De l'Atlandide à Mayerling (1954)
Cet autre Aiglon : le Prince impérial (1957)
Offenbach, roi du Second Empire (1958)
L'Empire, l'Amour et l'Argent (1958)
L'Enigme Anastasia (1960)
Les Heures brillantes de la Côte d'Azur (1964)
Grands Mystères du passé (1964)
Dossiers secrets de l'histoire (1966)
Grands Secrets, grandes Énigmes (1966)
Nouveaux Dossiers secrets (1967)
Les Rosenberg ne doivent pas mourir, pièce (1968)
Grandes Aventures de l'Histoire (1968)
Histoire des Françaises, 2 vol. (1972)
Histoire de la France et des Français, 13 vol. en coll. (1970-1974)
Blanqui l'Insurgé (1976)
Les Face-à-face de l'Histoire (1977)
Alain Decaux raconte, 4 vol. (1978-1981)
Danton et Robespierre, pièce en coll. (1979)
Discours de réception à l'Académie française (1980)
L'Histoire en question, 2 vol. (1982-1983)
Victor Hugo (1984)
Les Assassins (1986)
L'Affaire du courrier de Lyon, pièce (1987)
Destins fabuleux (1987)
L'Histoire de France racontée aux enfants (1987)
La Révolution française racontée aux enfants (1988)
La Liberté ou la Mort, pièce en coll. (1988)
Jésus raconté aux enfants (1991)
Le Tapis rouge (1992)
Histoires extraordinaires (1993)
Mil neuf cent quarante-quatre (1993)
Nouvelles Histoires extraordinaires (1994)
L'Abdication (1995)
C'était le XXe siècle, tome I (1996)
La Bible racontée aux enfants (1996)
Monaco et ses princes (1997)

ALAIN DECAUX
de l'Académie française

C'ÉTAIT LE XXe SIÈCLE

* *

La course à l'abîme

PERRIN

ISBN : 2-262-01178-8

A Claude et Anne-Marie Pelletier.

Le premier volume de la série *C'était le XXe siècle* couvrait la période de 1905 à 1932. Celui que je présente aujourd'hui tente de ressusciter quelques-uns des événements se déroulant de 1934 à 1940, ce temps où la génération qui avait juré, lors de l'armistice de 1918, qu'elle ne reverrait « plus jamais ça » se précipitait, tête baissée, vers une deuxième guerre mondiale, vers l'abîme.

Je rappelle qu'il ne saurait s'agir d'une histoire de ce siècle, seulement du regard d'un écrivain qui, tout au long de sa vie et au hasard de curiosités successives, s'est arrêté à ce qui le fascinait le plus.

A.D.

Note de l'éditeur : Sous le titre général *C'était le XXe siècle*, l'ouvrage d'Alain Decaux comportera quatre volumes.

I

Stavisky ou la corruption

8 janvier 1934

Un homme martèle une porte à grands coups de poing. De l'intérieur, une voix angoissée s'élève.

— Qui est là ?

— Ouvrez ! Police !

Aussitôt, à travers le battant, une détonation retentit.

Personne n'ignorera plus bientôt que, le 8 janvier 1934, à Chamonix, dans une chambre du chalet le Vieux Logis, Stavisky s'est donné la mort. A l'origine d'une escroquerie sans égale, il va ébranler le régime parlementaire français.

La République sera mise en péril par la faute de l'homme qui gît sur le sol, la tête baignant dans le sang.

Le Tout-Paris le connaissait sous le nom de Serge Alexandre. Un mois plus tôt, cependant que l'on achevait l'aménagement de son hôtel particulier de la rue de Berri, il résidait encore au Claridge, un palace. A ses réceptions se pressaient les ministres, les parlementaires, les généraux, les magistrats. Il était propriétaire d'un théâtre et d'une écurie de courses. Aux tables des

---

L'étrange mort de Stavisky. (Harlingue-Viollet.)

casinos, il hasardait des bancos de plusieurs millions. Il laissait dans son sillage comme une traînée de puissance et de gloire, celles que procure la grande richesse. Partout, on saluait avec obséquiosité M. Alexandre. On ne savait pas très bien d'où lui venait l'argent qu'il répandait, tels ces nababs dont on célèbre la légende. A ceux qui s'interrogeaient, les gens informés répondaient :

— Il fait des affaires.

Joseph Kessel, cherchant de l'argent pour le journal qu'il préparait avec son frère, s'était rendu à ses bureaux de la place Saint-Georges. Il avait découvert des « chambres sévères et ternes », un « mobilier lourd et triste », des « étages retentissant du cliquetis des machines à écrire », de « grandes salles avec des tables massives, pour conseils d'administration ». Tout cela avait frappé — ô combien ! — l'auteur de *L'Equipage* : « Il n'y avait même pas, dans cette maison, l'affectation d'éclat et de luxe qui, parfois, éveillent la méfiance. Tout paraissait pesant, sérieux et un peu poudreux. On eût dit qu'Alexandre montrait là le sérieux de son personnage, contrepoids nécessaire à ses sorties frivoles, à ses parties enragées... Des dactylographes, des secrétaires passaient à travers le bureau, recevaient des ordres, repartaient. Des avocats, qui semblaient là en permanence, répondaient à des questions, éclaircissaient des points de droit. Les propos étaient assourdis par le fracas des autobus qui roulaient sur le pavé de Montmartre, mais tout montrait la santé, la bonne humeur, l'élan d'une affaire importante [1]. »

En attendant d'être reçu par M. Alexandre qui téléphonait à Budapest, Kessel n'avait pas manqué de compagnie : M. Dorn y de Alsoa, diplomate sud-américain, boutonnière ornée de l'insigne de grand-croix de la Légion d'honneur, était venu le saluer. Un vieux général barbu l'avait relayé. Décidément, rien que du beau monde. Enfin, on l'avait introduit.

M. Alexandre avait quarante-sept ans. Il en paraissait dix de moins. Ce qui frappait, c'était le contraste entre le haut du visage, énergique et ferme, où brillaient des yeux noirs, et la moitié inférieure, marquée surtout par la mollesse du menton.

---

1. Joseph Kessel : *Stavisky, l'homme que j'ai connu* (1934).

Même dissonance dans la voix « impérieuse et douce, claire et réticente, conduite prudemment et soudain rompue par quelque éclat vulgaire ».

M. Alexandre allait remettre à Kessel un chèque de 25 000 francs destiné à la souscription ouverte pour son journal. Une poignée de main, un sourire, un conseil :

— Faites-moi signe au moment où vous appellerez le reste du capital et où vous constituerez la société. Je m'y connais certainement mieux que vous.

Qui, à part quelques policiers, aurait eu l'audace de se souvenir que M. Alexandre s'était appelé Sacha Stavisky et que la police l'interrogeait déjà en 1909 ?

Né le 20 novembre 1886 à Slobodka, en Ukraine, il a vingt-trois ans cette année-là. En 1900, les Stavisky ont fui les pogroms qui frappaient quasi rituellement les Juifs de Russie. Ils sont venus s'installer à Paris où, assez vite, on leur a accordé la naturalisation. Le père, dentiste, a installé son cabinet rue de la Renaissance, dans le quartier des Champs-Elysées. Si son fils Sacha comparaît devant le commissaire de police, c'est qu'il a fait imprimer des cartes de visite au nom de M. Lemerre, éditeur, et qu'il les a utilisées pour obtenir des places de théâtre gratuites. De la part du commissaire, le jeune Sacha Stavisky n'aura droit qu'à des paroles sévères. M. Lemerre n'a pas porté plainte.

Le père est un homme d'une honnêteté irréprochable, un grand travailleur. Pourquoi le fils se situe-t-il aux antipodes ? Mystère de l'hérédité. La vérité est que Sacha aime la vie facile, à grandes brides. Il se sent des envies de luxe, il voudrait gagner beaucoup d'argent. Le drame est qu'il ne cultive que sa paresse. Travailler ? Quelle idée ! Alors, il a dérobé l'or acquis par son père pour ses prothèses et l'a revendu à des boutiquiers de la rue des Blancs-Manteaux. Bien sûr, M. Stavisky n'a pas déposé plainte.

A vingt ans, Sacha s'est cru une vocation artistique. Il se range parmi ceux qui pensent — à tort — que le métier d'artiste rapporte beaucoup d'argent en exigeant peu d'efforts. Engagé comme comique dans un café-concert de l'avenue des Ternes, le public le chahute, crie qu'il n'est pas drôle. Il renonce.

Peut-être s'en serait-il tenu là s'il n'y avait eu le grand-père. Il vient aussi de Russie, ce vieux monsieur au regard trop vif. Il aurait plutôt tendance à penser que tous les Français sont stupides et qu'il est possible, avec un peu de malice, de leur faire admettre n'importe quoi. La devise du grand-père Stavisky : rouler tous ceux qui sont prêts à se laisser gruger. Sacha l'admire.

En 1909, précisément, le grand-père et le petit-fils s'associent. Jusqu'à présent, les Folies-Marigny — l'actuel théâtre Marigny — n'ont abrité de spectacles qu'en hiver. Abraham Stavisky a une idée : louer le théâtre pour la saison d'été. Or ni Abraham ni Sacha n'ont devant eux un sou vaillant. Ils vont donc recruter par petites annonces des concessionnaires pour le bar, le programme, la publicité. A chacun, ils réclament un cautionnement. Ils encaissent de la sorte 12 000 francs — des francs-or. Après quoi, ils résilient le bail et partent avec le magot. Pensaient-ils qu'aucune de leurs dupes ne réagirait ?

Nous sommes en présence d'une constante qui se situe à l'origine même du comportement de l'escroc. Ce qui importe à celui-ci, c'est d'encaisser tout de suite de l'argent. Il ferme son esprit à la seule évocation des conséquences, pourtant prévisibles, du risque qu'il prend.

Bien sûr, les victimes se plaignent. On ouvre une information judiciaire. Le grand-père Abraham meurt à point nommé. Voilà le jeune Sacha dans la nécessité de répondre seul de ses actes. D'emblée, il va se hausser à cent coudées au-dessus de feu son grand-père : il choisit comme avocat le frère d'un homme politique de très haut vol. Me Albert Clemenceau obtiendra remise sur remise. L'affaire du Marigny ne sera plaidée qu'en 1912, plus de deux ans après l'ouverture de l'information. Stavisky sera condamné à quinze jours de prison avec sursis et 25 francs d'amende. Grande leçon. A vingt-trois ans, Sacha Stavisky a compris l'importance des relations et surtout des influences.

En outre, ce beau gosse mince et brun ne compte plus les conquêtes féminines. Ses maîtresses l'hébergent quand il ne sait où coucher et souvent il leur doit son argent de poche. Ces succès médiocres ne correspondent en rien à ses rêves de fortune et de puissance. Il ne sait pas encore s'habiller, il n'est guère soigné : cheveux longs dans le cou, petite moustache, regard assez veule. Marié en 1910, il divorce presque aussitôt, ouvre un cabinet de contentieux rue Caumartin, se lance dans des entreprises qui tournent court. De nouvelles plaintes sont déposées contre lui. Il doit s'enfuir à Bruxelles. On le condamne deux fois pour abus de confiance.

Quand la guerre éclate, il s'engage. Une bonne note, enfin ? Il part dans le train des équipages. Cependant, en janvier 1915, on le réforme. Il a vingt-huit ans.

De la guerre, il rapporte une chance inespérée : l'amnistie, en qualité d'ancien combattant, de ses précédentes condamnations ! Fort de ce casier judiciaire soudainement vierge, il se campe face à Paris, dents plus longues que jamais. Son entregent lui fait obtenir du gouvernement italien une commande de vingt mille bombes en tôle. Il sous-traite le marché à une entreprise de Suresnes et empoche 300 000 francs de bénéfices, somme qui lui permet de désintéresser les victimes de ses précédentes escroqueries et d'obtenir la mainlevée des poursuites.

Il s'affine, oublie ses habitudes de vulgarité, s'habille maintenant chez les bons faiseurs. Il plaît de plus en plus. Une certaine Jeanne Darcy — de son vrai nom Fanny Bloch — a parcouru avant guerre une assez jolie carrière de chanteuse. Elle se déclare folle de lui. Leur aventure illustre parfaitement ce curieux temps où l'on meurt en masse à l'avant, cependant que ceux de l'arrière se partagent entre la recherche du plaisir et la course à l'argent. Sacha et Fanny unissent leurs destinées, ouvrent ensemble des salles de jeux clandestines dont le croupier n'est autre que Stavisky et gagnent assez d'argent pour inaugurer un cabaret-dancing, rue Caumartin.

Les permissionnaires affluent, la caisse se remplit. L'ennui est que Sacha puise dans cette caisse et qu'il trompe Fanny. D'où des scènes particulièrement pénibles. Les barmen évoqueront les algarades des deux amants, les cris suraigus de Fanny, les injures de Sacha, parfois ponctuées de coups. Fanny ira même se plaindre à la police des sévices que lui a infligés Stavisky. On se sépare, on liquide. Sacha est à la tête de 800 000 francs[1].

Au lendemain de la guerre, 800 000 francs signifient une très grosse somme. Un tel capital pourrait représenter une excellente base pour la création d'affaires honnêtes que Stavisky est parfaitement capable de mener à la réussite. Il n'y pense même pas. Seule semble l'attirer la fatalité des entreprises en marge, des affaires louches, comme la flamme capte le papillon de nuit.

Il s'associe avec un certain Himmel pour fonder une compagnie de cinéma : la Franco-American Cinematograph Corporation, société par actions pour laquelle huit millions sont souscrits. Le pot aux roses ne tarde pas à se révéler : les associés américains annoncés aux actionnaires n'existent pas. Une instruction est ouverte.

On voit Stavisky à Istanbul, à Budapest, à Athènes. Il touche au monde de la drogue, abandonne pour se lancer dans une affaire de vente de consommé de viande en cube, *le P'tit Pot*. Faillite frauduleuse. « De 1922 à 1924, dit Me Maurice Garçon, Stavisky fonda une série de sociétés qui disparurent aussi vite qu'elles étaient nées. » Toute sa vie et jusqu'au bout, il dépensera plus d'argent qu'il n'en gagne. D'où la nécessité de s'en procurer toujours davantage.

En 1923, il franchit encore une étape : un gros paquet de titres a été volé à bord d'un paquebot entre Marseille et l'Amérique du Sud. On possède la preuve que la plus grande partie de ces titres, vendus pour un million de francs à Paris, est passée entre les mains de Stavisky. Or, il n'est pas inquiété.

Etrange longanimité de la justice. Douze ans plus tard, la commission d'enquête parlementaire se demandera si Sacha ne jouissait pas déjà à ce moment-là de la protection d'un commissaire de police. En l'occurrence, l'impunité engendre la témérité. Une nuit, à Montmartre, un Américain éméché signe un chèque de 600 francs. Stavisky le « lave » et en transforme le

1. Maurice Garçon : *Histoire de la Justice sous la IIIe République*, tome II, *Les Grandes Affaires* (1957).

montant en 48 200 francs. Un complice, Popovici, présente le chèque à l'American Express qui paye. Sur le conseil de Stavisky, Popovici file à l'étranger.

Avec cet argent frais, Sacha se lance dans de nouvelles affaires : tissus, gabardines, soieries. Popovici regagne Paris pour réclamer sa part. Il est arrêté sur-le-champ. Or, une seule personne était informée de son retour : Stavisky. Persuadé qu'il a été « donné », Popovici le dénonce.

En prison, Stavisky.

Quand le juge d'instruction ouvre le dossier, il cherche en vain le chèque falsifié, seule pièce à conviction. Disparu ! Stavisky a fait le nécessaire. Libéré, c'est une nouvelle morale personnelle qu'il se forge : on peut tout obtenir par la corruption.

Ces quelques jours de captivité lui ont-ils au moins servi de leçon ? Pas même. Il fait monter sans cesse ses propres enchères. Avec un « spécialiste » embauché en Roumanie, il se propose d'imprimer de faux bons du Trésor. Une femme dénonce toute l'affaire. La police découvre le matériel dans un pavillon de Brunoy. On arrête les complices, pas Stavisky. Il se terre le temps nécessaire, puis reparaît à Paris au bras d'un ravissant mannequin de chez Chanel, Arlette, vingt-deux ans.

On dirait qu'il a fait peau neuve, Sacha. Arlette et lui habitent bourgeoisement un appartement de la rue Edouard-Detaille, ils ont loué une villa en banlieue. On les voit très épris l'un de l'autre. Bientôt, on saura qu'Arlette attend un enfant. Sacha, lui, *s'occupe*. Il organise le vol, chez deux agents de change, de sept millions de titres. On les liquide à Londres mais, au passage, Stavisky rafle cinq millions.

Est-ce la grande réussite ? Non. L'édifice est par trop bâti sur le sable. En quelques heures, il s'écroule. Les complices de l'affaire de faux le mettent en cause. Cette fois, la police sort à son égard de sa singulière léthargie. On l'arrête. Au moment où on l'introduit dans le cabinet du juge d'instruction, il s'évade [1] !

1. Jacques Robichon : *L'Affaire Stavisky*, dans *Le Roman vrai de la IIIe République, Les Années difficiles* (1958).

Contre lui, les plaintes pleuvent : entre autres, celle de la Banque nationale de crédit, sur laquelle il a tiré plus de 1 500 000 francs en chèques sans provision, celle de la Banque spéciale de crédit refaite, elle, de 1 150 000 francs. Stavisky ? Il a pris la fuite. Nul ne sait où il se trouve. La police opère une descente chez son père, le dentiste Emmanuel Stavisky, que l'on emmène. Très digne, le vieux monsieur annonce qu'il possède un million d'économies et qu'il entend bien indemniser les dupes de son fils. Il regagne son domicile, s'enferme dans son cabinet — et se donne la mort.

A la fin de juillet 1926, la Sûreté générale reçoit une dénonciation : Stavisky se cache dans une villa de Marly-le-Roi. On vérifie : c'est vrai. Sous les ordres du commissaire Pachot, une nuée de policiers envahissent la villa qui regorge d'invités. On finit par découvrir Stavisky, caché dans les toilettes.

Cette fois, c'est sérieux. Stavisky est écroué à la Santé. Fidèle à lui-même, il engage comme avocats deux célébrités de la politique : Paul Boncour et Campinchi, ainsi que deux ténors du barreau : Gaulier et Henry Torrès.

Maintenant père d'un petit garçon, décidé à retrouver bientôt sa femme et son fils, Stavisky prépare, avec une ingéniosité qui s'apparente au génie, sa libération. Il a compris qu'il lui fallait avant tout ne pas être jugé : il risque une très lourde peine et sait qu'il lui serait pratiquement impossible de sortir de la prison — peut-être du bagne — où cette condamnation le conduirait. Sa seule chance ? Profiter des possibilités de la prévention. Donc, il faut être relâché avant le procès.

Ce qui le sert, c'est l'extraordinaire complexité des causes pour lesquelles il est inquiété. Tout se mêle. Les complices qui l'accusent ne connaissent que l'affaire à laquelle ils ont été associés. Quand on les interroge sur une autre, leurs accusations contredisent celles de partenaires mieux informés. Le juge s'y perd : les pistes sont fausses, les fonds volés ne se retrouvent plus. Le regard candide et la voix mouillée d'émotion, Stavisky jure qu'il ne sait rien.

Peut-être est-ce à ce moment, comme l'a pensé Jacques Robichon, qu'il a effectué un retour sur lui-même. En quinze ans, on a déposé contre lui vingt-quatre plaintes. Deux fois, on l'a arrêté. Pour quel résultat ? Pourquoi ne ferait-il pas autre chose de sa vie ? Ses avocats sollicitent sa mise en liberté provisoire. Le juge, sans doute impressionné par la qualité de ses avocats, accepte. Aussitôt, de la part des parties civiles, c'est un tollé. Le juge fait machine arrière. Stavisky restera en prison.

A point nommé, il tombe malade. Ses gardiens, entrant dans sa cellule, le trouvent secoué de vomissements. Les médecins diagnostiquent une appendicite qu'ils se proposent d'opérer à l'infirmerie de Fresnes. Stavisky exige que l'intervention soit pratiquée dans une clinique privée. Le Parquet refuse.

Une véritable partie de bras de fer s'engage : Stavisky contre le Parquet. Entre les deux, le juge oscille. Les semaines passent. La santé de Stavisky se révèle de plus en plus préoccupante. On commet un expert, le docteur Paul. Il produit un rapport inquiétant : le prisonnier risque l'abcès, la péritonite, la mort. Le Parquet cède. Le 22 décembre 1927, Stavisky bénéficie d'une liberté médicale sous caution de 50 000 francs. Le 28 décembre, il sort de prison. Dans la voiture qui l'attend devant la Santé, il trouve Arlette, son complice Hayotte... et Me Gaulier.

Trois jours après, le quasi-mourant fête le nouvel an dans un cabaret de Montparnasse. Les inspecteurs commis à sa filature manifestent leur étonnement : Stavisky sort deux fois par jour. Il marche d'un bon pas.

Le 20 janvier 1928, Stavisky se marie. Voilà le petit Claude légitimé. Plus tard, Arlette lui donnera une sœur. Le couple se présente désormais sous le nom d'Alexandre, parce que Stavisky s'est juré de changer de peau. Stavisky ? Connaît pas. Cette métamorphose, même avec le recul du temps, présente à nos yeux quelque chose qui fascine. Stavisky a joué sur la faculté d'oubli des Parisiens. Il a compris que la puissance va aux puissants, l'argent aux fortunés. Seul à savoir qu'il s'agit d'un trompe-l'œil, il met en scène sa propre personne, sa propre fortune. Désormais, Serge — nouveau prénom — ne fréquentera plus que les palaces, les restaurants huppés. Il se fera conduire dans de somptueuses voitures. Les femmes envieront les toilettes et les bijoux d'Arlette.

D'où vient l'argent ? Au départ, d'une firme, *Alex*, fondée par Stavisky, qui vend des bijoux, de l'orfèvrerie, des objets d'art. La maison *Alex* aura des succursales au Touquet, à Biarritz, à Cannes. Il a fallu une mise de fonds dont on ignore l'origine. Stavisky dira simplement à Kessel : « Un homme m'a aidé. Il est mort. » Il reste encore bien des mystères dans l'histoire de Stavisky.

Alexandre lance un réfrigérateur qu'il baptise *Phébor*, crée une société d'alimentation générale et, à Cannes, le Palais des Sports. Il recrute des conseils d'administration éblouissants. Il donne des dîners fantastiques. Ses photos et celles d'Arlette paraissent dans les journaux.

Le même homme demeure l'objet d'instructions concernant plusieurs affaires dont chacune peut lui valoir bien des années de prison. Il vit sous le régime de la liberté provisoire. Avec ces multiples épées de Damoclès suspendues sur sa tête, comment est-il parvenu à édifier cette nouvelle et incroyable fortune ? La réponse nous conduit tout droit au nœud du scandale. L'une des instructions va se clore par non-lieu. Pour les autres, chaque fois que Stavisky sera convoqué devant la justice, ses avocats obtiendront une remise : on gagne quelques mois. L'affaire est-elle appelée de nouveau ? On demande une nouvelle remise. Et on l'obtient ! Dans l'esprit du public — et peut-être dans celui des magistrats —, quel rapport pourrait-il dès lors exister entre le petit escroc Stavisky et l'homme d'affaires Serge Alexandre qui mène la vie à si grandes guides ?

Jusqu'où ne montera-t-il pas ? Il a signé un contrat avec la Ville de Paris pour la construction d'immeubles entre la porte Dauphine et la Muette. Afin de mener à bien l'opération, il lance un emprunt de cent millions, et aussitôt les titres de la Foncière s'arrachent. Dans la seule année 1930, le ménage Alexandre dépense cinq millions. La belle Arlette est devenue la chargée de relations publiques du couple. On ne voit qu'elle à Biarritz, à Deauville, à Cannes, à Saint-Jean-de-Luz. Dès que son mari l'y rejoint, on le voit entouré d'amis, beaucoup d'amis.

Ceux-ci boivent les paroles de leur hôte quand il répète avec componction :

— Les relations, c'est le secret de tout.

Dans son portefeuille, M. Alexandre serre un sauf-conduit délivré par le commissaire Bayard : « Le nommé Stavisky peut se recommander de mon nom devant les représentants de la force publique et recourir à eux le cas échéant. »

En fait, M. Alexandre est en train d'édifier la plus colossale escroquerie du siècle.

Tout commence à Orléans. On trouve dans cette ville, comme en beaucoup d'autres, un crédit municipal, autrement dit un mont-de-piété. On connaît le principe de ces établissements : ils accordent des prêts sur des objets qui leur sont déposés en gage. Si, au bout d'un certain délai, le prêt n'est pas remboursé, l'objet est vendu au profit de l'emprunteur.

Pour assurer le roulement de ses opérations, tout crédit municipal a besoin d'argent frais. Aussi ces établissements sont-ils autorisés à émettre des bons de caisse, emprunts producteurs d'intérêts. Système qui n'a pas manqué d'attirer l'attention de M. Alexandre.

C'est sur le Crédit municipal d'Orléans qu'il va jeter son dévolu. Son directeur, Desbrosses, est bien connu de lui et M. Alexandre le sait prêt à tout. Il a raison : Desbrosses obéira aveuglément à ce qu'il exigera de lui.

Puisque M. Alexandre est joaillier — la maison Alex —, il ne lui est pas difficile de se procurer de fausses émeraudes. Celles-ci sont portées au Crédit municipal d'Orléans et acceptées pour vraies par Desbrosses. Dès lors, les millions vont glisser dans les poches de Stavisky : en trois ans, quarante-trois !

D'évidence, cela ne durera pas toujours. Stavisky ne peut en douter. L'historien s'effare lorsqu'il constate que M. Alexandre, au milieu de ses splendeurs, a conservé les réflexes du petit escroc qu'il était au temps des Folies-Marigny. Celui qui répétait : « On verra bien. »

Le commissaire Pachot — qui avait arrêté Stavisky à Marly — n'a pas perdu de vue l'homme qu'il continue à considérer comme un simple malfaiteur. Les rapports de M. Alexandre avec le Crédit municipal d'Orléans attirent son attention. D'autant plus qu'un complice vient à point nommé dénoncer la fraude. L'inspecteur Cousin enquête sur l'affaire. Il rédige un rapport qui révèle tout le mécanisme de l'opération. Le document est transmis au Parquet.

Le plus lucide, en l'occurrence, c'est Desbrosses. Il sent que le filet se resserre, il meurt de peur. Il court à Paris, supplie M. Alexandre. Le Crédit municipal d'Orléans va être l'objet d'une inspection imminente. Que deviendra-t-il, lui, Desbrosses ? Que deviendra son « patron » ? Fulgurante, la réplique d'Alexandre : il rembourse les quarante-trois millions !

Quand les inspecteurs arrivent à Orléans, quand ils se penchent sur les comptes du Crédit municipal, ils trouvent éteinte la dette de M. Alexandre. L'enquête s'arrête d'elle-même.

Où Stavisky a-t-il trouvé les quarante-trois millions ? En partie dans les caisses de la Foncière. Elle a attiré également l'attention de la police, cette entreprise de promotion immobilière dont l'essor s'est révélé si prometteur. De nouveaux rapports soulignent la présence inquiétante de Stavisky à sa tête. Des demandes d'enquête sont déposées par le ministère du Travail, par celui des Finances. Certains journaux financiers expriment leur inquiétude. Un ancien ministre, avocat d'affaires, intervient. L'enquête s'interrompt. La Foncière continue.

N'importe, c'est un gros paquet, quarante-trois millions. Il faut les retrouver. Le système des crédits municipaux offre tant de simplicité qu'il enchante M. Alexandre. On a dit adieu à Orléans. On ira donc à Bayonne.

Les vacances à Biarritz d'Arlette — son mari la rejoignant pendant les week-ends — ont permis au couple de se lier avec Garat, député-maire de Bayonne, qui leur a été présenté par le député Boyer. A Garat, M. Alexandre vante les bienfaits d'un crédit municipal. Convaincu, Garat fait agréer le principe d'un mont-de-piété à Bayonne. Reste à savoir qui le dirigera. Toujours prompt à rendre service, M. Alexandre s'empresse. Il recommande un certain Tissier dont il jure qu'il est l'homme de la situation. Garat l'engage sur-le-champ.

La valse des millions recommence. Comme naguère à Orléans, de fausses pierres précieuses sont dirigées sur Bayonne. Un bijou valant 1 500 francs est estimé 600 000 francs et, là-dessus, on prête à M. Alexandre 500 000 francs.

A ce train, le Crédit municipal devrait courir à la ruine. M. Alexandre trouve le moyen de combler le gouffre qui se creuse : il suffit d'émettre des bons de caisse ! Ce qui est fait. A peine imprimés, on les place dans les meilleurs établissements financiers. On y est aidé par une lettre de M. Dalimier, ministre du Travail : « Etant donné les avantages de sécurité que présentent de tels placements, je ne doute pas que les conseils d'administration, et plus particulièrement ceux de la région de Bayonne, ne réservent un bon accueil aux offres qui leur seront faites. » Plusieurs compagnies d'assurances s'empressent de souscrire.

Naturellement, les sommes obtenues glissent en grande partie vers la caisse de M. Alexandre. Les souches des carnets portent des chiffres qui ne correspondent nullement à la valeur des bons. La différence, c'est M. Alexandre qui l'empoche. Le Crédit municipal de Bayonne encaisse quarante millions en 1931, cent millions en 1932. La plus grande partie de ces fonds a été reversée au crédit de M. Alexandre.

M. Garat ne s'étonne pas. De la main à la main, il a touché par deux fois 200 000 francs. Il ne faudrait surtout pas dire du mal de M. Alexandre devant le député-maire Garat.

Au printemps de 1932, l'avocat Bonnaure se présente à la députation dans le IIIe arrondissement de Paris. Stavisky lui apporte son soutien, ce qui veut dire un financement non négligeable. Bonnaure est élu. Or, il appartient à la majorité radicale. Il est clair que Stavisky a joué la bonne carte. *La Volonté*, son journal — car il a un journal — soutient la politique radicale. On n'a plus rien à lui refuser.

M. Alexandre pense, dans ces conditions, qu'il serait plus sage de songer à rembourser Bayonne comme il a remboursé Orléans. Il lui faut donc lancer une nouvelle grande affaire qui lui procurerait les capitaux nécessaires.

Il la trouve. Les « optants » hongrois paieront. Qu'est-ce à dire ? Si le traité de Trianon a retiré des territoires à la Hongrie, il a accordé à leurs habitants la liberté d'opter pour la nationalité hongroise. Afin de compenser l'abandon des biens que ceux-ci laisseraient derrière eux, on a prévu à leur intention des indemnités sous forme d'obligations amortissables à paiements échelonnés jusqu'en 1966. L'Allemagne est responsable du règlement. Bien entendu, l'Allemagne n'a pas versé un sou. Les bons ont fini par perdre toute valeur.

Avec un flair aiguisé par les années, M. Alexandre a deviné la faille : des créditeurs insistent, le débiteur est défaillant. Pourquoi ne pas se glisser entre eux et, à titre d'intermédiaire, se tailler la part du lion ?

Accompagné de Bonnaure, M. Alexandre se rend à Budapest et acquiert, pour très peu d'argent, un énorme paquet des fameuses obligations. Il crée alors la Caisse autonome des règlements internationaux. Nom superbe. L'objet officiel : financer les travaux des régions et des communes concernées. On voit Alexandre à la Société des Nations. A Genève, il fréquente les diplomates. Ce séducteur né déploie tous ses dons. Il est bien près de réussir.

Avec l'argent récolté — il en est sûr — il va donc rembourser Bayonne. Après quoi, c'en sera fini de la voltige. Les vieilles affaires ? Ses amis ministres et députés l'aideront à les faire oublier. Il rêve. La vie sera belle.

Ce n'est qu'un rêve, justement.

Le vendredi 22 décembre 1933, le téléphone sonne chez M. Alexandre. Au bout du fil, M. Tissier épouvanté. Sa voix tremble. Il dit que M. Sadron, receveur des Finances de Bayonne, a découvert que des bons figurant dans la comptabilité pour 100 000 francs ont été en réalité émis pour une valeur d'un million. Sadron, stupéfait, a interrogé là-dessus Tissier qui a bafouillé lamentablement. On en est là. C'est à ce moment précis que Tissier appelle Stavisky.

La visite de Sadron représente un aboutissement. Une plainte a été déposée par la société Urbaine-Vie auprès du ministère des Finances. Une enquête a été ouverte. On est tombé des nues en constatant l'ampleur des bons émis par le Crédit municipal de Bayonne. En fait, 239 millions de faux bons ont été mis en circulation ! M. Sadron a été prié d'obtenir des explications de Tissier. D'où sa visite.

M. Alexandre a écouté tout cela sans broncher. Il en faut davantage pour l'impressionner. Il croit avoir rassuré Tissier. Il a tort. Le lendemain, Tissier perd pied, il avoue toute la combinaison au sous-préfet de Bayonne. Il révèle qu'Alexandre n'est autre que l'escroc Stavisky. On arrête Tissier. Un mandat d'amener est lancé contre Stavisky.

M. Alexandre ne plastronne plus. De temps à autre, il a tout de même pensé que ses audaces auraient peut-être une fin. Il s'est alors juré de ne plus retourner en prison. Une cellule, pendant des années ? Jamais.

Une terrible catastrophe ferroviaire vient de se produire à Lagny. Deux cents morts, trois cents blessés. Un instant, Stavisky songe à monter une extravagante mise en scène : pourquoi ne pas envoyer un complice à Lagny qui déposerait ses propres papiers sur l'un des cadavres ? Le temps lui fait défaut. On se prend à regretter que la manœuvre n'ait pas réussi : elle manque à la carrière de l'escroc.

Stavisky se rend chez son avocat, Me Guiboud-Ribaud. Il lui annonce que, s'il ne peut passer la frontière, il se donnera la mort. Il appelle Arlette au téléphone, lui demande de lui apporter une valise de linge et sa trousse de toilette dans une brasserie de la Chaussée-d'Antin. Il passe la nuit dans un petit hôtel. Le lendemain, veille de Noël, il fait ses adieux à ses amis les plus proches, demande qu'on lui procure de l'argent. Une valise de bijoux — authentiques ceux-là — vient d'arriver de Bayonne. Alexandre va en obtenir 100 000 francs alors qu'ils valent dix millions.

L'un de ses comparses, Pigaglio, offre de l'accompagner au volant de sa Peugeot jusqu'en Haute-Savoie : à Servoz, il possède un chalet où il jure que personne ne découvrira l'homme en fuite. Stavisky accepte. A 1 heure du matin, ils partent de la porte Champerret. La voiture s'arrête au coin des rues François-Ier et Pierre-Charron. Arlette l'attend. Adieux que l'on peut imaginer déchirants. En regagnant le Claridge, elle croise Joseph Kessel. Celui-ci questionne :

— Vous montez sans doute vous habiller pour réveillonner ?

— Mais non, répond-elle en souriant, je vais me coucher, c'est plus sage.

« Sa figure était aimable et sereine, sa voix ne portait la trace d'aucune altération. »

La voiture de Stavisky et Pigaglio s'arrêtera à Sens. Impossible, à cause de la neige et du verglas qui envahissent les routes, de continuer. Les deux hommes vont prendre le train. Ils mettront deux jours, passant la nuit à Culoz, pour gagner Servoz. Surprise désagréable : chez Pigaglio, le froid a gelé toutes les conduites d'eau. Impossible d'habiter là. On va donc louer un autre chalet : les Argentières.

Dans sa poche, Stavisky tâte souvent le revolver que lui a remis l'un de ses collaborateurs, Romagnino.

Pigaglio ne peut rester plus longtemps auprès de Stavisky. Il appelle à la rescousse Henry Voix, garçon de bureau de la Foncière, qui accepte de le relayer à Servoz. Les deux hommes se croisent, l'un partant, l'autre arrivant. Désormais, Stavisky et Voix sont seuls dans ce chalet investi par la neige. Unique distraction : les interminables parties de cartes auxquelles ils se livrent. Voix achète chaque jour les journaux sur lesquels se jette Stavisky. Ceux du 29 décembre confirment qu'un mandat d'arrêt a été lancé contre Stavisky.

Voix s'ennuie. Sa maîtresse, Lucette Almeras, lui manque. Il souhaite aller la chercher à Paris. Comment l'ex-M. Alexandre pourrait-il refuser ? Pendant quarante-huit heures, Stavisky va rester seul. Quel bilan alors a-t-il pu dresser de sa vie ? Les jours suivants, l'*affaire* éclate. Stavisky fait les gros titres des journaux. Partout s'étale sa photo. Impossible à présent pour lui de se déplacer sans qu'on le reconnaisse.

Retour de Pigaglio, suivi de Voix et de Lucette. Stavisky ne tient plus en place, il ne se sent plus en sécurité à Servoz. A sa demande, Pigaglio va louer à Chamonix, au pied du Brévent, un autre chalet : le Vieux Logis. Une vue superbe face au mont

Blanc. On s'y installe dans la nuit du 31 décembre au 1er janvier. Les chalets voisins sont inoccupés.

Dès lors, Stavisky va passer le plus clair de ses journées claquemuré dans sa chambre aux volets clos. Il se lève tard, vers 13 ou 14 heures, déjeune à 16 heures, dîne vers 23 heures. Il ne se rase plus, ses traits sont devenus bouffis.

Lucette prépare les repas, presque toujours des pâtes. Toujours les parties de belote, toujours la lecture des journaux.

Le 17 janvier, Pigaglio repart pour Paris. Cependant, de bonnes âmes ont signalé le comportement singulier des locataires enfuis quasi clandestinement du chalet de Servoz. Au moment où il n'est bruit que de Stavisky et de sa fuite, la police locale flaire une piste intéressante et avertit celle de Paris qui, immédiatement, charge le commissaire Charpentier d'une enquête sur place. Escorté par les inspecteurs Girard et Le Gall, Charpentier se met aussitôt en route. Va-t-il capturer Stavisky à Servoz ? Dans le chalet abandonné, il trouve seulement le frère de Pigaglio qui jure ses grands dieux ignorer jusqu'au nom de l'escroc. Convaincus qu'ils ont été mis sur une fausse piste, les trois policiers s'apprêtent à regagner Paris.

Or, à Paris, Pigaglio a rencontré Bonnaure et lui a livré le numéro de téléphone du Vieux Logis. Aussitôt, l'avocat-député — soucieux de se racheter ? — se rend à la présidence du Conseil. Il est reçu par le sous-secrétaire d'Etat à l'Intérieur, Marcombes. Les deux hommes s'entretiennent pendant une heure trente. Une heure trente ! Que s'est-il dit dans le silence de ce cabinet ? Quelle décision a-t-on prise ?

A 11 h 50, on appelle au téléphone Charpentier et ses collègues et on leur commande de rester sur place. Il faut reprendre la piste, elle est bonne.

Charpentier rappelle donc les gendarmes et, avec eux et ses collègues, entreprend de compulser les fiches des meublés. A 12 h 07, un gendarme met la main sur celle du Vieux Logis. Les policiers reconnaissent l'écriture de Voix. Telle est du moins l'explication que donnera Charpentier pour faire comprendre la décision d'investir le Vieux Logis.

Question : la démarche accomplie par Bonnaure auprès du secrétaire d'Etat à l'Intérieur n'est-elle pas pour une part dans une évolution aussi rapide ?

Le filet se resserre autour de Stavisky.

Sacha s'est levé à midi. Il a passé un pantalon de ski sur sa chemise de soie. Il n'est pas beau à voir et accuse dix ans de plus. Allongé sur son lit, il consulte les journaux à la lumière de la lampe de chevet. Quand il a fini d'en lire un, il le jette sur la descente de lit. A côté de lui, le Browning 6,35 ne le quitte pas. Sa porte est verrouillée.

A 14 heures, Henry Voix et Lucette quittent le chalet pour une promenade dans la neige.

Quant aux policiers, après avoir tranquillement déjeuné, ils se rendent à la même heure chez M. Chatou, soixante-douze ans, antiquaire et propriétaire du Vieux Logis et lui proposent de se prêter à une comédie soigneusement mise au point. Il y consent.

A 14 h 40, M. Chatou arrive au Vieux Logis. Il frappe. Aucune réponse. Il fait le tour du chalet et voit entrouverte la fenêtre d'une chambre, celle qu'occupent les Voix. Autre question : le couple ne l'aurait-il pas laissée *volontairement* ouverte ?

Il y a là une échelle. Chatou la dresse contre la façade, y grimpe, pénètre dans la chambre des Voix. De là, il gagne la porte d'entrée. Il ouvre à Charpentier, à Girard et à Le Gall. Ceux-ci, suivant le plan convenu, se présentent comme de futurs locataires. Chatou est censé leur faire visiter le chalet. On va, on vient, surtout on parle très fort. Sur une table, traînent des cartes à jouer et une feuille de calepin marquée de trois colonnes, chacune portant l'initiale d'un joueur. Charpentier se penche, déchiffre : un L comme Lucette, un H comme Henry, et un S... comme Sacha ! Où est-il, ce Sacha Stavisky ? Au Vieux Logis, on ne perçoit aucune présence.

La visite est vite terminée. Il reste une pièce à voir. La chambre précisément où doit se terrer Stavisky. Chatou tourne la poignée. La porte résiste.

Charpentier se penche. A l'intérieur, aucun bruit. Pas même un souffle. Légitimement, certains s'étonneront que Charpentier n'ait pas enfoncé la porte. N'a-t-il pas un mandat en poche ? Son devoir n'est-il pas d'arrêter sur-le-champ l'homme dont il est sûr maintenant qu'il se trouve dans la chambre ? Non sans véhémence, Charpentier s'expliquera devant la commission d'enquête :

— C'était mon intérêt de le prendre vivant ! Il en serait résulté un éclat beaucoup plus vif pour ma carrière. Mais sincèrement, je continue à me demander ce que j'aurais pu faire d'autre ! J'avais certes, dès ce moment, la certitude que Stavisky était dans cette pièce close, que, de l'autre côté de la porte, il écoutait tout ce qui se passait, et je savais qu'il était armé... Aussi, avant d'agir, ai-je préféré avoir une liaison avec Paris. Dans une affaire de cette importance, on aime recevoir les conseils d'un supérieur !

Nouvelle question : le Vieux Logis ne comporte que quatre pièces, plus une cuisine et un cabinet de toilette. Tout cela de plain-pied. Pourquoi Charpentier, Le Gall et Girard ont-ils « visité » ce minuscule domaine pendant près d'*une heure et demie* ? Pourquoi Charpentier envoie-t-il Le Gall explorer, en compagnie de Chatou, la petite cave de la villa, une cave qui ne mesure que quelques mètres carrés ? Interrogés, l'antiquaire et l'inspecteur déclareront qu'ils y sont restés vingt minutes. Vingt minutes !

Durant tout ce temps, Charpentier est demeuré seul devant la porte de la chambre de Stavisky. Seul.

Vingt minutes ont pu permettre d'instaurer un dialogue. Charpentier a-t-il dépeint à Stavisky ce qui l'attendait : l'inévitable passage à tabac — Stavisky gardait un souvenir horrifié de celui qui avait suivi son arrestation à Marly —, les longues années de prison, l'irrémédiable déchéance ?

Une question de plus : un *autre* homme n'a-t-il pu être introduit par Charpentier dans le chalet ? J'ai reçu à cet égard une lettre bien étrange de M. Joseph V., inspecteur divisionnaire honoraire de police. Celui-ci a recueilli les confidences de l'inspecteur Le Gall, « Petit Louis », comme l'appelaient ses intimes : « Malheureusement, je ne pourrai, par écrit, vous révéler ce que je sais. Sachez cependant que c'est Le Gall — seul — qui reçut, le 5 janvier 1934, le pli scellé du directeur de la Sûreté nationale (je crois M. B.), pli qui ne devait être ouvert que par le commissaire central de Chamonix, en présence du commissaire Charpentier, de la direction de la Sûreté nationale à Paris, et de Le Gall. C'est encore "seul" que Le Gall chercha, "sans succès", dans la journée du 6, la villa repaire où se cachait Stavisky, qu'il dut endosser toute la responsabilité des opérations et pour cause ! Que c'est Le Gall "seul" qui dénicha, le 7, à la pointe du jour, la fameuse villa, et cela était et fut un exploit, car les villas inoccupées étaient nombreuses. Il fallait d'abord ne pas se faire remarquer, et puis la chance, le "pot", l'aida en ce sens qu'un événement surgit brusquement d'une villa. Le Gall avait la villa ! Il téléphona à Paris et, ayant reçu l'ordre de brusquer l'opération, il l'appliqua. Je ne puis aller plus loin... Il y a le "feu rouge ". Lorsqu'ils pénétrèrent dans la villa, ils étaient quatre ! »

Il m'a été impossible d'en savoir davantage.

N'oublions pas que trois policiers seulement ont pénétré *officiellement* dans le chalet : Charpentier, Le Gall et Girard. Qui serait le quatrième ?

Elles sont achevées, les vingt minutes. Le Gall et Chatou remontent de la cave. Charpentier fait signe à Chatou de sortir. Il place Le Gall en faction devant la porte. Lui-même quitte le chalet et, en compagnie du gendarme Brun, s'en va téléphoner chez un tapissier du nom de Lechat. Il appelle la Sûreté générale, à Paris. Le gendarme Brun témoignera :

— J'ai entendu le commissaire annoncer qu'il avait visité la villa où habitaient Voix et sa maîtresse, qu'il avait trouvé une pièce fermée, et qu'il croyait bien que l'individu recherché était à l'intérieur. Bien entendu, j'ignore ce qu'on lui a répondu.

Cette fois, Le Gall est seul à son tour devant la fameuse porte verrouillée. Un peu plus tard, des journalistes l'interrogeront : n'a-t-il rien entendu ? Il confiera qu'il percevait parfaitement le souffle de l'occupant de la chambre, un souffle « court et oppressé ».

Il est 15 h 45 quand Charpentier remonte vers le Vieux Logis. En route, il croise un reporter du *Journal*, Armand-Henry Flassch. A son adresse, il lance :

— Ça y est ! On le saute !

Flassch ne se le fait pas dire deux fois. Il suit le policier. La nuit tombe peu à peu.

Quelques minutes plus tard, Lucette Almeras et Voix reviennent de leur promenade. D'assez loin, ils aperçoivent des ombres autour de la villa. Précipitamment, ils rebroussent chemin.

Il est près de 16 heures quand Charpentier et Brun rejoignent Le Gall à l'intérieur du chalet. Le Gall qui leur fait signe qu'il n'y a rien de nouveau. Fort des ordres qui viennent de lui être donnés, Charpentier décide de pénétrer de force dans la pièce. Il glisse un passe-partout dans la serrure. Aucun résultat : il y a une clé à l'intérieur. Cependant, pour la première fois, les policiers enregistrent une réaction de l'autre côté de la porte : un frôlement, puis un froissement de journaux. Et une voix apeurée :

— Qui est là ?

C'est alors que Charpentier frappe à grands coups de poing le panneau de bois :

— Allez, ouvrez ! Police !... La maison est cernée !

Un coup de feu suit immédiatement. Le gendarme Brun affirmera :

— On n'a même pas entendu le bruit de chute. Seulement un bruit métallique. Peut-être celui qu'a fait la montre de Stavisky en tombant par terre, où on l'a retrouvée [1]...

Inutile maintenant de prendre des précautions. A coups d'épaule, on tente d'enfoncer le panneau. Rien n'y fait. On décide de pénétrer par la porte-fenêtre. On fait sauter le verrouillage des volets, on brise un carreau, on entre. Le Gall, pistolet au poing, s'élance le premier. Il contourne le lit, aperçoit une masse noire, là, sur le plancher. Il se penche. Dans la main de Stavisky, un revolver. Le Gall affirmera l'avoir arraché

1. Jean-Michel Charlier et Marcel Montarron : *Stavisky. Les secrets du scandale* (1974).

de la main gauche de l'escroc. Pourtant, c'est la tempe droite qui a été trouée par une balle !

On va laisser agoniser Stavisky pendant deux heures. Lentement, irrémédiablement, il se vide de son sang. Or, l'hôpital de Chamonix n'est qu'à deux kilomètres de là et il dispose d'une ambulance.

On arrête Voix, venu finalement aux nouvelles. On convoque un photographe qui prend des clichés de l'homme agonisant. A 18 heures seulement, on emmène Stavisky à l'hôpital de Chamonix. Les médecins constatent qu'il ne lui reste qu'un litre de sang dans l'organisme. A l'époque, la transfusion sanguine n'est pas entrée dans les mœurs. On se bornera donc à le panser — et à attendre.

Stavisky s'éteindra à 3 h 15 du matin, le 9 janvier 1934.

II

Six février, place de la Concorde

6 février 1934

— *A bas les voleurs !*

Le cri gronde, surgi d'un océan d'hommes fonçant au coude à coude dans la nuit, silhouettes gesticulantes et furieuses, marée secouée de vagues indécises, de tourbillons désordonnés et d'autant plus redoutables.

— *A bas les voleurs !*

Combien sont-ils, à la nuit tombée, place de la Concorde, le 6 février 1934 ? Personne n'a été capable de proposer un chiffre exact. Vingt mille ? Trente mille ? A chaque instant, de nouveaux manifestants s'intègrent aux premiers et d'autres s'en vont.

— *A bas les voleurs !*

Depuis le matin, un vent léger a comme purifié l'air. Purifié : voilà, pour un jour comme celui-ci, un mot malheureux. Ces gens qui s'époumonent et s'élancent vers le pont de la Concorde, pour se voir sporadiquement repoussés par la cavalerie et les gardiens de la paix, bâton blanc levé, veulent justement *purifier* la République. Et, pour certains, si totalement qu'elle en glissera dans la tombe !

Avant l'émeute, les gardes mobiles vont prendre position. (Keystone.)

Les voleurs qu'ils dénoncent, ce sont les députés que l'on devine tapis à l'abri de ce Palais-Bourbon dont la colonnade disparaît dans la nuit. Les manifestants de la place de la Concorde ne nourrissent qu'un seul désir, n'affirment qu'un seul dessein : passer le pont, envahir la Chambre des députés, en chasser les occupants. Après ? Ils ne savent pas. L'histoire ne compte pas les émeutes qui n'ont débouché sur rien. Quand elles se muent en révolution, on ne l'apprend qu'après.

Il est 19 h 29. Tout à coup, à droite du pont, dans la direction du Cours-la-Reine et dominant le tumulte, un coup de feu claque. Un témoin dira : « Une détonation discrète, menue, sournoise[1]. »

A cette minute précise, l'émeute se change en tragédie.

L'acharnement qui s'est fait jour, cette colère sans limite, cette rage quasi inexplicable qui a poussé tant d'hommes, pendant tant d'heures, à se jeter contre le service d'ordre, cela ne ressemble nullement aux manifestations, en quelque sorte traditionnelles, qui rythment la vie politique d'une démocratie.

Alors ?

En 1934, les Français vivent toujours dans l'orgueil de la victoire de 1918. Quinze ans déjà que les survivants de la tuerie rentraient chez eux, assurés non seulement d'avoir gagné la *der des ders*, mais de voir s'instaurer « une ère de grandeur et de fierté » érigée au prix de leurs souffrances[2]. Quinze ans qu'ils avaient cru revenu le temps de l'équilibre économique, de la stabilité des marchés, du franc-or conquérant et du triomphe du 3 %.

Indicible, la déception ! Ce qui a caractérisé l'après-guerre, c'est une inflation d'autant plus cruelle que ceux qui la supportaient avaient toujours ignoré la seule existence du phénomène. Toute une classe sociale vivait avant 1914 de ses rentes, et celles-ci avaient la solidité du granit. Après 1918, la plupart des

1. Témoignage du journaliste René Bruyez, publié par Georges Arqué et Yves Dautun : *Une émeute* (1934).

2. Jacques Chastenet : *Histoire de la Troisième République*, tome VI : *Déclin de la Troisième* (1962).

rentiers se sont vus à peu près ruinés. Les porteurs d'emprunt russe ont tout perdu.

Avec Poincaré et sa stabilisation du franc, beaucoup ont cru retrouver le paradis perdu. Le rêve n'a duré que le temps des illusions. En 1929, après un jeudi noir à Wall Street, une crise a déferlé sur les Etats-Unis avant de rejoindre la France deux ans plus tard. En 1934, les propriétaires exploitants ruraux sont ceux qui souffrent le plus : au désordre économique s'ajoute une surproduction mondiale. Le prix du blé et celui du vin s'effondrent.

Le monde du commerce et de l'industrie ne va guère mieux. La production industrielle — indice 108 en 1930 — tombe à 82 en 1934. De plus, à la suite de la dévaluation de la livre en 1931 et de celle du dollar en 1933, les prix français ne sont plus compétitifs [1]. Le dépôt de bilan guette les entreprises. Les salariés souffrent tout autant et peut-être davantage : on enregistre une baisse des salaires et des traitements qui, depuis 1929, atteint 20 % [2]. Encore ce chiffre ne tient-il pas compte du chômage partiel qui pèse sur plusieurs secteurs de l'économie, notamment les charbonnages.

Les jeunes découvrent un avenir sans promesse. Les diplômés piétinent à la recherche d'improbables emplois. Tous dénoncent la vie chère. Bref, c'est la *crise*.

De mois en mois, le malaise s'aggrave. Il est bien proche, pour les anciens combattants, de se muer en colère. D'autant plus que ceux-ci découvrent à l'est, avec l'irrésistible progression du mouvement nazi, une nouvelle menace allemande. Est-ce pour un tel résultat qu'ils ont versé leur sang ? Ils accusent les gouvernements successifs, portés au pouvoir depuis 1918, d'avoir préféré les jeux stériles de la politique à une défense efficace du pays. Ils croient assister à ce que Horace de Carbuccia appellera le « massacre de la victoire ». Eux dont les moyens d'existence se réduisent de jour en jour, ils observent sans indulgence la forfanterie de ces « nouveaux riches » dont

1. Marcel Le Clère : *Le 6 février* (1967).
2. Serge Berstein : *Le 6 février 1934* (Collection Archives, 1975).

ils savent que la fortune a souvent été édifiée pendant la guerre. Leur argent coule à flots, il éclabousse. Les scandales portent maintenant des noms, ceux de leurs promoteurs : Rochette, Marthe Hanau, Oustric.

La machine politique ne tourne pas rond, elle grippe, elle n'avance plus que par soubresauts. Les élections n'amènent au pouvoir que des majorités fragiles. Sous le moindre prétexte, on jette à bas le gouvernement. Ont-ils conscience, les députés, de l'hostilité profonde qu'ils soulèvent partout en France ? De 1920 à 1934, trente ministères ! Certains ne durent qu'un mois, d'autres cinq jours !

Ce qui naît, à l'égard du parlementarisme, c'est un véritable phénomène de rejet. D'aucuns vont plus loin : ils accusent la république.

En première ligne, un mouvement royaliste tire à boulets rouges sur la « gueuse ». Un journal et un parti l'incarnent sous le même nom : *l'Action française*. A sa tête, un théoricien, sourd et obstiné, Charles Maurras, draine, par la fermeté de sa pensée et ses bonheurs de plume, jusqu'à l'admiration de ses adversaires. L'écrivain se double d'un pamphlétaire vigilant. Armé d'une conception passéiste de l'Etat, il répudie tout suffrage universel, appelle au corporatisme, à la restauration de la morale. Tout cela serait resté lettre morte si Maurras n'avait conçu l'idée de coiffer d'un roi son abstraction. Avant Maurras, le monarchisme en France ressemblait à une peau de chagrin que le peu d'esprit combatif des derniers fidèles conduisait doucement à l'anéantissement. Après Maurras, on s'est remis — surtout par haine de la république — à crier *Vive le roi !*

Dans les colonnes du journal *l'Action française*, Maurras distille ses théories mais ne s'y enferme nullement. Ce familier de la Grèce antique appelle à l'assassinat, conseille d'aiguiser les poignards et annonce que, d'ailleurs, il prend des leçons de tir. Ce contraste insolite fait lire *l'Action française*. D'autant plus que Léon Daudet, fils d'Alphonse, s'acharne à longueur de colonnes sur des cibles qu'il pourfend avec une allégresse de Gargantua. Il possède l'art des épithètes. Sous sa plume, Albert Sarraut devient Albert Salaud, Paul Reynaud le petit putois mirobolant, Aristide Briand le maquereau béni et Edouard Herriot l'imposteur chaleureux. Chautemps sera — pour longtemps — le Stavisqueux.

A Maurras comme à Daudet, tout est bon : l'attaque frontale, l'insinuation, la calomnie, le mensonge. Chaque matin, ils portent atteinte à une réputation, ils aiguisent le mépris de leurs lecteurs contre ceux qui ont en charge le destin de la France.

1934, c'est le temps des ligues. Elles agissent en ordre dispersé mais disposent d'adhérents prompts à se muer en commandos. Ils s'entraînent quasi militairement et se préparent au combat. L'Action française est une ligue. Elle compte 60 000 adhérents dans toute la France et 8 300 pour la région parisienne. Sous l'impulsion de Maurice Pujo, elle peut à tout instant jeter dans la rue 2 000 camelots du roi. But de la ligue de l'Action française, proclamé par son président en titre, l'amiral Schwerer : « Flanquer la république par terre, car nous estimons que le régime républicain conduit à la ruine et à la mort. Nous trouvons très naturel qu'on ait une autre opinion, mais c'est la nôtre. »

Les Jeunesses patriotes sont animées par l'énergique et richissime Pierre Taittinger, député de Paris. Elles militent, selon leurs statuts, « pour la défense du territoire national contre les dangers de révolution intérieure, pour l'accroissement de la prospérité publique et pour le perfectionnement de nos institutions ». Effectifs : 300 000 en France, 35 000 dans le département de la Seine. Parmi ces derniers, 1 500 sont organisés en « groupes mobiles » qui aiment à défiler, vêtus de sombre, coiffés du béret basque.

D'autres ligues, éblouies par l'*ordre* qui règne au-delà des Alpes, ne se cachent pas de s'inspirer du fascisme italien : c'est le cas de la Solidarité française, fondée par le parfumeur milliardaire François Coty — 10 000 adhérents portant béret, chemise bleue, bottes, ayant pour devise « la France aux Français » — et du Francisme, aux effectifs réduits, mais dont le chef Marcel Bucard ne redoute pas, en cas de « coup dur », de faire appel à des hommes de main revêtus pour l'occasion de l'uniforme fasciste.

Dans la rue, ces ligues pourraient se révéler une réelle « force de frappe ». Le véritable danger va pourtant venir d'ailleurs. Les anciens de 14-18, pour une grande part, sont unis au sein de l'Union nationale des anciens combattants (UNC). Sa devise dit tout : « Unis comme au front. » L'Union regroupe 900 000 cotisants dont 72 000 dans la région parisienne. Aucun parti politique — et de loin — ne peut annoncer autant d'adhérents. A l'origine, l'UNC n'a d'autre but — ses statuts l'affirment — que « de conserver, pour le bien du pays et au profit de ses adhérents, les liens de bonne camaraderie créés par la guerre 1914-1918 ». En regroupant les combattants qui y ont pris part, elle entend « servir par tous les moyens en son pouvoir les intérêts moraux, sociaux et matériels de ses membres ». Or, les anciens combattants ont ressenti comme une injure l'amputation que l'on a fait subir à leurs pensions et éprouvé, au spectacle des scandales et face aux désordres parlementaires, du « dégoût » et de l'« écœurement » : les mots reviennent sans cesse au cours des réunions qu'ils tiennent. L'amertume domine en particulier au sein du groupe parisien que préside le conseiller municipal de droite Georges Lebecq. Pour le moment, elle reste verbale, mais demain ?

Au sein d'une autre organisation d'anciens combattants — celle-ci groupant surtout des adhérents de gauche —, l'ARAC (Association républicaine des anciens combattants), un malaise identique se fait jour. Avec cette différence que, sous l'impulsion de Jacques Duclos, ses 20 000 membres sont prêts à exploiter leurs ressentiments au profit d'une république socialiste.

Les Croix-de-feu ont réuni à l'origine les seuls anciens combattants. Le groupement s'est augmenté des Fils et filles de Croix-de-feu, puis des Volontaires nationaux et du Regroupement national. Les Croix-de-feu représentent une force qui compte : en tout 215 000 adhérents, dont plus de 100 000 pour la région parisienne. Et, parmi eux, les volontaires toujours disponibles, ceux qu'on appelle les « dispos » : ils sont 1 200 à 1 500.

Les Croix-de-feu se rangent avec discipline et enthousiasme derrière leur chef, le colonel de La Rocque, un officier retraité de quarante-sept ans. Belle prestance, silhouette élancée, sourire ouvert, l'image de l'énergie et de la résolution. Si La Rocque s'affirme républicain, il veut réformer la République[1]. Comme tant d'autres, il martèle dans les réunions publiques :

— Un Etat fort !

Le décor est planté. Les figurants attendent en coulisse les ordres du ou des metteurs en scène. Le rideau peut se lever sur le premier acte. Le régisseur porte un nom : Stavisky.

Depuis le 26 novembre 1933, Camille Chautemps est président du Conseil. De cet avocat, député à trente-quatre ans, entré dix-huit fois au gouvernement dont quatre fois comme président du Conseil, on peut dire qu'il apparaît comme l'archétype du politicien IIIe République. Radical-socialiste, il manifeste cette nécessaire souplesse qui lui permet d'appartenir à des formations où domine tantôt la gauche, tantôt la droite. Avec ce correctif essentiellement radical : pas d'ennemi à gauche.

Quand, dans le climat de lassitude et de mécontentement aigu qui vient d'être souligné, il forme son gouvernement, on peut penser que, grâce à la sympathie qu'on lui porte, s'affaiblira peu à peu la vague d'hostilité qui vient battre les portes du Parlement. Les amis de la république l'espèrent sincèrement. Le 24 décembre 1933, leurs espoirs s'effondrent d'un seul coup.

On annonce en effet l'arrestation de Tissier, directeur du Crédit municipal de Bayonne. En quelques jours, les bons du Crédit font les gros titres de la presse. De révélations en coups de théâtre, le scandale prend des proportions inouïes. Dès le 5 janvier, Tissier annonce que l'émission frauduleuse n'a été engagée par lui que sur les instructions formelles de M. Garat, député-maire de Bayonne.

Garat — radical — est arrêté, inculpé de vol, de faux, d'usage de faux, d'escroquerie, d'abus de confiance, etc. Le vieux réflexe qui soulève périodiquement les Français contre le Parlement joue à fond. Un député, et qui plus est radical ! L'indignation s'accroît lorsque l'on découvre que, derrière

1. Il serait faux de voir en La Rocque un aspirant Duce. Pendant l'Occupation, il sera déporté par les Allemands et mourra des suites de cette déportation.

Garat, se profile un certain M. Alexandre, personnage très lancé dans le monde des grandes affaires. On saura vite que ce nom passe-partout recouvre en fait l'identité véritable de l'escroc Stavisky.

Jour après jour, les Français apprennent par leurs journaux que M. Dalimier, ministre de l'Economie dans le cabinet Chautemps, a recommandé par lettres aux compagnies d'assurances — quand il était ministre du Travail — les bons du Crédit municipal de Bayonne. Que Bonnaure, député radical, et Renoult, sénateur radical, ont aidé Stavisky de leurs conseils. Que d'autres sont intervenus pour obtenir les successives remises dont Stavisky a bénéficié. On affirme que le Parquet, à la tête duquel on trouve le procureur Pressard, a laissé faire. La presse révèle que Pressard n'est autre que le beau-frère de Camille Chautemps !

Ce qui s'opère n'est autre qu'un amalgame. On jette en pâture à la vindicte publique les noms d'hommes dont la responsabilité dans l'affaire Stavisky ne peut être comparée. Si Garat est sans excuse, Dalimier ne peut être accusé que d'imprudence, le procureur Pressard de négligence. L'opinion ne fait pas le détail.

Elle s'indigne quand elle découvre que Stavisky s'était assuré le contrôle de *la Volonté*, journal radical dont le directeur, Albert Dubarry, était aux ordres de l'escroc. Il en était de même de *la Liberté*, directeur Camille Aymard, où s'exprimaient des modérés comme Flandin et Tardieu.

Le 9 janvier, on apprend que, retrouvé par la police à Chamonix, Stavisky s'est donné la mort. Quel cri de colère ! Sur-le-champ, *l'Action française* accuse Chautemps d'avoir fait assassiner Stavisky pour couvrir son beau-frère Pressard.

Au Parlement, l'extrême droite réclame la désignation d'une commission d'enquête. Chautemps s'y oppose : la justice est saisie, déclare-t-il, elle fera toute la lumière. Grave erreur de tactique. L'opinion en déduit que le gouvernement veut lui cacher la vérité. Si Camille Chautemps va essuyer tant d'injures, si tant de calomnies imméritées vont l'accabler par la suite, c'est en partie à cette erreur qu'il le devra. Pourtant, bien loin d'apporter quelque appui à Stavisky, Chautemps a voulu que l'escroc fût démasqué, ses complices inculpés, l'action publique engagée.

Tout cela, l'opinion — encouragée, il faut le dire, par une presse déchaînée — refuse de l'admettre. « Chautemps veut cacher la vérité », c'est le propos que l'on entend chaque jour.

On se relaie pour porter au régime des coups de plus en plus cruels. Henri de Kérillis, par exemple : « Si même, comme on le croit de plus en plus, Stavisky a été, par l'intermédiaire de Bonnaure, le bailleur de fonds électoraux du parti radical-socialiste, il est permis de dire que le parti tout entier est atteint et qu'il n'est plus qualifié pour diriger le destin du pays. »

Dès le 7 janvier — avant la mort de Stavisky —, *l'Action française* a appelé à manifester devant le Palais-Bourbon. Ce jour-là, Maurras a écrit : « La République est le règne de l'étranger : Alexandre Stavisky est un métèque juif... » Le 9 janvier, vers 19 heures, de petits groupes d'une dizaine de camelots du roi se rassemblent sur le boulevard Saint-Germain et dans les rues adjacentes et clament :

— Gouvernement d'escrocs ! A bas Chautemps !

Un barrage d'agents a été posté à la hauteur de la rue Saint-Dominique. Bagarres. Une arrestation. Les jeunes gens refluent vers le boulevard Raspail en chantant :

Ça ira, ça ira, ça ira !
Les députés à la lanterne !
Ça ira, ça ira, ça ira !
Les députés, on les aura !

Sur les trottoirs, les passants applaudissent comme au spectacle. Ce sont des gens bien mis, on dirait aujourd'hui « bon chic, bon genre ».

La manifestation va se continuer ailleurs. A 21 heures, d'autres groupes — ou les mêmes ? — se retrouvent au carrefour Richelieu-Drouot. On crie :

— A bas les assassins ! A bas les voleurs ! A la Chambre !

On arrache les grilles qui entourent la base des arbres, on les empile sur la chaussée. Les tramways doivent s'arrêter. On lance des pétards qui font croire à certains que l'on tire des coups de feu. Pendant ce temps, sur les boulevards Saint-Germain et Raspail, la police montée pourchasse les manifestants. Des projecteurs s'allument : les cameramen des actualités Pathé-Nathan doivent faire leur métier.

Cette nuit-là, on opère 132 arrestations.

Deux jours plus tard, nouvel appel à manifester. On distribue des tracts aux étudiants : rassemblement à 18 heures devant la Chambre ! L'appel de l'Action française ne s'embarrasse pas de nuances : « A bas les ministres et les députés vendus ! Tous ce soir devant la Chambre ! »

A 18 heures, la garde à cheval barre la rue de Courty. A 18 h 30, se produisent les premières échauffourées. Très rapidement, une barricade s'édifie boulevard Saint-Germain, une autre près de l'hôtel Lutétia. Et toujours les mêmes slogans :

— A bas les voleurs !

— A bas Chautemps !

— A bas les députés !

Entre 18 heures et minuit, les camelots du roi reprennent mille fois le même refrain :

Stavisky au Panthéon,
Tontaine !
Camille Chautemps en prison,
Tonton !

A 19 h 30, on procède aux premières arrestations, parmi lesquelles celles de dirigeants de *l'Action française*. Bagarres rue Royale, rue de Rivoli, place de la Concorde. On remarque que la police ne se contente pas de veiller au grain mais qu'elle se montre singulièrement offensive. Une raison à cela : le préfet Jean Chiappe dirige en personne les opérations. Sur l'asphalte, on relèvera des blessés. Le journaliste Vertex est frappé à la tête.

Jusqu'à minuit, on manifeste. Puis tout s'apaise. La police a procédé à 238 arrestations. On dénombre 22 blessés du côté du service d'ordre.

Le 12 janvier, la pluie disperse de nouvelles manifestations. Maurice Pujo, chef des camelots du roi, s'avance vers Chiappe et lui propose de renvoyer ses troupes chez elles si les agents n'attaquent pas les premiers. Les deux hommes tombent d'accord.

Le même jour, on manifeste à la Comédie-Française. Il faut dire que l'administrateur général Emile Fabre a eu la fâcheuse idée — mais pouvait-il prévoir Stavisky et ses conséquences ? — de mettre à l'affiche une pièce assez peu connue de Shakespeare, *Coriolan*. Il s'agit de l'affrontement d'un général romain, Coriolan, avec un sénat discrédité. Un certain nombre de répliques sont devenues d'une redoutable actualité. Naturellement, elles font mouche. Selon ses options politiques, le public siffle — ou applaudit.

Le 19 janvier, Edouard Herriot dénonce le garde des Sceaux Raynaldy comme ayant trempé dans les escroqueries du banquier Sacazan. C'est loin d'être sûr mais, désormais, l'opinion est prête à tout croire. Raynaldy va devoir démissionner.

22 janvier : encore une manifestation de droite sur le boulevard Saint-Germain, 310 arrestations. On remarque que, si les manifestants ont acclamé le nom du préfet Jean Chiappe, celui-ci a été conspué, place de l'Hôtel-de-Ville, lors d'une manifestation qui réunit les socialistes, les communistes, la CGT et la CGTU. Là, on a procédé à 260 arrestations. *L'Internationale* a retenti avenue Victoria.

23 janvier : toute une foule se rassemble autour de la Chambre à la nuit tombée. Boulevard Raspail, on arrache les arbustes et les bancs. De 21 à 22 heures, la bagarre semble s'atténuer. Elle reprend à 22 heures et se poursuivra jusqu'à minuit. Des blessés et 346 arrestations.

La situation est devenue intenable pour le chef du gouvernement. Le 27 janvier, Camille Chautemps démissionne.

Vers qui le président de la République va-t-il se tourner ? Après les refus de Doumergue, de Jeanneney, de Bouisson, Albert Lebrun désigne Edouard Daladier, dont les viriles épaules, le front obstiné, l'allure râblée et le geste volontaire ont fait la réputation. On l'appelle souvent « le taureau du Vaucluse ». Le choix du président de la République est plutôt bien accueilli.

Edouard Daladier appelle près de lui Eugène Frot, néo-socialiste, à qui les augures prédisent un grand avenir politique. Ancien combattant, celui-ci atteint la quarantaine. Il a figuré dans plusieurs ministères, mais à des postes de second plan. Surtout, il juge qu'il faut modifier la Constitution et mettre fin à une instabilité génératrice de faiblesse et d'abandon. Il a d'abord refusé d'entrer dans le gouvernement. Comme Daladier insistait, il a accepté le ministère des Colonies. Stupéfait, il s'est vu nommé à l'Intérieur. Il a protesté. Daladier l'a accusé de vouloir réserver sa propre chance d'accéder à la présidence du Conseil. Frot lui a répondu :

— Si tu me prêtes cette intention, je ferai ce que tu voudras [1].

Le ministère s'étend vers la droite avec François Piétri, le colonel Fabry et Henry de Jouvenel. De jeunes radicaux d'esprit audacieux reçoivent des portefeuilles : Jean Mistler, Guy La Chambre, Pierre Cot. L'équipe devrait plaire à l'opinion, mais celle-ci reste si surexcitée que rien ne pourrait la satisfaire. Daladier a beau, de son air têtu, répéter qu'il fera la lumière, toute la lumière, rien n'apaise la fièvre qui monte.

Pour le moment, ce que redoute le plus le gouvernement, c'est la démonstration annoncée par le groupe parisien de l'Union nationale des combattants. Eugène Frot fait donc convoquer le préfet de police Jean Chiappe. Il compte sur lui pour convaincre le président de l'UNC de renoncer à la manifestation.

A ce moment précis, Jean Chiappe pénètre sur le devant de la scène. Il n'en sortira plus. A cause de Chiappe, le feu déjà allumé va se changer en brasier.

Jean Chiappe est préfet de police depuis sept ans. A son poste, il a acquis une indiscutable popularité. Il est adoré de ses

---

1. Plaidoirie inédite de Me Louis Guitard prononcée le 24 septembre 1970, lors du procès en diffamation intenté par Eugène Frot contre Jacques Duclos. Communiqué à l'auteur par Me Guitard.

collaborateurs, de ses agents. Grâce aux libéralités personnelles de son épouse, il a créé la Maison de santé des gardiens de la paix. Bien campé dans sa petite taille, toujours vêtu d'un pardessus noir, coiffé d'un melon de même couleur, les mains gantées, élégant et raffiné, ce Corse a conquis la capitale. Ses amis admirent son « masque d'*imperator* ».

Chiappe se flatte d'avoir, tout au long de son mandat, fait régner l'ordre dans la rue. Comme jadis le duc de Morny, il use d'une main de fer dans un gant de velours. *L'Humanité* l'appelle « tueur et matraqueur d'ouvriers ».

Depuis le début du scandale, Chiappe a été mis en cause par plusieurs journaux : pas des journaux de droite. On a affirmé qu'il avait reçu Stavisky. Qu'il s'était montré au théâtre avec l'escroc. On a même spécifié que c'était à l'Empire, au cours de la générale de la comédie musicale *Katinka*. Un dessin du *Canard enchaîné* l'a montré dans une loge, une main affectueusement posée sur l'épaule de « Monsieur Alexandre ». Légende : « M. Jean Chiappe mettant la main au collet de Stavisky. »

De tout cela, le préfet n'a fait que sourire. Sa haine des communistes, il ne l'a jamais cachée. Il n'a pas ménagé non plus les socialistes. Pourquoi l'épargnerait-on ? Cependant, les insinuations sont devenues des accusations : Chiappe n'est-il pas lui-même compromis ? N'a-t-il pas complaisamment fermé les yeux sur les agissements de l'escroc Stavisky ?

On veut en avoir le cœur net. M. Mossé, inspecteur général des services administratifs du ministère de l'Intérieur, est saisi d'une enquête concernant Jean Chiappe. Parallèlement, son collègue Plythas est chargé d'une mission portant sur le comportement des services de la Sûreté générale. Le travail exemplaire de l'inspecteur Mossé révèlera que la préfecture de police n'a rien ignoré des escroqueries de Stavisky. Plusieurs rapports très explicites ont été rédigés : ceux du commissaire Pachot, ceux de l'inspecteur Cousin. Le mécanisme de l'escroquerie du mont-de-piété d'Orléans a été démonté et dénoncé dans tous ses détails. Les rapports ont été adressés au Parquet qui n'a pas bougé. M. Guernut, président de la commission d'enquête parlementaire, reconnaîtra que la préfecture de police a rédigé un total de dix-huit rapports sur Stavisky, *tous transmis au Parquet.* Xavier Guichard, directeur de la police judiciaire, exprimera la colère de ses services devant l'impunité de Stavisky : « Pendant quatre ou cinq ans, mes collaborateurs n'ont pas décoléré de la liberté provisoire de Stavisky[1]. »

Une collusion de Chiappe avec Stavisky ? Le préfet de police a reçu l'escroc, c'est vrai, mais à la demande de Dubarry, directeur de journal, dont l'honorabilité n'avait alors été mise en cause par personne. M. Mossé précise les conditions dans lesquelles Stavisky, en février 1933, a été accueilli par le préfet : « M. le Préfet l'a reçu debout, au cours d'un entretien de quelques minutes, au cours duquel il l'a invité tout d'abord à fournir des gages de son amélioration morale et s'est déclaré disposé à examiner ses prétendus griefs contre la police judiciaire, à condition qu'il les formulât par écrit. Il a alors fait demander quelle était l'affaire instruite contre Stavisky par la police judiciaire, et il lui a été remis un rapport Cousin du même mois, établi sur réquisition du Parquet, à la suite d'une dénonciation anonyme... M. le Préfet l'a donné à M. Zimmer, son chef de cabinet, jusqu'à réception du mémoire écrit annoncé par Stavisky, mais ledit mémoire n'a été fourni qu'en octobre et n'a paru comporter aucune suite... »

Le reste ? La familiarité avec l'escroc, les libéralités de Stavisky à la Maison de santé des gardiens de la paix ? Calomnies, affirme M. Mossé. Il attribue à des subordonnés des négligences mineures à porter au passif de la préfecture de police.

De quoi justifier la note rédigée dans son journal par Edouard Daladier, après consultation du rapport : « Les faits signalés ne justifiaient pas une révocation et l'honorabilité du préfet de police n'était nullement engagée. »

Aux yeux de la gauche, en revanche, le maintien de Chiappe à la préfecture devient insupportable. Plus elle s'époumone et plus la droite tient à défendre Chiappe. Le préfet de police est devenu un enjeu.

1. Audition de M. Xavier Guichard devant la commission d'enquête parlementaire.

Le sort de celui-ci était-il réglé dès que le ministère a été formé ? Dans le journal de Daladier, à la date du 1er février, on lit : « Le président du Conseil reçoit M. Frot, ministre de l'Intérieur ; il envisage avec lui de faire publier par les journaux la liste des chèques Stavisky. Ils s'entretiennent aussi des faits reprochés à MM. Chiappe, Thomé[1] et Pressard et des sanctions éventuelles à prendre contre eux. M. Frot est favorable à des sanctions. Le président du Conseil ne conclut pas : il veut faire le tour de tous les problèmes posés avant de prendre une décision définitive. »

Ainsi Daladier présente-t-il Frot comme un adversaire délibéré de Chiappe. Pourtant, Eugène Frot affirme le contraire. Quand il a accepté le ministère de l'Intérieur, Malvy lui a posé une question :

— Vous n'avez pas l'intention de mettre Chiappe à la porte ?

Frot a répondu :

— Pourquoi le ferais-je, puisque je le considère comme un excellent préfet[2] ?

Cela dit, la « guerre des polices » demeure une réalité aiguë. Traditionnellement, la police de la préfecture n'aime pas celle de l'Intérieur et la réciproque est vraie. Peu à peu, au ministère, on en vient à penser que, décidément, ce Chiappe est un gêneur. Le 1er février, après avoir étudié les rapports Mossé et Plythas, Frot livre à Daladier son opinion.

— D'abord, la commission d'enquête. Ensuite, on verra. Si, chemin faisant, nous découvrons que ces fautes administratives engagent la responsabilité des hauts fonctionnaires, ceux-ci pourront être suspendus avant d'être, éventuellement, sanctionnés suivant les conclusions de la commission.

Quand Daladier lui parle de la possibilité d'un vaste mouvement administratif, Frot répond :

— Je n'en vois pas actuellement la nécessité, mais s'il doit y avoir un mouvement, il faudra qu'il comprenne tous les intéressés.

1. Directeur de la Sûreté.
2. Plaidoirie inédite de Me Louis Guitard.

Cela, c'est le 1er février. Le 2 février, Daladier revient sur cette question dont il sait — il n'est que de lire les journaux — qu'elle est devenue primordiale. Les services du Parquet, de la direction de la Sûreté générale et de la préfecture de police ayant, selon les rapports Mossé et Plythas, « fonctionné de manière irrégulière », il est logique que les chefs responsables « en portent les conséquences ». Des révocations lui paraissant « excessives », le président du Conseil s'achemine vers des mutations dans le cadre d'un vaste mouvement administratif.

Alors même que Daladier se demande quel sort il va réserver à Jean Chiappe, celui-ci rend un signalé service au gouvernement : il convainc le président de l'UNC de renoncer — au moins provisoirement — à la manifestation qu'envisageaient les anciens combattants.

Déjà, le 30 janvier, il avait convoqué M. Lebecq, président de l'UNC, et lui avait représenté que la manifestation était inopportune. Sans résultat. Le jeudi 1er février, nouvelle tentative du préfet auprès de M. Lebecq. Celui-ci témoignera : « Je n'ai jamais vu un homme défendre sa conception avec autant de vigueur et de force que le fit M. Chiappe ce soir-là. » M. Lebecq tient toujours bon. Le lendemain matin, il confirme par téléphone à Chiappe sa décision de manifester contre vents et marées.

Réponse de Chiappe :

— Je ne marcherai pas contre les anciens combattants de l'UNC. Si vous maintenez votre décision, je remets mon écharpe de préfet de police entre les mains de M. le président du Conseil [1].

Le préfet obtient alors qu'une entrevue ait lieu, dans le cabinet du ministre de l'Intérieur, entre les représentants de l'UNC, Eugène Frot et lui-même. Frot s'est souvenu que « Chiappe seconde puissamment les efforts du ministre ».

Jean Chiappe répète en effet :

— Si vous persistez dans votre intention, je me démettrai de mes fonctions !

1. Rapport de la commission d'enquête.

Eugène Frot se souvient encore : « Cette menace est déterminante. Frot remercie Chiappe comme il convient et peut s'estimer satisfait : si le changement de ministère a amené une certaine détente, la rue n'en reste pas moins nerveuse [1] ».

Le président Lebecq se souviendra lui aussi :

« Nous avons dit que la manifestation n'aurait pas lieu le dimanche, mais qu'elle serait simplement différée... Voilà donc la situation le 2 février au soir. Ce vendredi soir, nous avons assisté à une scène touchante entre M. Frot et M. Jean Chiappe, entre M. Jean Chiappe et nous-mêmes, M. Jean Chiappe nous embrassant et nous remerciant de ce que nous avions fait, M. Frot serrant avec effusion les mains de son ami Jean Chiappe. »

Il s'agit de ce même Jean Chiappe que Daladier vient de décider de « sanctionner ».

C'est donc le 2 février au soir que Daladier s'est résolu à procéder à des « mutations » qui concernent — entre autres — Chiappe. Cela à cause de « négligences subalternes ». Telle est la seule explication, selon Daladier, qu'il faut donner au mouvement administratif qu'il envisage.

La droite, il faut le dire, se fera une autre vision de l'événement. Selon elle, on ne peut rien reprocher à Chiappe. Si l'on s'en prend au préfet, c'est que l'on veut sanctionner son hostilité fondamentale à la gauche. Il s'agit d'une manœuvre purement politique.

D'ailleurs, ne s'agit-il pas d'une opération destinée à élargir vers la gauche la majorité du gouvernement Daladier, ce que Paul Reynaud résumera dans une boutade qui fera fortune : « C'est une tête pour des voix » ?

Ouvrons encore le journal de Daladier, cette fois à la date du samedi 3 février : « Les mutations envisagées ne soulèvent aucune opposition de M. Frot, à l'exception du nouveau directeur de la Sûreté générale. Un accord est rapidement établi. »

Les souvenirs d'Eugène Frot, rapportés par Me Guitard, confirment très exactement les notes de Daladier : « Le 3, à

1. Plaidoirie de Me Guitard.

9 h 20, M. Daladier téléphone à M. Frot : "Ma décision est prise. Viens me voir." Au Quai d'Orsay, où il se précipite, le ministre de l'Intérieur apprend, sans avoir été consulté, qu'un certain nombre de préfets, dont celui de la Seine, sont appelés à d'autres fonctions ou mutés ; que M. Thomé devient administrateur de la Comédie-Française ; que M. Jean Chiappe, nommé résident général au Maroc, est remplacé, à la préfecture de police, par M. Bonnefoy-Sibour, préfet de Seine-et-Oise ; et que (ceci étant du domaine de M. Penancier) M. Pressard, envoyé comme conseiller à la Cour de cassation, cède sa place, à la tête du Parquet de la Seine, à M. Pailhé. M. Frot pourrait, à l'instant, démissionner. Sa réaction est autre : "Les intéressés sont-ils prévenus ? C'est, au moins une question de courtoisie." M. Daladier en convient. »

Aussitôt, le directeur de cabinet de Daladier, Clapier, téléphone à Bressot, directeur de cabinet de Jean Chiappe. Il l'avise que le président du Conseil désire voir le préfet aussi rapidement que possible. Bressot répond que le préfet ne peut se déranger car il souffre d'une sciatique. Le président du Conseil insiste pour que Chiappe vienne au moins au téléphone. Vers 10 h 15 enfin, celui-ci prend l'appareil. Il refuse le Maroc :

— La seule idée de succéder à M. le maréchal Lyautey me remplirait de fierté, de confusion et d'angoisse. Mais, dans les circonstances actuelles, je ne peux pas quitter mon poste. Ce n'est pas le moment où socialistes et communistes, organisant contre moi le front commun et faisant écho à leurs journaux, disent « Chiappe en prison », que Chiappe s'en aille à Rabat [1].

Daladier insiste. Chiappe :

— Mon honneur me retient à Paris.

Daladier :

— Votre honneur n'est pas engagé.

— Je suis seul juge de mon honneur.

La conversation tourne à l'orage. Chiappe coupe court :

— Vous allez probablement me chasser de la préfecture de police, je le sens, où ma femme et moi avons donné sept années de notre vie. Soit ! J'y suis entré riche, j'en sortirai pauvre, je

1. Récit de Jean Chiappe.

serai à la rue, malheureux peut-être, mais honnête homme toujours. Monsieur le président, je vous présente mes devoirs.

Telle est la version de Jean Chiappe. Son chef de cabinet, Lucien Zimmer, qui était près de lui, confirme cette version dans sa totalité.

Ce n'est pas cependant ce que Daladier a entendu. Pour lui, la dernière phrase du préfet de police a été :

— Je refuse. Vous me trouverez dans la rue.

M. Clapier, son directeur de cabinet, qui tenait l'écouteur, a entendu exactement la même chose.

Alors ? La version Chiappe est confirmée par Zimmer, la version Daladier est confirmée par Clapier ! De la difficulté d'écrire l'Histoire.

Ce sera la version Daladier qui sera rapportée au Conseil des ministres. Elle entraînera la révocation immédiate du préfet de police.

Toute la presse annonce le renvoi de Chiappe. Aussitôt, dans Paris, on s'exaspère. Les agents de la police parisienne font connaître leur mécontentement. Les ligues s'affolent, elles croient que Frot va les dissoudre. Deux ministres, Piétri et Fabry, démissionnent. Le préfet de la Seine, Renard, les imite. Lebecq, président de l'UNC, déclare qu'il se considère délié de l'engagement donné à Chiappe de ne pas manifester.

Des contacts sont pris entre Lebecq et le colonel de La Rocque : ne sont-ils pas l'un et l'autre des anciens combattants ? Les chefs des ligues se rencontrent.

Le 5 février, des manifestants défilent sur les principales avenues et boulevards. Des heurts se produisent avec le service d'ordre. On sent que l'heure H approche.

Les Chambres doivent entendre dans l'après-midi du 6 février la déclaration ministérielle. Fabry et Piétri ont été remplacés par Marchandeau et Paul-Boncour. Le matin du même jour, *L'Action française* paraît avec un titre énorme : « Les voleurs se barricadent dans leur caverne. Contre le régime abject, tous ce soir devant la Chambre. »

Les ligues ont donné les mêmes consignes. Il s'agit donc de manifester devant la Chambre des députés. La manifestation recouvre-t-elle un dessein plus vaste ? On l'a dit. On l'a écrit. On a parlé de complot. Nous y voici.

En fait, si tout le monde se montre d'accord pour *marcher*, les buts de chacun apparaissent totalement différents. L'Action française veut balayer la « gueuse ». La Solidarité française et les francistes rêvent d'un coup de force. Les autres — dont l'UNC et la ligue des contribuables — veulent seulement donner une dure leçon aux députés honnis.

Le délégué général de la Fédération des contribuables a déclaré d'ailleurs, le 29 janvier : « S'il le faut, nous prendrons des fouets et des bâtons pour balayer cette Chambre d'incapables. » Ce qui donne le ton. L'un des manifestants, Du Moulin de Labarthète, appelé plus tard à de hautes fonctions auprès du maréchal Pétain mais pour lors membre des Jeunesses patriotes, confirmera devant la commission d'enquête :

— Notre but était de pénétrer sans armes au Palais-Bourbon par le seul effet d'une poussée de masse et d'y exercer, après les discriminations nécessaires, de solides représailles (solides mais non sanglantes) sur les élus d'un suffrage universel qui mène la France à la guerre et la ruine.

En clair, cela veut dire que l'on voulait administrer une fessée aux députés.

D'où le désir d'organiser le mieux possible une manifestation grandiose, et nullement la volonté de substituer par la force un régime à un autre. A la suite de l'émission de télévision[1] que j'avais consacrée au 6 février, j'ai reçu un si grand nombre de lettres que je me suis dit un instant que la quasi-totalité des survivants de la manifestation du 6 février avait dû m'écrire. Toutes les opinions étaient représentées. Or, à une seule exception près, mes correspondants se déclarent d'accord sur le fait qu'il n'y a pas eu de complot et pas davantage une tentative de coup d'Etat. Une preuve signalée sans cesse : si telle avait été la situation, on ne se serait pas borné, le 6 février, à marcher sur la Chambre des députés. On aurait attaqué simultanément

1. Antenne 2, 17 février 1983.

les ministères de l'Intérieur et de la Guerre, la préfecture de police, les centraux télégraphiques, téléphoniques, radiophoniques, les gares, etc. Rien de pareil.

Une action concertée clandestine aurait dû nécessairement emporter l'accord d'hommes politiques de droite. M. Georges Riond me fournit à cet égard un témoignage éclairant : « J'ai déjeuné ce jour-là, chez Lucas-Carton, avec André Tardieu. André Tardieu — qui entourait mes débuts politiques d'une sympathie attentive — m'avait invité en compagnie de Paul Reynaud et d'Henri de Kérillis. S'il y avait eu, de ce côté, un complot politique sous roche, je pense que ces personnages auraient eu d'autre emploi de leur temps que de livrer leurs propos au militant provincial de vingt-quatre ans que j'étais alors. »

Ce qui ne veut pas dire que d'aucuns — gouverner c'est prévoir — n'aient pas envisagé certaines éventualités. Le docteur Pierre Bourgeois, membre de l'Académie de médecine, m'a écrit : « J'étais, à l'époque, le médecin de François Coty que je voyais tous les lundis soir quand il était à Louveciennes. Nos relations étaient très amicales. Je lui racontais les chahuts, très anodins, qui précédaient chaque chute du gouvernement. Le lundi 5 février, je vais à Louveciennes et, tout naturellement, je parle en souriant de la manifestation prévue pour le lendemain, avec cette fois la participation de l'UNC. Coty est alors devenu très grave. "Docteur, m'a-t-il déclaré, je vous demande de ne pas aller demain à la manifestation et surtout de ne pas y aller avec Mme Bourgeois. Demain le sang coulera." Devant mon étonnement, il ajoute : "Je viens d'avoir un coup de téléphone de mon ami Jean Chiappe, c'est lui qui me l'a dit !" »

Pour le moment, on en reste à ce seul projet : marcher sur le Palais-Bourbon, le 6 février, en fin d'après-midi.

Dès le 5, quinze conseillers municipaux de Paris ont fait placarder des affiches appelant à manifester. Soixante et un conseillers sur quatre-vingts ont condamné publiquement la révocation de Chiappe.

Les Jeunesses patriotes donnent rendez-vous au « peuple de Paris », le 6 à 19 heures, place de l'Hôtel-de-Ville. De là, on marchera sur la Chambre : « Voici l'heure attendue depuis si longtemps ! L'heure de la Révolution nationale ! »

L'Action française appelle les Français à se rassembler devant la Chambre « à l'heure de la sortie des ateliers et des bureaux, ceci au cri de : *A bas les voleurs* ! ».

La Solidarité française invite à se réunir sur les boulevards, entre Richelieu-Drouot et l'Opéra. « Départ de là, à 19 h 15 précises. » Il faut que « le gouvernement se rende compte que le peuple est réveillé et qu'il avance, décidé à en finir avec les internationaux révolutionnaires et les politiciens pourris ».

Le Front universitaire demande aux étudiants de « descendre dans la rue pour arracher le pays aux forbans de la politique, aux traîtres et aux escrocs ».

La Fédération des contribuables de la Seine, tout en rappelant qu'elle est indépendante des partis, invite ses adhérents à se joindre « à tous les mouvements qui auront lieu dans Paris le mardi 6 courant... pour s'opposer à une politique d'immoralité qui jette la déconsidération sur la nation et ne pas tolérer plus longtemps les agissements d'un gouvernement qui n'a plus la confiance du pays ».

L'Union des combattants corses invite ses adhérents à se rassembler « pour montrer qu'un même cœur bat dans toutes les poitrines de l'île ».

On découvre même un Comité de Salut public pour proclamer dans un tract la « déchéance du Parlement ». Avec ce commentaire dénué d'ambiguïté : « La nécessité s'impose d'un gouvernement provisoire... L'insurrection est le plus sacré des devoirs. »

On aura remarqué que, dans tout cela, il n'est pas question des Croix-de-feu ni de La Rocque. En présence de cette symphonie, le colonel a décidé de jouer en solo. C'est la veille qu'il a organisé sa propre démonstration. Le 5, à 19 heures, 2 000 Croix-de-feu se réunissent au rond-point des Champs-Elysées, sous la conduite de Lebel, et 3 000 à la Madeleine, sous le commandement de Lameth. Lebel doit marcher sur l'Elysée, Lameth sur la Chambre. Des barrages empêchent Lameth de passer. Seule la colonne Lebel s'approche de l'Elysée. Les manifestants scandent :

— Vive Chiappe ! Vive Chiappe ! Vive Chiappe !

La colonne est repoussée vers l'Etoile par une charge de la garde républicaine. Elle défile alors sous l'Arc de Triomphe, descend les Champs-Elysées, retrouve à l'angle de la rue Marbeuf la colonne Lameth. A 21 h 30, de son PC secret, La Rocque donne l'ordre de dispersion. Celle-ci s'effectue avenue Montaigne et place de la Concorde. Ordre est donné aux Croix-de-feu de prendre, le lendemain, les ordres à leur permanence.

A son tour, la CGT fait entendre sa voix. Le 5, elle dénonce « ceux qui veulent s'emparer de la rue et s'inspirent des régimes fascistes et hitlériens. Contre les voleurs et les ennemis de l'épargne, nous réclamons toute la justice mais nous ne permettrons pas que des scandales soient exploités contre le régime ».

La mobilisation est décrétée. Sera-t-elle un prélude à la guerre civile ?

Le nouveau préfet de police a pris ses fonctions. Il s'agit de l'ancien préfet de Seine-et-Oise, Bonnefoy-Sibour. Il est totalement inconnu de la police parisienne. Par malheur, le directeur général de la police municipale, Paul Guichard, vient d'entrer à la Maison de santé des gardiens de la paix — fondation de Marcelle-Jean Chiappe — pour y être opéré de l'appendicite. Il est remplacé par son adjoint, Camille Marchand.

Le 5 février, à 17 heures, Frot reçoit Bonnefoy-Sibour. Il l'invite à se montrer d'une grande sévérité envers l'extrême droite et l'extrême gauche, à laisser en revanche toute latitude aux anciens combattants, sauf en cas d'une marche de ceux-ci vers le Palais-Bourbon.

L'aube du 6 février se lève. Deux journalistes, Georges Arqué et Yves Dautun, respirent « un air pur, un air frais » qui « caresse le dur visage des travailleurs, nettoie les rues des mauvais miasmes de la nuit et met en joie les pierrots des Tuileries et du Luxembourg ». Sur les Champs-Elysées, « une souple écharpe de brume ».

Le Petit Parisien — le plus fort tirage des journaux français — arrive par piles dans les kiosques. Il imprime : « On ne peut qu'inviter les curieux et les badauds, surtout les femmes et les enfants, à ne pas s'attrouper vers les points de concentration des manifestants. »

Sage conseil.

Ceux qui ont décidé de ne pas le suivre, ceux qui sont résolus déjà à répondre à l'appel des groupes et des ligues, ceux-là, tout au long de la journée, vont attendre. Avec une impatience vite changée en fièvre.

Certains fourbissent leurs armes secrètes : bouchons plantés de pointes, peut-être lames de rasoir fichées au bout de matraques ou de bâtons, surtout sacs de billes[1]. C'est cela, la grande originalité de l'affrontement que l'on prépare. Comme on sait que le Palais-Bourbon sera défendu par des gardes mobiles à cheval et que ceux-ci, dans toute émeute, se montrent redoutables, on a eu l'idée d'apporter sur la place des billes en grand nombre qui seront lancées sous les sabots des chevaux. Sur cette opération, deux témoignages précieux m'ont été livrés. D'abord celui de M. J.-B. Pâquet, ancien camelot du roi, qui me révèle qu'« un camelot travaillait à la société SKF, roulements à billes ». L'une des origines de l'approvisionnement nous est donc fournie. De son côté, M. Jean Baron, alors membre des Jeunesses patriotes, me livre des détails particulièrement précis : « A Rouen, où j'avais repris l'usine de mon père, décédé en 1930, je reçus, ce 6 février, un coup de téléphone de Paris me convoquant pour 17 heures place des Ternes, entrée du faubourg Saint-Honoré. Arrivé à l'heure, cet ami de Fénelon m'envoyait garer ma voiture et, revenant au lieu du rendez-vous, me confiait un taxi G7, chargé à bloc de sacs de billes. Il y avait environ dix, douze taxis ainsi chargés. Ordre

1. Dans l'histoire si controversée du 6 février, l'affaire des lames de rasoir reste une énigme qu'il est presque impossible de déchiffrer. Il s'agit d'une conviction à peu près universellement admise. Si l'on parle à quelqu'un du 6 février, on entend aussitôt évoquer ces terribles lames de rasoir plantées au bout de bâtons et destinées à couper les jarrets des chevaux. Mais quand on s'adresse aux témoins eux-mêmes, à tous ces survivants qui m'ont écrit, rares sont ceux qui se souviennent de les avoir vues. L'un de mes correspondants, M. J.-B Pâquet, à Aix-en-Provence, résume l'opinion de beaucoup en écrivant : « Je tiens à préciser que je n'ai jamais vu les fameuses lames de rasoir fixées au bout des cannes ou bâtons. Je ne sais pas si vous imaginez un homme attaquant les jarrets des chevaux avec ce joujou, des chevaux en action ! »

était de conduire ce véhicule à proximité des fourrés se trouvant dans le bas de l'avenue des Champs-Elysées, à droite et à gauche, et de les vider. En plus des billes, il y avait des frondes comme l'on trouvait dans les magasins de jouets de l'époque. » Nous retrouverons M. Jean Baron.

Dans l'île de la Cité, place de la République, boulevard Henri-IV, les forces de l'ordre sont prêtes. Les camions noirs de la préfecture ont fait le plein d'essence. Les chevaux des gardes ont reçu leur ration d'avoine. Les cavaliers — casques et capotes sombres — sont prêts à sauter en selle.

Midi. Edouard Daladier, président du Conseil, déjeune chez M. Maulion, sénateur du Morbihan. Vingt-cinq couverts, cinq maîtres d'hôtel, homard à l'américaine et poularde truffée. Vins somptueux. On remarque que Daladier vide souvent son verre.

A 13 heures, M. Georges Lebecq arrive à l'Elysée où l'a convoqué le président Albert Lebrun. Son neveu, le docteur Augustin Lebecq, m'écrit : « Le président Albert Lebrun avait convoqué d'urgence Georges Lebecq pour le supplier de décommander la manifestation. Mon oncle, inflexible, lui répondit que c'était trop tard. Lebrun, à bout d'arguments et au bord des larmes, saisit la médaille que portait mon oncle à sa chaîne de montre et, agitant celle-ci, chercha à fléchir sa détermination par un argument suprême : "Mais enfin, monsieur Lebecq, rendez-vous compte qu'il est 2 heures et je n'ai pas encore déjeuné !" »

Ce n'est pas le cas, comme on a vu, du président du Conseil désigné. A 14 h 30, il quitte la rue Copernic pour la Chambre. Quand sa voiture approche du Palais-Bourbon, elle a peine à se frayer le chemin. Ce ne sont que « barrages épais d'agents et de gardes, cordons de cavaliers casqués d'argent, alignement de camions et de cars, patrouilles cyclistes[1] ». Daladier peut malgré tout apercevoir le nouveau préfet de police, Bonnefoy-Sibour, qui inspecte « d'un regard inquiet ses troupes qu'il ne connaît pas ».

---

1. Georges Arqué et Yves Dautin : *op. cit.*

L'hémicycle n'a peut-être jamais connu une telle affluence. Les tribunes sont bondées, tous les députés ont pris place à leur banc. Le président Bouisson vient de s'asseoir à son fauteuil. L'extrême gauche applaudit quand apparaît M. Frot.

15 heures. M. Daladier monte à la tribune, semblable à lui-même, massif, front buté, regard sombre. Il tient entre ses mains le texte de la déclaration ministérielle et prend la parole. Ou plutôt tente de la prendre. Car, à l'instant même, éclate un tumulte furieux. La droite l'a déclenché et la gauche répond. Personne ne pourrait dominer un tel vacarme. Edouard Daladier s'adosse à la tribune. Il se tait. Face à face, deux camps d'évidence irréconciliables. Cela va durer des heures ! La haine plane dans l'hémicycle.

Mais dehors ?

La manifestation a commencé plus tôt que prévu. Vers 16 heures, 200 à 300 jeunes gens s'avancent sur la place. Ils vont et viennent devant le pont. S'ils le voulaient, ils pourraient le franchir. Le premier service d'ordre n'est en effet mis en place qu'à 16 h 45. Le commissaire Le Clère le jugera « insignifiant ». Destiné à protéger le Palais-Bourbon contre une offensive que l'on peut d'ores et déjà prévoir redoutable, il se compose du commissaire Rottée, de deux inspecteurs principaux, de deux brigadiers-chefs, de 70 gardiens, d'un adjudant de la garde avec 100 gardes à pied et 25 cavaliers. A part le pistolet d'ordonnance, nul n'a reçu de mousqueton. Une mission a été donnée à ces hommes : « défendre coûte que coûte et sans reculer d'une semelle la tête du pont de la Concorde et s'opposer par *tous les moyens* au passage éventuel des manifestants ».

Le dispositif de défense se résume à sept cars de police rangés en tête du pont, capot vers la Chambre, arrière vers l'Obélisque ; devant ces véhicules, 25 cavaliers et 20 gardes à pied face à la place ; à l'angle des Tuileries, 30 gardiens, 30 gardes à pied ; autant à l'angle du Cours-la-Reine ; derrière les cars, une réserve de 20 gardes et de 20 gardiens.

Faisons de nouveau appel au témoignage de M. Jean Baron. Il est plus de 17 heures. M. Baron a déchargé ses sacs de billes au bas de l'avenue des Champs-Elysées. « Mon vieux G7, bien soulagé, car j'estime que son chargement était d'au moins 800 kilos, remontait allégrement l'avenue et je reprenais un deuxième taxi, et ensuite un troisième, d'autres chauffeurs comme moi effectuaient ces rotations. Au troisième voyage, je gare mon G7 à proximité du Grand-Palais. »

A la même heure à peu près, M. Bonnefoy-Sibour, M. Marchand et M. Perrier, directeur des renseignements généraux, viennent inspecter le barrage implanté sur le pont de la Concorde.

La foule a considérablement grossi. Des clameurs se font entendre en provenance des Tuileries. Marchand veut que l'on évacue le jardin. Bonnefoy-Sibour :

— Laissez-les, ce sont des badauds.

Les « badauds » vont très vite arracher les arceaux de fonte qui bordent les parterres du jardin et bientôt, du haut de leur position très favorable, se mettre à bombarder le service d'ordre.

Il est 18 heures. La place est plongée dans la nuit. Les réverbères ont en effet volé en éclats. M. Jean Baron précise : « C'est avec les billes et les frondes que nous les avions cassés. » D'abord, la foule est restée assez loin du pont. Maintenant, elle s'enhardit, s'approche des barrages. Des cris repris par des milliers de poitrines :

— Vive Chiappe !

— Les agents avec nous !

Et toujours, et surtout :

— A bas les voleurs !

Le commissaire Rottée commence à juger dangereuse cette pression qui ne se relâche à aucun moment. Il estime qu'il faut faire reculer la foule. Il donne l'ordre à la garde à cheval de charger mais ceci au petit trot, en gardant le sabre au fourreau. La manœuvre, loin d'effrayer la foule, l'exaspère dans l'instant. Sur les gardes pleuvent les fragments de grilles d'arbres ; on imagine les blessures et les contusions que de tels morceaux de fonte peuvent produire lorsqu'un garde les reçoit en plein visage. En même temps, les billes entrent en action. M. Jean

Baron se souvient : « A chaque charge de cavaliers, nous lancions des poignées de billes sur la chaussée et sur les trottoirs. Les chevaux tombaient. Et les cavaliers ne pouvaient que très difficilement se tenir debout. Beaucoup de ces chevaux, en effectuant ces chutes, ont eu des jambes cassées, mais je n'ai jamais vu couper les tendons comme il a été prétendu. L'affolement des gardes mobiles venait aussi de ce que nous visions les casques avec les billes dans les frondes et que le point d'impact pouvait être confondu avec des balles de revolver. » A la première charge, trois cavaliers ont été désarçonnés, un garde à cheval et un brigadier-chef de police blessés. La police a opéré huit arrestations. L'inquiétude de Rottée grandit. Il demande des renforts.

Furieux, les manifestants édifient une grande barricade autour de la borne lumineuse qui commande alors le passage de la place au quai des Tuileries. On a accumulé là des chaises de jardin, un kiosque renversé, des accessoires hétéroclites. Quelqu'un a l'idée d'allumer le gaz de la borne. On obtient ainsi un foyer inespéré. Les alentours sont éclairés comme en plein jour. Surtout, on peut chauffer au rouge les arceaux de fonte provenant du jardin et en faire des armes d'autant plus dangereuses.

Le service d'ordre va reprendre cette barricade. Il lui en coûtera vingt-deux blessés aussitôt évacués vers l'infirmerie que le questeur Barthe vient de faire installer à la Chambre des députés. Le journaliste Fauverge s'est placé près du pont : « Sur le barrage installé à la tête du pont ne cessaient de tomber les projectiles les plus divers : cailloux, morceaux d'asphalte, débris de fonte provenant des arceaux des pelouses que l'on avait arrachés et cassés. Les manifestants en avaient fait une ample provision et, en s'avançant vers la police, ils jetaient avec force des projectiles qui tombaient autour de nous presque aussi dru que la grêle. D'ailleurs, deux de mes camarades, MM. René Bruyez et Flassch, furent atteints par des débris de fonte et assez fortement contusionnés, le premier à une main, le second à un genou. »

Et les manifestants avancent toujours ! Il est temps de recourir aux pompiers, dont les voitures sont rangées sur le quai d'Orsay, devant la Chambre. On dévide les tuyaux sur le pont et, en avant du barrage, on met une lance en batterie. Voilà soudain les manifestants copieusement arrosés. Loin de se replier, les plus téméraires parviennent à contourner le jet. Ils s'emparent de la lance et arrosent à leur tour le service d'ordre ! Du coup, ce sont les pompiers qui font retraite. Les gardes mobiles s'élancent pour reprendre les lances. Une très violente bagarre s'engage, les gardes l'emportent et récupèrent les lances. On renonce à les utiliser pour le moment.

18 h 30. Rottée reçoit son premier renfort : trois pelotons de gardes et cent gendarmes.

Geneviève Duchateau va avoir dix-sept ans. En compagnie de son frère — qui en a dix-neuf — ils sortent du cinéma Madeleine lorsqu'ils aperçoivent un cortège d'hommes marchant d'un pas vif rue Royale : « Comme nous étions de petits curieux, nous sommes immédiatement convenus de les suivre. On n'entendait qu'un bruit de pas. Pas un cri de ralliement. Mais une foule sombre (il faisait très froid) sur chaque trottoir de la rue Royale. C'était très impressionnant. Notre ébahissement en débouchant sur la place de la Concorde : il y avait déjà un autobus que des hommes secouaient pour le renverser, avec des "han" vigoureux. En cinq minutes, il s'est trouvé couché et les gens y ont mis le feu ».

Ce que vient de voir Geneviève Duchateau constitue l'un des épisodes les plus singuliers — et plutôt cocasse — de ce grand drame. Un autobus de la ligne AC, venant de la gare du Nord et allant vers le Champ-de-Mars, s'est obstiné à suivre son itinéraire. Il a pénétré, vers 18 h 30, sur la place. Devant l'hôtel Crillon, la foule l'a arrêté. Le chauffeur Lecourt dépose : « Je me suis vu entouré par 500 ou 600 personnes ; j'ai stoppé ; un jeune homme m'a crié : "Descends ou on te casse la gueule." Déjà les persiennes de mon moteur étaient enlevées, les fils de la dynamo arrachés. On brisait mes glaces. Un homme, élégamment habillé, a chiffonné des journaux — j'ai même pu lire le titre de l'un : *le National* — et mis le feu au plancher. La garde est arrivée ; j'ai pu éteindre et je suis descendu pour ne pas être pris pour un manifestant. Ceux-ci sont revenus, ont poussé mon autobus vers l'Obélisque (où je m'étais réfugié...). Un homme élégant, coiffé d'un chapeau, a arraché le tuyau d'essence ; il y a mis le feu qui s'est communiqué aux pneus... Tous ces gens avaient l'air de se connaître, gens bien-pensants, beaucoup portaient la Légion d'honneur. »

« A cet instant précis, se souvient Geneviève Duchateau, les hommes se sont mis à crier : "A la Chambre ! A la Chambre !", et aussi un refrain qui a sans cesse été hurlé et que j'ai retenu. Toute ma vie il m'est resté dans les oreilles :

Ça ira, ça ira, ça ira !
Les députés à la lanterne !
Ça ira, ça ira, ça ira !
Les députés on les pendra !

« Et aussi : "Daladier au poteau." Il y a eu un rush sur le pont de la Concorde. Mon frère et moi étions grimpés sur les fontaines du bassin de la Concorde, vides d'eau à ce moment-là, après non. Ce rush a été brisé par un mur de gardes mobiles et nous avons vu un assaut d'agents de police, la cape entortillée sur une main et l'autre brandissant le gourdin et tapant à tour de bras. Comme nous étions jeunes et agiles, nous nous sommes mis à courir, refoulés vers la rue de Rivoli, car la rue Royale grouillait de manifestants. Là, attendaient les gardes républicains à cheval, qui se sont mis à charger, comme des salauds. Des gens ont été piétinés. Mon frère et moi, qui étions plutôt des sportifs et connaissions bien le quartier, avons foncé — j'avais une jupe-culotte ! — vers les Tuileries. En escaladant, nous nous sommes retrouvés là à l'abri et avec une vue d'ensemble sur ce qui se passait sur la place. Nous n'en croyions pas nos yeux. Toutes les issues étaient bouclées. Rangées de gardes mobiles aux Champs-Elysées, le car brûlant à côté, pont de la Concorde bouclé, quai des Tuileries bouclé. »

Cette place, le journaliste René Bruyez la voit avec les mêmes yeux que Geneviève Duchateau. Il estime que l'erreur évidente du service d'ordre est de n'avoir pas, dès le début de l'après-midi, bouclé la place. Il se montre tout aussi critique pour le dispositif de défense du pont : « Celui-ci eût incontestablement dû être plein, plein de cavaliers assurés sur leurs montures, ce qui aurait découragé d'agir le groupe qui attendait de forcer le barrage. Or le pont était vide. Interdite théoriquement à la bagarre, par un chapelet de gardes mobiles — sur un seul rang — derrière lesquels s'alignait — sur un seul rang — un chapelet de cavaliers, la vaste chaussée du pont de la Concorde avait l'air d'inviter les manifestants à venir fouler son sol. »

Depuis une demi-heure, le service d'ordre reçoit sans broncher des projectiles qu'il ne ramasse pas. Cette impassibilité de commande cesse tout à coup. Les agents, exaspérés, commencent à se baisser, à ramasser tous les projectiles qu'ils ont reçus jusque-là sans répondre et se mettent à les lancer vers la foule. René Bruyez les voit qui « mitraillent la foule, à leur tour, avec un entrain qui ressemble assez à la démence ».

On en est maintenant à une véritable bataille. Un groupe muni de pioches se met à défoncer le pourtour du bassin sud de la place. Sur le service d'ordre, on lance du bitume, de la fonte — et toujours, à l'aide de frondes, les fameuses billes. Une nouvelle charge de la garde à cheval. Le peloton parvient avec peine jusqu'à l'Obélisque et doit rebrousser chemin. 15 cavaliers sur 25 sont touchés ! M. Jean Baron : « Les gardes mobiles nous distribuaient de grands coups de sabre mais avec le plat du sabre, ce qui néanmoins faisait assez mal. » M. J.-B. Pâquet : « J'ai été refoulé sur le quai par des agents de la police municipale, étourdi par une attaque (étourdi, car selon une habitude, j'avais sous mon chapeau un journal entier plié en huit, excellente protection). »

Le baron Duroy de Bruignac, sympathisant de l'Action française, est arrivé vers 19 heures sur la place : « Les manifestants, encore peu nombreux, mais dont le nombre croissait à chaque instant, étaient rassemblés près du Cours-la-Reine ; je me joignis à eux. Je suis convaincu qu'il n'y avait ni billes, ni boulons, ni rasoirs emmanchés, ce qui eût indiqué une préméditation. Or nous étions sans armes [1]. Nous entourions les

1. On voit ici que M. Duroy de Bruignac a pu manifester à quelques mètres de M. Jean Baron sans comprendre — ni voir — que d'autres volontaires étaient organisés de façon bien différente.

gardes républicains à cheval qui faisaient le “manège”. Nous leur jetions des pierres et les arceaux de fonte arrachés aux bordures des pelouses, sans grande conviction d'ailleurs, craignant de blesser ces bons Français. Quelques jeunes audacieux essayaient en vain de désarçonner les cavaliers. »

19 heures. Marchand décide d'adresser à la foule les sommations prévues par la loi. A-t-il reçu des ordres ?

Marchand reconnaîtra lui-même qu'il s'agissait « d'impressionner les manifestants ». Il requiert le clairon Jeanne, du peloton de Rouen. Par deux fois, celui-ci sonne le « garde-à-vous ».

Marchand s'est posté sur le terre-plein du pont, du côté Champs-Elysées. Détail important : il est en civil. Il hurle :

— Obéissance à la loi !

Telle est la première des trois sommations prévues par la loi du 10 mars 1831. Au milieu du vacarme, des hurlements, des invectives, qui a pu l'entendre ? Tout juste constate-t-on un léger flottement dans les premiers rangs. Après quoi, les jets de projectiles reprennent de plus belle.

Seconde sommation hurlée par Marchand :

— Que les bons citoyens se retirent et rentrent chez eux !

Réponse : une pluie de boulons ou de billes. Marchand est lui-même atteint. Il n'en adresse pas moins à ses adversaires la troisième et dernière sommation :

— Il va être fait usage de la force !

Mal en point, il se retire et rejoint le préfet.

Le journaliste Fauverge témoigne : « Même si les sommations furent faites dans la forme régulière, personne ne les entendit, tant était grande la clameur qui s'échappait des milliers de poitrines groupées devant nous. Cette clameur s'entendait même loin dans la rue de Bourgogne : il n'y a pas de voix humaine capable de dominer un tel vacarme. Je suis également convaincu que les coups de clairon n'ont été entendus que par un nombre infime de manifestants car moi-même, qui me trouvais à environ vingt mètres devant le garde qui sonnait, je ne les ai perçus qu'à peine. De plus, je suis non moins convaincu que ceux des manifestants qui les ont entendus n'ont rien compris à leur signification. »

C'est alors que claque, en provenance des bosquets du Cours-la-Reine, un coup de feu.

Sur le trottoir du pont, à l'angle que celui-ci forme avec le Cours-la-Reine, René Bruyez et Armand Flassch se sont placés derrière le rang unique de gardes mobiles et devant celui de cavaliers. Selon Bruyez, on traversait une relative accalmie. « Un cheval saignait abondamment d'un œil que je crus crevé, deux autres fléchissaient sur leurs jarrets d'où ruisselait également du sang [1], des gardes mobiles, plus ou moins grièvement blessés, étaient par leurs camarades portés à l'écart ou introduits dans des voitures qui les emmenaient à la clinique. Mais il y avait virtuellement accalmie.

« Tout à coup, le petit coup de feu dont j'ai parlé [2].

« — Quelqu'un a tiré, me dit Flassch, en me serrant le poignet.

« Notre ami qui percevait, lui aussi, la solennité décisive de cette seconde-là, était visiblement angoissé.

« Nous regardons, lui et moi, dans la direction où nous avions entendu claquer le coup — c'est-à-dire au bout d'une ligne formant, avec le parapet du Cours-la-Reine, un angle approximatif de 45° et aboutissant, cette ligne, sur le terre-plein des Champs-Elysées, compris entre la pelouse où s'élève la petite statue qui a survécu aux Arts décoratifs, et les allées parallèles à l'avenue, situées sur sa gauche.

« A cinquante mètres de nous, par conséquent.

« Or il n'y avait pas un uniforme dans la masse, très discernable malgré la pénombre, des manifestants agglomérés à cet endroit.

« Flassch et moi voulons en avoir le cœur net. Nous n'en finissons pas de scruter la pénombre où vient de se produire la détonation.

« — Quelle heure est-il ? demandai-je à Flassch.

« — Sept heures et demie, pas tout à fait, me dit-il.

1. On en revient ici à l'énigme des lames de rasoir. Les blessures constatées par Bruyez donneraient-elles raison à la légende ?

2. Bruyez avait entendu la « détonation discrète, menue, sournoise ».

« De fait je vis sa montre. Il était 19 h 29. »

Donc, Bruyez et Flassch — ainsi qu'un troisième journaliste placé près d'eux, Maurice Aubenas — affirment que les coups de feu viennent du Cours-la-Reine et que c'est un civil qui a tiré le premier.

Ce que confirme Fauverge :

« Il était environ 19 h 30, lorsque, sur ma gauche, dans l'obscurité du cours la Reine, j'entendis une première détonation isolée. Ce claquement sec ressemblait fort à un coup de revolver ; mais, comme au cours des manifestations précédentes, les camelots du roi avaient employé des pétards en quantité industrielle, je pensai que ce devait être encore un pétard et, en raison de la nervosité, je n'en parlai à personne...

« Si cependant, comme je le crois, c'est bien un coup de revolver qui fut tiré sur le Cours-la-Reine, il a éclaté chez les manifestants. »

Un autre journaliste encore, Marcel Montarron — qui en a témoigné dans mon émission —, a entendu, lui, deux coups de feu. « Deux coups de feu éclatent soudain, presque incongrus. Ils sont partis — tout le monde s'accordera pour le confirmer — des bosquets du Cours-la-Reine, alors beaucoup plus touffus qu'aujourd'hui. Puis, presque aussitôt, un troisième coup de feu. Cette fois, aucun doute possible !... Ça vient de l'aval du pont.

« — Ah ! les salauds !... Ils nous tirent dessus !... hurle un motard de la préfecture [1]. »

A l'endroit où Montarron se tient depuis le début de la soirée, se trouve un bec de gaz. Ses vitres volent en éclats. « Tous les policiers qui, en première ligne, contiennent les coups de boutoir des manifestants : préfet, gradés, officiers, suivis des journalistes, se réfugient derrière le rempart des camions. Contagion de la peur : les gardes mobiles aussi amorcent un mouvement de retraite. »

---

1. Jean-Michel Charlier et Marcel Montarron : *Stavisky, les secrets du scandale* (1974).

L'une des deux premières balles a blessé le garde Richard qui se trouvait non loin de la barricade ouest du pont.

Le certain, c'est que les coups de feu ont atteint leur but. Sur le pont, le service d'ordre se replie — y compris les gardes mobiles ! Les cavaliers, selon le témoin Bruyez, « font demi-tour et, *presque au galop, franchissent le pont*, la moitié d'entre eux arrivant jusqu'à l'angle du quai d'Orsay... Je revois d'ailleurs encore M. Marchand rejoindre sur le pont M. Bonnefoy-Sibour et lui déclarer :

« — Les gardes à cheval foutent le camp !

« Ce contre quoi le nouveau préfet ne songea même pas à protester, lui qui avait couru jusqu'à l'un de ces cavaliers — l'un de ceux qui avaient reculé le plus loin — et l'avait exhorté à se remettre en ligne. »

Déjà, de jeunes manifestants sont parvenus à s'infiltrer sur le trottoir du pont, entre le parapet du Cours-la-Reine et les cars de police. Des journalistes clament :

— Sauve qui peut ! Le barrage est enfoncé !

Rien de plus contagieux qu'une retraite. A la vue de ces jeunes gens, les gardes et gardiens de la ligne de premier soutien se débandent. Le baron Duroy de Bruignac — il a trente-trois ans à cette époque — appartient au nombre de ceux qui se sont engouffrés sur le pont : « Tout à coup, vers 19 h 45, les gardes à cheval ont tourné bride et ont disparu sur le pont. Au bout de quelques instants, constatant qu'un certain nombre de manifestants les suivaient, j'ai couru pour les rattraper. »

Situation dramatique : si le service d'ordre cède, la foule s'engouffrera sur le pont et rien ne pourra plus l'arrêter. Dans cinq minutes, elle aura envahi le Palais-Bourbon où les députés s'invectivent et s'affrontent toujours.

Un homme s'y refuse : c'est le lieutenant Guillaumet du 18e peloton de la garde mobile. Debout sur ce même trottoir que l'on commence à envahir, faisant face à ceux qui déguerpissent, il hurle :

— Le 18e ! Arrêtez-vous !

Le commandement fait mouche. Les gardes font volte-face, une partie s'agenouille, les autres restent debout. Avec un courage soudain retrouvé, ils affrontent les manifestants qu'ils voient accourir vers eux. Ils n'ont pas reçu l'ordre de faire feu, mais comment arrêter une foule en furie, sinon par la méthode que ces militaire disciplinés n'ont cessé d'apprendre à l'entraînement ? Ils dégainent leurs revolvers : ils visent la foule — et tirent.

Il ne faudra que quelques secondes pour que vingt hommes de la 4e compagnie et un certain nombre de gardiens de la paix tirent cinquante-trois coups de feu. *Quelques secondes*. Déjà, le capitaine Stuffel s'époumone à hurler :

— Halte au feu !

Marchand vocifère :

— En l'air ! Tirez en l'air !

Et encore :

— Rengainez !

Trop tard. Les quatre premières victimes sont tombées. Il s'agit de Jean Fabre, trente ans, interne en médecine, appartenant aux Jeunesses patriotes : mort immédiate. De Henri Vaury, trente-neuf ans, garagiste, d'une appartenance inconnue : il mourra le 13 février. De Cheynier de Noblens, appartenant à la Solidarité française, industriel, dont l'autopsie fera connaître qu'il a été tué après avoir subi de sauvages violences. De Mlle Gourhan, femme de chambre de l'hôtel Crillon, qui s'était avancée sur la terrasse de l'hôtel, pour mieux voir le spectacle. Elle a été frappée par un projectile de 8 mm, alors que le service d'ordre usait de balles de 7,5 mm. On ne saura jamais qui a tué Mlle Gourhan.

La foule a reflué, épouvantée. Momentanément, la place est dégagée. Mais à quel prix !

Revenons au témoignage de Geneviève Duchateau : « C'est vers sept heures et demie/huit heures, je crois, que nous avons entendu des coups de feu, mais nous n'avons pas déterminé d'où ils venaient. C'était la guerre pour nous. Nous habitions l'île Saint-Louis et ne savions plus comment rentrer chez nous. Il n'était pas question de passer au milieu des chevaux de la rue de Rivoli. Une charge soudaine et on se retrouvait sous les sabots des chevaux ! Le quai des Tuileries avait une armada de gardes mobiles prêts à foncer. Il restait le jardin des Tuileries, plein de cars de police. On nous a déviés de telle sorte que pour rentrer chez nous, nous avons dû passer par le boulevard Saint-Germain, entièrement tenu par les gardes mobiles. Les quais étaient interdits et tous les manifestants qui cherchaient à rejoindre la Concorde ne pouvaient se glisser nulle part. Des cars bouclaient les rues. Quand nous sommes arrivés dans l'île Saint-Louis, nous avons raconté à notre père ce qui arrivait. Nous étions dans un état d'excitation terrible. Quant à moi, j'étais glacée d'épouvante. Jamais je n'avais vu une foule en colère. Des hommes bien vêtus, pour la plupart en manteau, chapeau, gants, écharpe, qui hurlaient, couraient, jetaient des projectiles sur des agents, matraques levées, à qui on criait : "Chargez ! " et qui, tout d'un coup, fonçaient comme des assassins ! »

M. Christian Lanco n'appartenait à aucune ligue, à aucun mouvement politique. Sortant d'une école supérieure de commerce, il cherchait du travail, tout simplement. Son état d'esprit ? « Curieux de tout et un peu désespéré. » Une affiche émanant du syndicat des commerçants et artisans, et conviant ses adhérents à se rendre place de la Concorde, l'a alerté. « Pour voir », il s'est placé sur la terrasse du jardin des Tuileries, à gauche des escaliers qui descendent vers la place. Et il a vu « çà et là sur la place, des cavaliers charger les manifestants qui jetaient des billes sous les pattes des montures, d'autres rampaient pour leur couper les jarrets avec des couteaux[1]. Devant les charges de la cavalerie, tous se précipitaient dans les escaliers des Tuileries et refermaient les grilles devant les museaux des chevaux. J'ai vu le hall de l'hôtel Crillon encombré de blessés, certains étendus sur des draps tachés de sang, soignés par des hommes et des femmes en civil et quelques infirmières en blouse blanche. Des groupes soutenant des blessés remontaient la rue Royale. Chez Maxim's, des corps allongés sur les tables et les banquettes ».

1. Nouvelle version : il s'agit de couteaux.

Un autre témoin, M. F. Coutelier, exprime un avis d'un grand intérêt. Lui qui s'est trouvé sur la place de la Concorde de 20 heures à 23 heures environ, se dit convaincu « que l'immense majorité des présents, place de la Concorde, et aux environs, n'appartenait à aucun mouvement organisé ».

Ce qui demeure, c'est que les manifestants ont essuyé des coups de feu. Ils ont été tirés par des défenseurs de l'ordre qui ont usé exclusivement de revolvers. Plus tard, on parlera de mitrailleuses, de fusils-mitrailleurs, contre vérité flagrante. René Bruyez : « Il est étrange qu'on ait pu croire, ne fût-ce qu'un instant, à leur présence et à leur activité ce soir-là. J'y étais. »

A la Chambre, on discute toujours. Tout à coup, le député de droite Scapini — aveugle de guerre — se dresse et pointe l'index en direction de Daladier. Attitude si tragique qu'elle ramène un silence relatif. Et cette question qui glace :

— Monsieur le président du Conseil, avez-vous donné l'ordre de tirer ?

Geste de dénégation d'un Daladier affolé.

Scapini enflant la voix :

— C'est cela, votre gouvernement d'autorité !

Une immense clameur s'élève à droite. Pour faire face à leurs ennemis naturels, les communistes scandent leur slogan favori :

— Les Soviets ! Les Soviets ! Les Soviets !

Le président Bouisson suspend la séance. Les députés se précipitent dans les couloirs, apprennent en quelques instants le drame qui s'est joué à quelques mètres d'eux : la panique, les coups de feu, les morts, les blessés. Ils sont horrifiés.

Quand ils reviendront dans l'hémicycle, ce sera pour entendre, dès la reprise de séance, d'implacables invectives contre Daladier. Pour la troisième fois, le gouvernement pose la question de confiance. Qu'elle lui soit accordée par 360 voix contre 220 s'explique par un réflexe de solidarité renforcé par la peur. Devant le danger, on se serre les coudes.

Il est 20 h 30. Les députés se bousculent pour quitter le Palais-Bourbon. Par-derrière.

Edouard Herriot, tout échauffé par cette mémorable séance, décide de revenir à pied. Il oublie que sa silhouette, popularisée par les caricaturistes, est célèbre. Des manifestants le reconnaissent, se saisissent de lui et lui annoncent qu'ils vont le jeter immédiatement dans la Seine. Le député-maire de Lyon fait bonne contenance. Quelqu'un intervient : au fond Herriot n'est pas un mauvais bougre, il suffira de le déculotter ! On ne perd pas de temps, on pousse le malheureux dans un bosquet et on se met en devoir de lui ôter son pantalon. A point nommé survient une escouade de gardiens de la paix qui le dégage. Comme on l'entraîne, l'illustre parlementaire achève de se reboutonner et prononce ces mots bien dignes de lui :

— Le maire de Lyon se devait de n'être noyé que dans le Rhône !

C'est alors, à 20 h 30, que débouche des Champs-Elysées un cortège immense : celui des anciens combattants. D'abord une imposante banderole : *Nous voulons que la France vive dans l'ordre et la propreté.* Derrière, quarante drapeaux déployés. Derrière encore, des hommes qui arborent toutes leurs décorations.

Le général Lavigne-Delville, président des Décorés au péril de leur vie, exige de Marchand le passage. Marchand tente de le raisonner. On négocie. On s'arrête à une solution : la manifestation traversera la place de la Concorde mais elle gagnera ensuite les grands boulevards. Ainsi évite-t-on le pire : que les anciens combattants se mêlent aux autres manifestants pour attaquer de nouveau le pont de la Concorde.

Le président Lebecq clame :

— A mon commandement, direction : rue Royale !

L'énorme cortège reprend sa marche au chant de *La Marseillaise*. Mais aussi au chant de *L'Internationale* : les combattants de l'ARAC sont là, eux aussi.

21 h 45. De nouveau, le tumulte. De nouveau, on se rue vers le barrage. De nouveau, on lance des projectiles de tout genre dans la direction du service d'ordre. De nouveau, Marchand fait avancer les cavaliers. Un arceau de fonte bien lancé :

le garde républicain Flandre le reçoit en plein front. Il mourra le 9 février d'une fracture du crâne.

Il a beaucoup souffert, le service d'ordre. Quatre cents blessés ont dû être évacués. Une fois encore, il faut faire face aux harcèlements de la foule.

Un nouveau drame — encore. Il semble, sans que cela ait été prouvé, que trois coups de feu aient été tirés des bosquets du Cours-la-Reine. Ce qui est certain, c'est que des gardes mobiles et des gardiens de la paix ont répondu : deux morts.

A Beaujon, on accueille quarante-cinq blessés graves. On ne cesse d'en admettre d'autres. Leurs explications sont identiques :

— Ils étaient sur le pont, couchés derrière les voitures, et ils nous ont tiré dessus !

— Ils couraient après nous sur les Champs-Elysées et nous tiraient comme des lapins !

Les chefs ont été dépassés par les troupes. Celles-ci sont à bout, enfiévrées de fureur. Pour reprendre les hommes en main, le colonel Simon décide, à 23 h 40, de charger. Il se place lui-même en tête de la deuxième colonne. Direction : l'allée sud des Champs-Elysées. Le commissaire Challier et ses hommes foncent sur le Cours-la-Reine. Ils tirent.

La poursuite dans les bosquets a été racontée — avec talent — par Daniel Guérin au cours de mon émission. Selon lui, elle pouvait se comparer à une chasse à l'homme. On entendait tel ou tel défenseur de l'ordre hurler :

— Celui-là, je le veux !

Les manifestants fuient. Bientôt, il n'y aura plus personne sur le Cours-la-Reine. Plus personne non plus, à minuit, sur la place de la Concorde. La police pourchasse les derniers manifestants sur les Champs-Elysées et dans la rue Royale. Après quoi, les gardes et les gardiens indemnes vont regagner leur caserne et leur domicile. Pas tous. Je reviens au témoignage du Dr Pierre Bourgeois : « J'ai circulé en voiture avec ma femme pendant toute la nuit du 6 au 7 février... A partir de 2 heures du matin, nous avons vu des bandes de voyous casser les vitrines de la rue Royale et surtout nous avons vécu deux heures de vide total du pouvoir, de 5 heures à 7 heures du matin. Les rues étaient vides : j'ai vu par groupes des gardes mobiles épuisés dormir sur le trottoir. A ce moment, 200 hommes décidés pouvaient prendre les leviers de l'Etat... »

L'heure du bilan a sonné. Parmi les manifestants : 15 morts, 655 blessés.

Parmi les forces de l'ordre : 1 mort, 1 660 blessés.

Dans la nuit, une rumeur court Paris : le gouvernement a fait tirer sur le peuple. Elle gagne, elle s'enfle, elle devient certitude. Le fusilleur, c'est Eugène Frot. Toute sa vie, ce dernier portera le poids d'une accusation injuste qui a brisé sa carrière.

La vérité, comme il le dira par la bouche de Louis Guitard, c'est qu'il est, le 7 février, « tout à fait désarmé ». Les rapports de police lui apportent de nouvelles raisons de redouter une reprise de l'émeute le lendemain. Les leaders sont décidés à redescendre dans la rue avec des armes. Des hommes se sont promis de revenir avec des grenades. La presse se charge de lever des volontaires. On pille les armureries. On sait que les communistes seront plus nombreux — et aussi ces éléments louches qui font surface quand le désordre s'installe. Comment résister à cela ? Avec les mêmes hommes que la veille, moins nombreux, atteints dans leur moral et physiquement épuisés ? Que ferait-on si les ligues se réunissaient à la fin sur un programme commun et la constitution d'un gouvernement provisoire ? Eugène Frot téléphone au président du Conseil : « Il faut partir. » Daladier hésite, consulte. Frot appelle Lebrun à l'Elysée. « Je réponds de l'ordre, précise-t-il, si la démission du cabinet intervient rapidement. » Au début de l'après-midi, c'est chose faite.

L'émeute n'a pas pu prendre le Palais-Bourbon. Elle a au moins réussi à jeter à bas le ministère.

Qui succédera à Daladier ? Lebrun en revient à son ancienne idée : Gaston Doumergue. « Gastounet », comme l'appellent avec affection les Français, a soixante-dix ans. Il s'est retiré dans sa maison de Tournefeuille. Il a déjà refusé. Il refuse encore. Il faudra, pour qu'il accepte, la prière instante des présidents des deux Chambres et de tous les anciens présidents du Conseil.

Le 8 février, il arrive à Paris. Au Quai d'Orsay, trois mille personnes l'attendent pour longuement l'acclamer. Le gouvernement qu'il constituera, élargi vers la droite, sera prestigieux, comportant sept anciens présidents du Conseil. A la Guerre, le maréchal Pétain fait ses débuts dans la politique. Il a soixante-dix-sept ans.

Alors, c'est fini ?

Non. La gauche et l'extrême gauche entrent dans la danse. Il faut montrer à l'extrême droite que l'on ne s'en prend pas impunément à la république. Le 9 février, grande manifestation communiste place de la République, barricades, bataille rangée avec les forces de l'ordre. La police tire : 4 morts.

La SFIO annonce pour le 12 février une grande manifestation cours de Vincennes. Or les communistes et la CGT convoquent leurs adhérents au même endroit et le même jour ! Nul n'ignore, depuis le congrès de Tours de 1920, que si les socialistes et les communistes appartiennent peut-être à des partis frères, il s'agit de frères ennemis. Pourra-t-on éviter une rencontre des deux groupes ? Qu'en résultera-t-il ? Tout est à craindre.

Le 12, à 15 heures, le cortège socialiste se met en marche : 150 000 personnes. En tête, Léon Blum, Vincent Auriol. Une marée humaine s'avance vers la place de la Nation et défile sur le côté pair du cours de Vincennes.

Les communistes, eux, s'avancent... sur le côté impair. En tête de leur cortège : Cachin, Duclos, Vaillant-Couturier. Mais aussi André Malraux, Jean Guéhenno, Paul Langevin.

Ensemble, les deux cortèges parviennent place de la Nation. Chacun fait le tour de la place mais dans le sens inverse et l'un s'avance fatalement au-devant de l'autre. Est-ce là que va se produire le heurt redouté ?

Les voici à dix mètres, face à face, socialistes et communistes. Un temps d'arrêt. Et tout à coup, des deux côtés, s'élève le même chant de *L'Internationale*. Immense.

Aux cris de fraternité et d'union, on se jette les uns vers les autres. On se prend les mains, on s'embrasse. Marcel Cachin,

Vaillant-Couturier, Léon Blum se parlent comme de vieux amis qui se retrouvent. En fond sonore :

— Unité d'action !

— Unité partout !

— Le fascisme ne passera pas !

L'unité d'action entre les partis de gauche s'est nouée ce jour-là. Au bout de la route, il y aura l'alliance pour les élections de 1936.

Et le Front populaire.

III

La Nuit des longs couteaux

30 juin 1934

L'aube, au bord d'un lac paisible, dans une pension de famille allemande. Un vacarme soudain éveille les dormeurs : un homme se rue dans les couloirs vides, dans l'escalier, revolver au poing, suivi par des soldats furieux. D'une chambre, une voix ensommeillée s'étonne :

— Quoi ? Qu'est-ce que c'est ? Qui est là ?

Dans le couloir, la main serrée sur la crosse de son revolver, l'homme répond, d'une voix rauque :

— C'est moi, Adolf !

Il ne s'agit pas d'un chef de gang venu régler son compte à un autre chef de gang, mais du chancelier d'un grand pays, du chef légal d'un peuple de cinquante millions d'âmes. Il vient arrêter — lui, personnellement —, mettre à mort peut-être, le plus ancien de ses vieux camarades.

Comment ne pas évoquer Brecht et sa *Résistible Ascension d'Arturo Ui* ? Nous avons cru qu'il s'agissait d'une transposition poétique. Le chef d'un gouvernement légitime, au XXe siècle, ne dirige pas lui-même une opération de basse

---

Hitler et Roehm : deux amis. (Keystone.)

police. Il ne s'élance pas à la tête d'un commando. Impossible. Brecht, grand dramaturge, a décidément trop d'imagination.

C'est oublier que notre siècle a dépassé le possible et l'impossible. Celui qui, à 6 heures du matin, le 30 juin 1934, vient surprendre dans son sommeil, Ernst Roehm, le tout-puissant chef des Sections d'assaut, s'appelle Adolf Hitler.

Le 3 août 1921, Ernst Roehm a eu l'idée de créer les SA. Les réunions du jeune parti national-socialiste étaient fréquemment troublées par des adversaires politiques. Souvent, cela dégénérait en corps à corps. D'évidence, il fallait assurer la sécurité des rassemblements. A l'origine, les SA n'ont été qu'un service d'ordre appelé *Sturmabteilung*, abréviation : SA. Les Français ont traduit cela par Sections d'assaut. Sans perdre de temps, on en a recruté les premiers membres, des militants prêts à recevoir les coups, mais surtout à frapper fort.

Leur chef Roehm est un officier de 14-18. Il s'est bien battu. Défiguré dans un combat, la chirurgie esthétique lui a refait le visage et remodelé un nez. Il lui en reste des traces évidentes. Roehm est repoussant. Un physique de reître et d'aventurier. Comme tant d'autres Allemands — comme Hitler lui-même —, il est sorti amer, désespéré, de la défaite. Officier dans l'armée de l'armistice, il organise la garde civile bavaroise pour écraser les rouges. C'est le temps où se crée le parti ouvrier national-socialiste. Quelques dizaines de membres. Par ordre de l'armée qui veut être informée, le capitaine Roehm entre dans ce parti. Un peu plus tard, il voit paraître un certain Adolf Hitler, lui aussi envoyé par l'armée. Intéressant, ce Hitler qui parle bien. Roehm conseille aux membres du minuscule parti de faire de lui leur propagandiste.

Roehm est donc le premier qui ait cru en Hitler. C'est à lui que le futur Führer doit sa carrière. Désormais, les deux hommes vont vivre en parfaite communion d'idées. Quand Hitler devient le chef indiscuté du parti, Roehm se veut le plus fidèle, le plus ardent de ses disciples. Son ami le plus intime et peut-être le seul. Hitler tutoie Roehm alors qu'il ne tutoie personne, en tout cas aucun de ses lieutenants.

Lors du putsch du 9 novembre 1923 Roehm sera à Munich avec Hitler et Goering. Après l'échec, il reconstituera les Sections d'assaut. Il y croit, à ses SA. Il voudrait transformer le parti en un nouveau corps franc, le subordonner aux SA. Hitler refuse : il veut un parti politique, pas un groupe de choc. Déçu, Roehm a quitté l'Allemagne pour l'Amérique du Sud où il est devenu l'instructeur de l'armée bolivienne.

Là-bas, lui parviennent les échos des succès nationaux-socialistes. A l'élection du 14 septembre 1930, des vagues entières de députés nazis entrent au Reichstag. Hitler ? Une force qui grandit chaque jour. Alors, Roehm revient. Hitler l'accueille à bras ouverts et, comme une chose qui va de soi, lui confie de nouveau le commandement des SA. Les victoires du parti national-socialiste se muent en triomphe. Les gens qui se rallient toujours au plus fort adhèrent en masse aux SA. Il suffit de donner une signature. On reçoit une carte d'adhésion et bientôt un bel uniforme de couleur brune. En Allemagne, on ne dit plus les SA, mais les *chemises brunes*. Les théoriciens du parti affirment que cette couleur rappelle la sueur des travailleurs. La sueur a-t-elle une couleur ? Les théoriciens s'en déclarent assurés. En 1930, il y avait en Allemagne 100 000 SA. Il y en a 300 000 en 1933.

Le jour vient où le vieux maréchal Hindenburg désigne Adolf Hitler comme chancelier d'Allemagne. En 1934, un an plus tard, on dénombre trois millions de SA. Leur chef est toujours Roehm. Décidément, il faut compter avec Roehm.

Le premier qui l'ait su, c'est Hitler. Au rythme des fanfares qui déchirent les tympans, le Führer et Roehm passent ensemble les revues de SA. Entre eux, aucun problème. Hitler a même fait de Roehm un ministre sans portefeuille. Leur amitié n'a pas faibli. Comment oublier le dérisoire petit parti ouvrier national-socialiste où ils ont accompli ensemble leurs premières armes ? Les premiers meetings, le putsch de Munich, l'exaltante conquête du pouvoir menée en commun ?

Cette conquête, les SA y ont beaucoup contribué. Le traité de Versailles n'a laissé en Allemagne qu'une minuscule armée, la Reichswehr, 100 000 hommes en 1921. En a découlé, pour les Allemands, une impression aiguë de frustration. Les groupes paramilitaires SA formés partout en Allemagne correspondent à une aspiration profonde. Les anciens combattants revêtent avec joie l'uniforme. Le dimanche, au lieu d'aller pêcher à la ligne ou de boire de la bière, ils défilent et font l'exercice. Un plaisir comme un autre.

N'oublions pas les électeurs allemands. Les SA incarnent à leurs yeux la puissance. Quand les SA entreprennent la chasse aux communistes, des millions de petits-bourgeois allemands se sentent satisfaits. Quand les SA inaugurent la chasse aux juifs, des millions d'antisémites allemands applaudissent.

Une fois le parti nazi au pouvoir, les SA en récoltent les fruits. Beaucoup d'argent glisse vers les caisses des Sections d'assaut. On nomme partout des officiers supérieurs, des officiers, des sous-officiers SA. Tout cela porte des titres ronflants : *Gruppenführer*, *Standartenführer*, *Obergruppenführer*. Avec les SA, le nouveau chancelier a conscience de posséder une armée supplétive à ses ordres, capable de juguler toute opposition, prête à écraser ses propres ennemis. Les SA, aux yeux de tous, incarnent l'hitlérisme.

Les mois passent. L'horizon s'assombrit. Pourquoi ? Parce que, peu à peu, les trois millions de SA incarnent un Etat dans l'Etat. Certes, parce qu'elle obéit aveuglément, l'armée commandée par Roehm continue, par rapport au régime, à jouer un rôle positif. Qu'adviendrait-il si elle s'écartait de la discipline jusque-là consentie et si elle voulait mener sa propre politique ? Pour le tout jeune Etat nazi, la menace serait grande.

D'autant plus que, dans chaque province d'Allemagne, les chefs supérieurs des SA — qu'ils s'appellent Heines, Karl Ernst, von Spreti, Schmidt, Uhl et bien d'autres — se considèrent comme au-dessus des lois. Au sein des SA se sont introduits des gens de sac et de corde, sortis tout droit du « milieu ». A ceux-là, tout est permis. On pille les boutiques juives et nul n'ose s'aviser de demander aux commandos ce qu'ils ont fait des marchandises. On rançonne avec non moins d'allégresse des personnalités déclarées opposantes. Certaines sont enlevées.

Si on dénonce ces exactions, la police avoue qu'elle est impuissante.

Les SA vont même jusqu'à ouvrir des camps pour y regrouper les opposants. Ceux-ci sont interrogés dans des prisons privées, des prisons SA. L'une des distractions favorites des gardiens improvisés est de faire grimper des prisonniers — le plus souvent choisis parmi les plus vieux et les infirmes — en haut de grands arbres. Là, ils doivent se tenir en équilibre sur une branche et imiter le cri des oiseaux.

Le propre chef de la police de Berlin, Rudolf Diels, parvient non sans difficulté à pénétrer dans une de ces prisons. Il n'est pas exactement un enfant de chœur. Il n'en est pas moins horrifié en découvrant dans les caves des « marionnettes humaines » disloquées, ayant subi toutes les tortures qu'une imagination sadique puisse concevoir. On est au plein de la toute-puissance des SA mais Goering est ministre de l'Intérieur de Prusse. Rudolf Diels fait évacuer ces malheureux, on les transporte dans un car. Même les agents de police se montrent bouleversés.

L'enlèvement des prisonniers par Diels va lui valoir une algarade monumentale de la part du chef SA de la région de Berlin, Karl Ernst :

— De quoi vous mêlez-vous ? Est-ce que vous croyez que les SA sont des jeunes filles ?

Précisément non, les SA ne sont pas des jeunes filles. Quoique certains d'entre eux répondent volontiers au nom de mademoiselle. Roehm est un homosexuel invétéré. Logiquement, il a appelé auprès de lui des homosexuels tels que Ernst, von Spreti, Heines, d'autres. Un réseau spécial a été créé au sein des SA pour procurer de jeunes militants aux chefs supérieurs qui en expriment le désir.

Aux yeux de Adolf Hitler, l'empire SA est devenu redoutable. Nullement parce que les SA soumettent l'Allemagne à leurs pillages et à leurs méfaits. Ce n'est pas là ce qui gêne Hitler. Lui-même ne s'est jamais préoccupé de la loi. Ce qui le gêne, ce sont les déclarations de plus en plus intempestives de Roehm.

On parle beaucoup chez les SA. On prononce des discours en toute occasion. Roehm lui-même parle trop. Il dit que dans *national-socialiste*, il y a *socialiste*. Socialisme veut dire nationalisations. C'était naguère le programme du parti, tel que le présentait, avec tant de fougue persuasive, Adolf Hitler. Ce programme-là, le Führer l'a mis en veilleuse. Pourquoi ?

Au vrai, Hitler est lucide. Il sait que ceux qui votent pour lui se situent nettement plus à droite qu'à gauche. Lors de ses campagnes électorales, il a trouvé beaucoup d'argent auprès des magnats de la Ruhr. Est-il opportun de parler de nationalisations ? Il faut aussi tenir compte du maréchal Hindenburg. Ce vieux soldat, qui semble symboliser la vieille Allemagne, voit d'un très mauvais œil cette prétendue armée, ces gens en uniforme qui singent les professionnels. Ce qu'on lui rapporte de leurs excès lui répugne profondément. Hitler, colosse aux pieds d'argile, a besoin de Hindenburg. Que l'appui du maréchal lui soit retiré et le pouvoir lui échappera.

Or, Roehm continue de pérorer. Il parle d'une nouvelle révolution. Selon lui, la première a eu pour effet de mettre Hitler au pouvoir. Maintenant que le pouvoir est conquis, il faut réussir la seconde, c'est-à-dire socialiser l'Allemagne. On répète, chez les SA, qu'il faut aiguiser les *longs couteaux*. Origine d'une expression appelée à rester dans l'Histoire.

Roehm répète aussi qu'il faut dire leur fait aux « salonnards galonnés » qui commandent la Reichswehr. Il revendique pour les officiers SA l'assimilation aux officiers de la Reichswehr. D'ailleurs, il faut fondre la Reichswehr dans la SA ! Roehm fait savoir qu'il se sent lui-même désigné pour commander cette nouvelle armée allemande.

Des paroles, encore, que Hitler ne saurait admettre. La Reichswehr est peu nombreuse mais remarquablement commandée : une élite de généraux choisis parmi les meilleurs de la guerre 1914-1918, des officiers de grande qualité et des soldats admirablement entraînés. Aux yeux de Hitler, cette Reichswehr vaut incomparablement plus que les trois millions de braillards de la SA.

Le dessein final inscrit dans *Mein Kampf* est la guerre, celle qui donnera à l'Allemagne son espace vital. Hitler, pour faire la guerre, a besoin de l'armée.

Au début de 1934, la Reichswehr ne s'est pas encore prononcée pour Hitler. Ses chefs demeurent dans l'expectative. Ils haïssent cordialement les SA. Hitler est-il, oui ou non, l'homme des SA ? Décidément, dans l'Allemagne de 1934, tout tourne autour des SA.

Au mois de mars, l'*Obergruppenführer* SA du *Gau* (région) de Hanovre, Victor Lütze, vient dénoncer à Hitler des propos tenus selon lui par Roehm. Celui-ci aurait déclaré devant les chefs SA :

— Ce que ce caporal ridicule a raconté ne nous concerne pas. Si nous ne pouvons pas faire l'affaire avec Hitler, nous la ferons sans lui.

Lütze insiste sur la dernière phrase de Roehm :

— Hitler est un traître. Il faut qu'on lui fasse prendre des vacances.

Logiquement, la colère de Hitler devrait se lever — terrible — contre Roehm. Il ne dit rien. Il ne fait rien.

Comme dans toutes les tragédies, les personnages de l'action sont face à face. La fatalité ? De toute évidence, on la sent planer. Qui donnera l'élan initial à l'action ?

Il semble bien que la Reichswehr ait joué ce rôle et fait basculer Hitler. Au cas où le vieux maréchal viendrait à disparaître — et son grand âge autorise à envisager l'éventualité —, qui serait président du Reich ? Aucun problème pour Hitler : il se voit à la fois président et chancelier du Reich. Il ne peut cependant oublier que le président du Reich est aussi le chef suprême de l'armée. Pas de président sans l'accord de l'armée. Alors ?

Les événements se précipitent : la santé de Hindenburg décline. Il faut faire vite. Le 10 avril 1934, Hitler s'embarque à Wilhelmshaven sur le croiseur *Deutschland*. Il neige. On met le cap vers le nord pour naviguer le long de la côte norvégienne. A bord, il y a l'amiral Raeder, les généraux von Blomberg et von Fritsch. Blomberg, ministre de la Guerre, tient l'armée en main. Fritsch est chef de la *Heeresleitung*, section de perfectionnement de l'armée. Ce qui est en question, c'est une alliance entre l'armée et Hitler.

Quand, le 14 avril, le *Deutschland* rejoint Wilhelmshaven, le pacte est passé. L'armée donnera son appui au Führer pour la succession de Hindenburg, mais Hitler mettra à la raison Roehm et ses SA.

Ce que souhaite Hitler, c'est que les SA comprennent d'eux-mêmes qu'il faut rentrer dans le rang. Ce qu'il veut, c'est que Roehm se soumette.

Au mois de mai, Hindenburg part pour Neudeck, sa résidence de Prusse-Orientale. Franz von Papen vient le saluer. Papen, qui incarne l'opinion libérale, peut se dire le représentant des catholiques et des conservateurs. Avec beaucoup d'autres, il se montre très hostile aux SA. Une carte pour Hitler ? Pas nécessairement, car Papen ne cache pas son inquiétude devant le paganisme proclamé par le national-socialisme. Décidément, rien n'est simple. Qu'a dit exactement Papen à Hindenburg ? Hitler n'en sait rien mais il ne peut mésestimer par ailleurs l'influence de l'ancien chancelier, le général von Schleicher, et celle du Dr Klausener, animateur des mouvements catholiques. Eux aussi manifestent des réserves grandissantes quant à l'évolution du régime.

Difficile, le jeu de Hitler qui doit se préoccuper de ces contradictions, voire de ces antagonismes. Or, une nouvelle force va entrer en scène : les SS. Beaucoup moins nombreux que les SA, ses membres portent l'uniforme noir à tête de mort, ils sont triés sur le volet. Leur chef, Heinrich Himmler, est assisté par Heydrich, chef du SD (*Sicherheitsdienst*, service de sécurité) de la Gestapo. N'entre pas qui veut aux SS, groupe d'élite. « La SA, c'est la troupe, dit Himmler, la SS, c'est la garde. Il y a toujours eu une garde, depuis les Perses jusqu'à Napoléon. La garde de la Nouvelle Allemagne, c'est la SS. »

Les SS se veulent les gardiens de la pureté de la race. Ce qu'ils attendent, en fait, c'est le pouvoir absolu. Pour l'emporter, ils sont prêts à jouer contre les SA. Ils mettront tout en balance : leur vie s'il le faut. Ils savent que si les SA disparaissent, tout sera permis aux SS.

Au début de mai, les SS commencent à surveiller de près Franz von Papen et ses collaborateurs. Avec une infinie patience, une exemplaire efficacité, ils rassemblent en même temps des informations sur les méfaits commis par les SA, leurs orgies — et les paroles imprudentes prononcées par certains responsables, à commencer par Roehm.

Ces rapports sont mis sous les yeux de Hitler. C'est ainsi qu'il apprend que certains conservateurs seraient prêts à s'allier avec les SA contre lui. Ils n'hésiteraient pas à demander l'appui de la France : Schleicher a rencontré André François-Poncet, l'ambassadeur de France, lequel a aussi dîné avec Roehm. Rien de tout cela n'est faux mais Schleicher s'est borné à dire au Français son aversion pour Roehm. A François-Poncet, le chef SA n'a fait que parler de ses rhumatismes. Le résultat de ces rapports ? Pour Adolf Hitler, il est urgent de mettre les SA à la raison.

Himmler et Heydrich établissent déjà les premières listes d'hommes à abattre. Elles comprennent les noms de chefs SA, mais aussi ceux d'opposants de droite tels que Schleicher, de collaborateurs de Papen comme le Dr Jung, d'autres. Se servira-t-on de ces listes ? Tout dépend de ce que décidera Hitler, mais elles existent.

Le 1er juin, l'*Oberführer* SS Eicke — qui est aussi commandant du camp de Dachau — reçoit de Heydrich l'ordre d'entraîner ses hommes pour une action rapide. Il devra obtenir d'eux une obéissance aveugle. Contre qui, cette action ? Contre les SA de Munich. Elle peut intervenir à tout instant.

Le 2 juin, l'entraînement des hommes d'Eicke commence.

Le 4 juin, surprise : Hitler a convoqué Roehm et l'a rencontré cinq heures durant. Du côté de Himmler et de Heydrich, c'est l'affolement. La vieille amitié va-t-elle l'emporter ?

Pendant cinq heures, Hitler a adjuré Roehm de comprendre, il s'est plaint des excès, a exigé que la discipline fût restaurée. Roehm a exprimé son amertume et celle des vieux militants.

Au cours de l'entretien, Hitler est apparu très rouge, très énervé. Malgré tout, un accord a été conclu. Roehm va aller soigner ses rhumatismes à Bad Wiessee, au sud de Munich. Il convoquera là-bas les membres de l'état-major SA. Hitler les rejoindra et leur parlera.

S'achemine-t-on vers la conciliation ? Himmler et Heydrich le croient.

Le 7 juin, Roehm publie un communiqué à l'adresse des SA qui vont partir en vacances. On y trouve des phrases qui prennent l'allure d'une provocation : « Que les ennemis de la SA, qui espèrent ne pas la voir revenir, renoncent à leurs illusions. Le jour venu, et dans la forme qui se révélera nécessaire, ils recevront une réponse adéquate. La *Sturmabteilung* est et restera le destin de l'Allemagne. » Pas de doute : le Führer n'a pas convaincu Roehm. « Le chef d'état-major, l'officier de tranchée aux manières rudes n'accorde qu'un sursis. Il n'a renoncé à aucune de ses ambitions. » Comment ne pas donner raison à ce commentaire de Max Gallo [1] ?

Du coup, Himmler et Heydrich reprennent espoir. Ils se concertent avec Goering qui, à son tour, entre en lice. Dans l'affrontement entre SS et SA, l'ancien pilote de chasse de 1914-1918, devenu le bras droit de Hitler, a choisi. Il fera tout pour perdre Roehm. S'unissant à Himmler et à Heydrich, il jure au Führer que les SA préparent un putsch qui doit éclater incessamment.

Hitler écoute. Il ne se prononce pas.

Le 12 juin, Joseph Goebbels, intellectuel du parti, ministre de la Propagande, pénètre en claudiquant — il est affligé d'un pied-bot — dans une brasserie de Munich. Il vient rencontrer secrètement Roehm. Qu'est-ce que cela veut dire ? Goebbels, nazi de gauche, juge-t-il opportun de jouer la carte SA ? Ou bien — plus probablement — est-il envoyé par Hitler qui s'acharne à ne pas vouloir encore condamner son vieux camarade ?

1. Max Gallo : *La Nuit des longs couteaux* (1970).

Le lendemain, Hitler reçoit l'un des plus anciens nazis, incarnation de la gauche du parti, Gregor Strasser. Les idées de Strasser et de Roehm se ressemblent. Alors ? Nouveau sujet d'alarme pour les conjurés SS.

Le 14 juin, Hitler est à Venise. Mussolini, au zénith de sa gloire, lui fait la leçon : il est temps de mettre de l'ordre en Allemagne.

Le même jour, Roehm arrive à Bad Wiessee, sur les bords du lac de Tegern. Il descend à la pension Hanselbauer. Calme et silence. Du balcon en bois de sa chambre, l'homme à l'encolure énorme, au visage écrasant de laideur, regarde le lac dont les eaux clapotent et, au-delà, les hautes pentes — prairies et forêts — des Alpes de Bavière. Roehm est un homme qui souffre physiquement. Quand il en aura fini avec la conférence d'état-major à laquelle Hitler assistera — elle se tiendra là, dans une annexe de l'hôtel —, il compte bien passer le reste de son séjour à les soigner, ses rhumatismes[1].

Le 17 juin, Franz von Papen prononce un discours à l'université de Marburg, une mise en garde contre la dictature, l'oubli des libertés et des valeurs traditionnelles. C'est Jung, son collaborateur, qui en a écrit le texte. Le même jour, rentré d'Italie, Hitler parle à Gera, près de Leipzig. Furieux, il s'en prend à « ces nains qui seront balayés par la puissance de notre idée commune ». Visiblement, il répond à Papen. C'est donc à droite que Hitler veut frapper ? Et non à gauche, sur Roehm ? Le 21, Goebbels parle à Berlin :

— Pas de Kronprinz, pas de conseiller, pas de grand banquier, pas de cacique parlementaire !

Là aussi, Papen est visé.

Le même jour, Hitler est à Neudeck où il vient rendre compte à Hindenburg de ses entretiens avec Mussolini. Le maréchal l'interrompt : l'important, c'est d'ôter tout pouvoir à Roehm, d'éliminer le spectre d'une seconde révolution. Roehm, toujours.

---

1. Jacques Robichon : *Les Grands Dossiers du Troisième Reich* (1969).

Le 22 juin, au siège de la Gestapo, Himmler et Heydrich reçoivent le général von Reichenau. Celui-ci s'engage à avertir les cadres supérieurs de la Reichswehr qu'une action contre les SA est imminente. Imminente ? Himmler et Heydrich n'ont-ils pas pris leurs désirs pour une réalité ? Hitler, à peine revenu de Neudeck, s'est envolé pour Berchtesgaden. Il n'a rien dévoilé de ses intentions. L'incertitude, toujours.

Le 23 juin, se tient une conférence d'officiers supérieurs. On leur apprend qu'un projet de coup d'Etat a été fomenté par Roehm. L'armée devra défendre la légalité. Le lendemain, le général von Fritsch donne l'ordre aux officiers supérieurs de la garnison de Berlin de se préparer à juguler un putsch SA.

Les chefs SA commencent à arriver à Bad Wiesse. Il fait beau. Les sportifs plongent dans le lac. Les autres boivent de la bière. Certains s'inquiètent : est-il vrai que l'on veuille faire disparaître la *Sturmabteilung* ? Roehm rit aux éclats, balaie de sa grosse main toutes les craintes : ce ne sont là que des désaccords provisoires, Hitler est son ami. Quand le Führer viendra, il saura, lui, le convaincre. Tout ira bien. Alors, les nageurs retournent au lac et les buveurs soulèvent leur chope. On chante en chœur. L'avenir est à nous, SA.

La machine SS, elle, ne connaît aucun répit. Au moment où les SA se congratulent à Bad Wiessee, Himmler et Heydrich reçoivent les responsables SS d'Allemagne. Ceux-ci sont dûment avertis d'une prochaine révolte SA. Il faudra l'écraser. Les responsables SS reçoivent, sous pli cacheté, les listes de SA qu'ils doivent éliminer. Quel est le sens du mot éliminer ? On le donnera au dernier moment.

Ce qui est sûr, c'est que l'on devra se forger une âme d'airain. Ceux qui seront visés pourront être des dignitaires du parti, des camarades. Tant pis, on l'oubliera.

Le 26 juin, Sepp Dietrich, chef de la garde personnelle SS du Führer et dont l'énergie n'est plus à vanter, apporte à Blomberg un plan SA — fabriqué de toutes pièces — prévoyant la liquidation, au cours d'un putsch, de tous les officiers supérieurs de la Reichswehr. Le même jour — on joue décidément sur les deux tableaux —, la Gestapo arrête Jung, l'ami de von Papen. Le 27, ce dernier proteste avec véhémence auprès de Himmler. On lui répond qu'une enquête est en cours, que Jung est soupçonné d'avoir noué des contacts avec une puissance étrangère, mais qu'il sera bientôt relâché. En fait, Jung est « interrogé » dans une cave de la Gestapo. On le torture. Longuement. Atrocement.

Le 28 juin, l'armée est mise en alerte. Hitler, lui, visite les usines Krupp, dans la Ruhr. Krupp lui-même, le tout-puissant maître de forges, lui prodigue égards et flatteries. Le soir, Himmler appelle Hitler par téléphone. Mauvaise nouvelle : des SA auraient molesté un diplomate étranger. Aucune précision, et pour cause. Hitler explose : un danger public, décidément, ces SA ! Il téléphone aussitôt à Roehm, à Bad Wiessee : il faut que l'on s'explique, une bonne fois. Hitler annonce qu'il sera là le 30 juin, à 11 heures. Que Roehm convoque tous les *Obergruppenführer*, les *Gruppenführer*, les inspecteurs de la SA.

Hitler s'est-il-décidé ? A ce moment-là, sans doute non. Aussi étrange que cela puisse paraître, Hitler ne parvient pas encore à se rallier à quelque initiative que ce soit. Les éléments moteurs de l'affaire, ce sont les SS. Ils brûlent les étapes. A Munich, l'armée est mise sur le pied de guerre.

Le 29 juin, Hitler est à Essen. A 10 heures, il prend un thé léger. Son programme : visiter les camps de travail, ceux du Rhin inférieur et de Westphalie. Il se met en route. Les visites se déroulent tambour battant. En fin de matinée, brusquement, Hitler décide de modifier son emploi du temps. Au grand étonnement de son entourage, il annonce qu'il va tenir une conférence à Godesberg. Son aide de camp, l'*Oberleutnant* Brückner, choisit l'hôtel Dreesen, un établissement cossu des bords du Rhin. A 14 heures, le cortège y arrive : une file de Mercedes noires, dont deux sont décapotées. Autour d'Hitler, une petite foule s'agglutine, salue, applaudit, crie : *Heil Hitler !*

La terrasse domine un méandre du Rhin : majestueux. Le long du fleuve s'étendent la plaine et ses riches alluvions : toutes les nuances du vert. Sur l'autre rive, les *Siebengebirge* (les Sept-Montagnes). Des tours et des châteaux. Un lieu romantique par excellence.

Hitler déjeune. L'après-midi est consacré à des rapports sur les camps de travail. Après quoi, les responsables se retirent. Hitler reste seul avec son état-major. Il semble fatigué, déprimé. Il reste un long moment sur la terrasse à considérer le paysage. Dans la soirée, de jeunes volontaires du camp de travail — ils sont six cents — défilent derrière leur fanfare. Ils portent des torches et s'assemblent pour composer une immense croix gammée. La nuit tombe, la musique joue. Hitler sort sur le perron pour les saluer.

Le discret Brückner s'approche du Führer. Il annonce que Victor Lütze est en route. Lütze, ce chef SA qui a déjà dénoncé Roehm. Hitler l'a fait convoquer. Lütze doit parcourir 300 kilomètres en automobile.

La nuit est tombée. A 21 h 30, une voiture : celle de Joseph Goebbels. Hitler l'accueille sur la terrasse, le fait asseoir. Goebbels est grave, tendu. Il parle du danger SA, évoque les mauvaises paroles de Roehm, la nécessité d'agir sans retard pour éviter le pire. Hitler écoute.

Tout à coup, un orage. Hitler reçoit, immobile, les premières gouttes d'une pluie diluvienne. Puis, sans se hâter, en compagnie de Goebbels, il rentre dans l'hôtel. Dehors, les jeunes hitlériens, impavides sous la pluie, chantent.

Un motard. Il apporte une dépêche de Goering arrivée par avion : Karl Ernst a mis ses SA de Berlin en état d'alerte. C'est faux, naturellement. Ernst, jeune marié, est à Brême où il va s'embarquer avec son épouse pour Madère. Hitler paraît impressionné.

L'orage s'est apaisé. Sur la terrasse, de grandes flaques d'eau. L'odeur forte des feuilles mouillées. Hitler rêve.

Un nouveau motard de Goering : à Munich, les SA sont eux aussi en état d'alerte. Un message de Himmler : dans toute l'Allemagne, on constate parmi les SA une extrême nervosité et des préparatifs guerriers. *Tout cela est faux*. Chez tous les SA règne un calme absolu. On ne pense qu'au prochain départ en vacances.

Goebbels vient à point nommé commenter ces dépêches : il jure qu'elles sont confirmées par ses propres informations.

22 h 30. Sepp Dietrich arrive à l'hôtel Dreesen où il a été convoqué. Hitler lui donne un ordre, un seul : il faut qu'il parte en avion pour Munich rejoindre les deux cents hommes de sa garde qui y ont été acheminés. Dès qu'il y sera, qu'il l'appelle. Dietrich prend congé.

Hitler, appuyé à la balustrade de la terrasse, regarde le Rhin.

Et voici Lütze, qui a couvert 300 kilomètres en un temps record. L'accueil chaleureux de Hitler. L'autre qui proteste de sa fidélité. Goebbels qui, tout ému, approuve.

23 heures. Nouveau message de Berlin par avion et motard. Goering annonce qu'un grand médecin de la capitale vient d'être appelé au chevet de Hindenburg. Le problème de la succession se pose, plus aigu que jamais. Par voie de conséquence, le problème de l'armée. Donc, celui des SA.

Une heure passe encore. Minuit. On glisse du 29 au 30. Les jeunes hitlériens sont partis. Sur la terrasse, on a éteint les lumières. Sauf celle de la table de Hitler. Autour de lui, le silence de la nuit.

Brückner vient de recevoir un appel téléphonique de Sepp Dietrich : il est à Munich et attend les ordres.

Le visage de Hitler se durcit. Est-il décidé — enfin ? Les hommes de sa garde personnelle doivent être arrivés près de Munich. Il ordonne : que Sepp Dietrich se mette à leur tête et se dirige vers Bad Wiessee. Là, qu'il attende.

Sur la terrasse, de nouveau le silence. La nuit devient fraîche. Hitler jette un manteau de cuir sur ses épaules.

Himmler l'appelle de nouveau. Hitler rentre dans l'hôtel, prend lui-même l'appareil. Himmler annonce que le putsch SA doit commencer à 16 heures, ce même samedi. Les SA ont reçu l'ordre d'occuper les bâtiments gouvernementaux. La main de Hitler se crispe sur l'appareil. Il paraît hors de lui. Il hurle :

— Le putsch ! Le putsch !

— Ernst n'a pas rejoint Bad Wiessee, dit Himmler.

— Il va diriger le putsch à Berlin ! crie Hitler.

Il raccroche, tremblant de fureur. Goebbels sait que Ernst est à Brême, prêt à s'embarquer pour son voyage de noces. Il ne dément pas.

0 h 45. Appel de Wagner, *Gauleiter* de Munich. Hitler prend encore l'appareil.

— Les SA sont descendus dans la rue, dit Wagner. Ils ont crié des slogans hostiles au Führer et à la Reichswehr.

C'est un Hitler hors de lui qui raccroche :

— Tout est coordonné !

Il crie que les SA ne sont que de la vermine, des traîtres. Il annonce leur châtiment. En fait, les SA de Munich ne sont pas sortis de chez eux. Quelques-uns ont manifesté dans la soirée, mais c'était contre la Reichswehr. Les chefs SA ont aussitôt rétabli l'ordre et exigé que chacun rentrât chez soi. Ce qui s'est accompli, aux cris de *Heil Hitler*.

Hitler ne songe plus qu'au putsch annoncé par tant de voix. Il répète :

— Roehm ! Roehm !

Brusquement, tout bascule. Achevées, les hésitations. Hitler annonce qu'il part :

— Tout le monde à Munich, tout de suite, puis de là, en avant ! A Bad Wiessee !

Sur cette terrasse qui sent la terre mouillée, devant les eaux noires du Rhin, Adolf Hitler vient de décider du sort de la SA et de celui d'Ernst Roehm.

A 1 h 15, départ des voitures. En montant dans la sienne, Hitler répète : « Un putsch ! Un putsch ! » Est-il sincère ? N'est-ce pas une comédie qu'il se joue à lui-même ? A 1 h 50, départ en avion de Bonn. A 4 heures du matin, l'appareil se pose sur l'aérodrome de Munich. Hitler saute à terre le premier. Il s'élance à enjambées si rapides que les autres doivent courir derrière lui. On discerne dans la nuit deux véhicules blindés et un camion plein de soldats : l'armée est là, prête à agir contre les SA détestés. A un officier qui s'avance, Hitler signifie qu'il ne veut pas de l'armée. Il agira lui-même avec les siens. Il dit :

— C'est le jour le plus dur, le plus mauvais de ma vie.

L'aube se lève. Wagner est venu accueillir Hitler. On monte en voiture. Le cortège s'ébranle. A 5 heures, presque en courant, Hitler fait son entrée dans le ministère de l'Intérieur de Bavière. Un chef SA a le malheur de se trouver sur son passage. Hitler se jette sur lui :

— Qu'on l'enferme !

Il hurle :

— Des traîtres ! Des traîtres !

Le chef SA Schmidt, convoqué par téléphone, accourt. Hitler lui arrache ses galons :

— Traître ! Vous serez fusillé !

A Berlin, Himmler et Heyrdrich se sont retrouvés au siège de la Gestapo. Wagner les appelle de Munich : l'opération est en marche. C'est vrai. A 6 heures, Hitler part pour Bad Wiessee avec sa suite : surtout des SS qui s'entassent dans des voitures et des taxis. Goebbels, Lütze, Brückner sont là. On parvient à 6 h 30 devant la pension Hanselbauer. Tapi dans un tournant, le camion transportant les SS de Sepp Dietrich attend. Avant même que les voitures soient arrêtées, les SS en jaillissent. Hitler saute à terre, s'élance vers l'entrée principale. Un SS force la porte d'un coup de pied. La meute se précipite à l'intérieur. Hitler brandit un revolver. Les autres ont tous l'arme au poing. On se rue dans les couloirs, on ouvre les portes des chambres, on surprend les chefs SA dans leur sommeil. Hitler crie :

— Arrêtez-les !

Voici Spreti à demi nu, que l'on pousse hors de sa chambre. Voici Heines, découvert au lit avec un jeune SA. On le bourre de coups de poing. Il aperçoit Lütze, crie :

— Dites-le, que je n'ai rien fait !

— Je ne peux rien, dit Lütze d'une voix étranglée.

Un silence, tout à coup. Hitler s'est arrêté devant la chambre de Roehm. Un bref instant. Peut-être une ultime hésitation : là, derrière la porte, il y a son vieux camarade. Balayés, les sentiments. Hitler frappe à coups redoublés. Une voix :

— Quoi ? Qu'est-ce que c'est ? Qui est là ?

— C'est moi, Adolf !

Lentement, la porte s'ouvre. Roehm, le torse nu, apparaît. D'abord, il ne comprend pas. Puis, voyant les SS qui dirigent vers lui leurs armes, il proteste. Déclic immédiat chez Hitler : il crie que Roehm lui a manqué de respect et qu'il faut l'arrêter, séance tenante. Ce qui est fait. Cependant que Hitler court vers les autres chambres, Roehm doit s'habiller sous le regard goguenard des SS. On arrête le *Standartenführer* Uhl dont, bientôt, Hitler affirmera qu'il devait être son assassin. Dans la pension, il n'y a plus un SA qui ne soit prisonnier.

On les pousse dehors, troupeau atterré. On les force à s'engouffrer dans les voitures. Au dernier moment, le destin a paru hésiter. La garde personnelle de Roehm a surgi, dans un camion, venant de Munich. Tous armés, ces hommes-là. A égalité avec les SS.

Hitler s'avance vers eux, leur commande de repartir pour Munich. Ils obéissent à leur Führer. Le camion fait demi-tour et s'éloigne.

Dans la première voiture, Hitler s'assoit à côté du chauffeur. La Mercedes démarre. Les autres suivent, gardiens et prisonniers mêlés.

Dérision : en route, on croise les voitures chargées de chefs SA qui se rendent au rendez-vous fixé par Roehm. On les arrête.

Il est 8 heures quand le cortège arrive à Munich. Les prisonniers sont conduits à la prison de Stadelheim. C'est l'heure où, à la gare, arrivent d'autres chefs SA. On les arrête.

A 10 heures, Hitler s'installe au siège munichois du parti. Goebbels téléphone à Goering. Il prononce un seul mot : *Colibri*. C'est le signal. Celui de l'un des grands massacres de l'Histoire.

La chasse à l'homme a commencé dans Berlin. Ils sont dix-huit, les hommes de la Gestapo qui sillonnent la capitale, porteurs de petites fiches blanches. Parvenus à l'adresse indiquée, ils sonnent, demandent à rencontrer celui qu'ils sont chargés d'éliminer. Quelquefois, ils l'abattent sans autre forme de procès. D'autres fois, ils l'arrêtent, le conduisent à l'Ecole des cadets. Là, on fusille. Il ne faudra que quelques heures pour que l'état-major SA de Berlin soit tout entier abattu.

Papen était sur la liste mais Goering a refusé qu'on le tue. Bizarre mansuétude. Il est consigné chez lui. Strasser, lui, a été arrêté. On ne le reverra plus. Le Dr Klausener est abattu à son bureau. On lui glisse un revolver dans la main : moyen classique de soutenir la thèse d'un suicide. Schleicher est assassiné chez lui en même temps que sa femme. Un seul témoin : la bonne. Elle se « suicidera » quelque temps plus tard. Le plan SS a réussi aussi complètement que possible : non seulement on a éliminé les SA, mais annihilé l'opposition de droite et libérale.

A Munich, à la Maison brune, Hitler parle aux SA — les survivants — qui l'acclament. Lâcheté et soulagement : ils sont en vie, ils se renient. On peut être tranquille, ceux-là rentreront dans le rang. C'est désormais Lütze qui les commandera. Hitler lui dicte le nouveau règlement : plus de voitures somptueuses, plus d'orgies. Surtout, une discipline de fer.

Le Führer s'est fait apporter la liste des prisonniers de la pension Hanselbauer. Il coche six noms. Cela veut dire que ces six-là doivent être fusillés sur-le-champ. C'est à Sepp Dietrich qu'il remet le papier. Un petit silence gêné :

— J'ai gracié Roehm en raison des services rendus.

Vers 17 heures, Sepp Dietrich gagne la prison de Stadelheim. Six sous-officiers SS prennent position dans la cour. Ils sont alignés, fusil en main. Pour remettre les prisonniers, le directeur exige un ordre écrit. Sepp Dietrich obtempère, s'absente — le temps d'aller à la Maison brune et d'en revenir — et rapporte l'ordre signé par Wagner.

Une première cellule. Sepp y pénètre, salue le prisonnier :

— Vous avez été condamné à mort par le Führer pour haute trahison. *Heil Hitler !*

Deux SS encadrent le prisonnier. Comprend-il, ce SA qui hier se croyait au sommet de la hiérarchie hitlérienne ? Il marche. La cour, le peloton. Le soleil de juin qui décline. L'officier SS qui commande :

— Le Führer l'exige. En joue ! Feu !

Six hommes mourront sans comprendre.

A 19 h 30, Hitler quitte Munich en avion. A travers toute l'Allemagne, le massacre continue. On tue, on tue. Ernst a été arraché au bateau qu'il allait prendre. On l'a ramené à Berlin — et fusillé. Goering assistait à son mariage, Hitler avait été son témoin.

Quand l'avion de Hitler atterrit à Tempelhof, une foule dense l'attend dans le crépuscule. La radio a annoncé la « purification ». Alors, la foule acclame le purificateur. Demain, une autre foule acclamera le Führer quand il paraîtra à sa fenêtre. Le jour même où Blomberg fait paraître une proclamation : « Le Führer a vaincu ! »

A-t-il réellement vaincu, puisque Roehm vit toujours ? Goering et Himmler font le siège de leur maître. Ils réclament la mort de Roehm. A 13 heures, le 1er juillet, Hitler cède.

A 14 h 30, trois SS pénètrent dans la prison de Stadelheim où Roehm survit. Parmi eux, l'*Oberführer* Eicke, le commandant de Dachau. Ils se font conduire jusqu'à la cellule de Roehm. Quand on leur en ouvre la porte, ils trouvent le prisonnier, torse nu, qui les regarde. Avec un exemplaire du *Völkischer Beobachter* qui contient l'annonce de la destitution de Roehm et les noms des SA exécutés, Eicke pose sur la table un revolver chargé d'une seule balle. Les trois SS sortent.

Dix minutes. Aucun bruit n'a traversé la porte de la cellule. Les trois SS entrent de nouveau.

— Roehm, tenez-vous prêt ! crie Eicke.

Deux coups de feu.

En s'effondrant, Roehm murmure :

— Mein Führer, mein Führer !...

Une troisième balle l'achève.

Le 2 juillet Hitler reçoit les félicitations de Hindenburg. Le 13 juillet, le Reichstag, debout, l'acclame.

Le 2 août 1934, le maréchal meurt. Hitler lui succède. Les Allemands approuvent par plébiscite : 88 % des suffrages. Le sang des SA a cimenté un pouvoir désormais sans limites.

IV

L'agonie programmée du chancelier Dollfuss

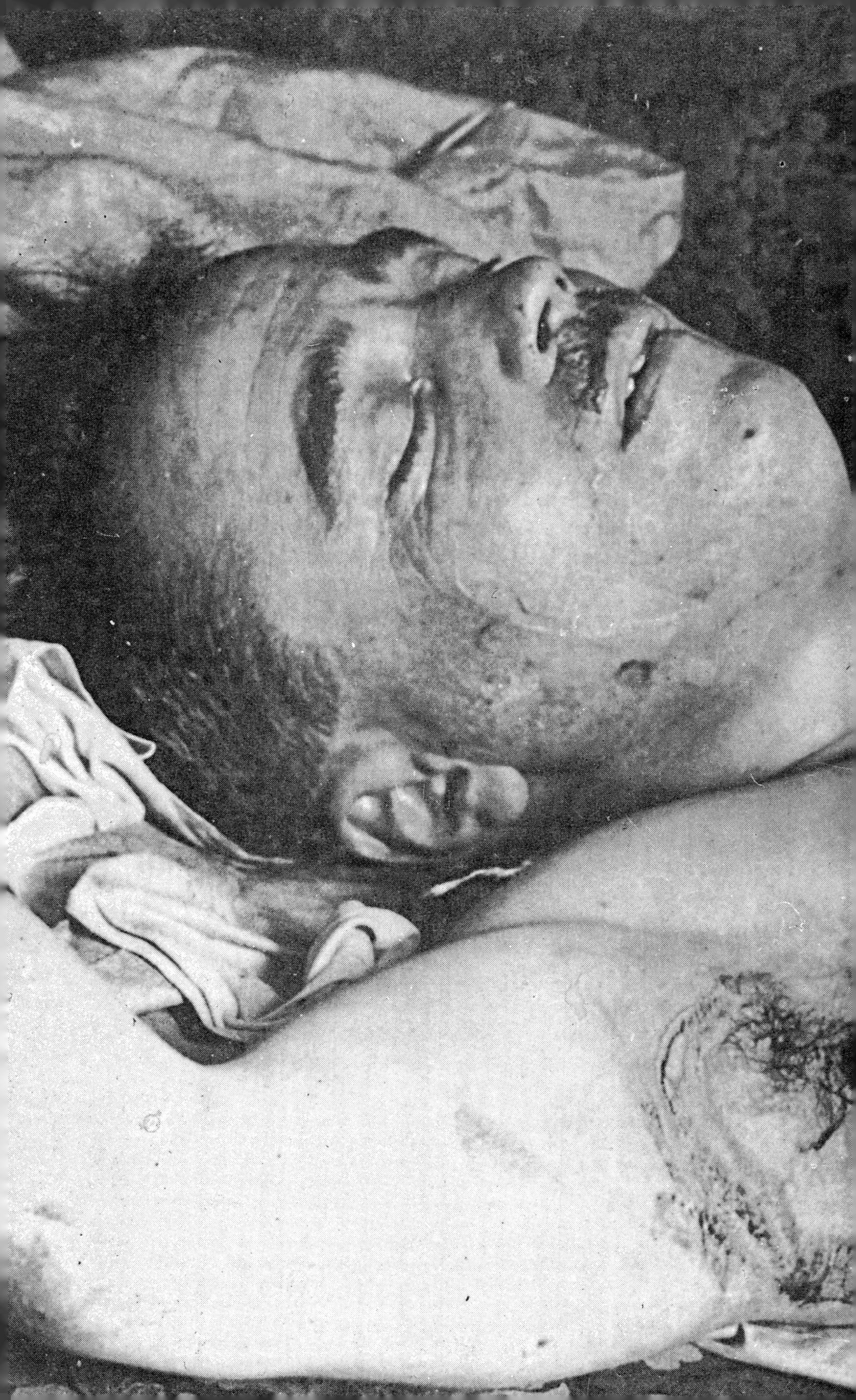

25 juillet 1934

Face à la porte à double battant qui, à la chancellerie d'Autriche, donne accès aux salons du président de la République, deux hommes hors d'haleine s'évertuent. Ils pèsent sur la poignée, tâchent en vain d'ébranler l'un des lourds panneaux de bois. Peine perdue : la porte, fermée à clé, résiste à tous les assauts.

C'est à cet instant précis — le 25 juillet 1934 à 13 h 30 — que se joue le destin du chancelier Dollfuss, chef du gouvernement autrichien et de fait dictateur de l'Autriche.

Devant la porte implacablement close, il est là, le plus petit des chefs de gouvernement d'Europe : 1,50 mètre. Ceux qui l'aiment bien, se référant à l'adversaire numéro un de Napoléon, l'appellent *Millimetternich*. Et ceux qui ne l'aiment pas *Millimettermensch*, autrement dit minus.

Devant la porte, ils sont deux : le chancelier Dollfuss et un vieillard nommé Hedvicek, depuis des années portier à la chancellerie. Derrière eux, deux ministres, spectateurs figés, éperdus.

Pendant des heures, sur un canapé... (Roger-Viollet.)

— Il faudrait enfoncer la porte, dit Dollfuss.

Comment ce petit homme et ce vieillard pourraient-ils venir à bout de ce monument de bois sculpté ? Déjà, derrière eux, résonne sur les parquets cirés le bruit des bottes de leurs poursuivants. Il s'accroît, se rapproche. Pas de doute : les rebelles sont dans la pièce voisine. Dollfuss — geste dérisoire — secoue toujours la poignée. Sur le pas de la porte, les autres se sont arrêtés, considérant d'un air de triomphe leur proie enfin rejointe. A leur tête, un homme à l'allure de reître, un ancien sous-officier : Otto Planetta. Dollfuss ne se retourne pas. Il ne voit pas Planetta lever son revolver et, presque à bout portant, tirer par deux fois. La première balle a frappé à l'aisselle droite, la seconde dans le cou. Aussitôt, Dollfuss bascule en arrière, s'abat de tout son long. Du propre témoignage d'Hedvicek, « sa tête a frappé le plancher ».

L'agonie du chancelier Dollfuss commence. Une agonie délibérée, qui va durer trois heures. On pourrait le sauver, mais le chancelier Dollfuss est devenu un enjeu, un pion sur l'échiquier patiemment dessiné par les hommes de Hitler.

Hitler a décidé que Dollfuss était un obstacle à l'intégration de l'Autriche dans le Reich allemand. Donc, Dollfuss devait être éliminé.

Un petit paysan né, en 1892, d'une certaine Josefa Dollfuss, célibataire. Quoique celle-ci eût épousé plus tard un brave homme du nom de Leopold Schmutz, elle avait toujours refusé que son époux, qui devait lui donner quatre autres enfants, reconnût le petit bâtard, prénommé Engelbert. Fidélité à ses premières amours ? Peut-être.

A l'âge de dix ans, Engelbert a annoncé à ses parents qu'il se sentait appelé par Dieu. Il voulait être prêtre. Pour ces paysans catholiques, la seule objection tenait au prix des études au séminaire. Inabordables, pour eux, ces études-là. Le curé de l'endroit — le village s'appelait Kirnberg — allait aplanir tous les obstacles en obtenant une bourse pour l'enfant.

Une foi ardente. Des études assidues mais sans éclat. Au fil des années, un esprit qui s'ouvrait au monde. A dix-huit ans, une question essentielle : ai-je vraiment la vocation ? La réponse s'est révélée négative. Engelbert a quitté le séminaire et annoncé qu'il poursuivrait ses études à Vienne, à l'université. Il a rassuré ses parents : cela ne leur coûterait rien. Il se débrouillerait.

Vienne fut pour lui une découverte en forme d'émerveillement. Il ne se lassait point de parcourir les avenues, d'admirer les monuments, de visiter les églises. Pour lui, Vienne — chef-d'œuvre de lignes et de pierres — incarnait la quintessence d'une civilisation où le raffinement de la vie devenait humanisme. Pouvait-il se douter qu'à la même époque, un autre jeune Autrichien, découvrant Vienne à son tour, ne ressentait que de la haine et définirait la capitale comme « l'incarnation de la honte du mélange des sangs », stigmatisant sans relâche un « véritable conglomérat de peuples parmi lesquels on retrouvait, comme l'éternel champignon vénéneux de l'humanité, des juifs et toujours des juifs » ? Ce jeune Autrichien s'appelait Adolf Hitler. Il venait d'échouer à l'école des Beaux-Arts et, sans ressources, était devenu le client assidu des soupes populaires.

Au conseil de révision, Engelbert a été réformé. Trop petit. En 1914, quand la guerre a éclaté, il s'est présenté de nouveau devant la commission militaire. Il n'a pas grandi mais, sous la toise, il s'est, sans qu'on le voie, soulevé sur la pointe des pieds. On a constaté qu'il mesurait 1,52 mètre et on l'a accepté au milieu des rires [1].

Il s'est battu courageusement, est devenu aspirant puis lieutenant. Il a fini la guerre titulaire de plusieurs citations. Puis, quand l'Autriche a dû reconnaître sa défaite, il s'est retrouvé sans un sou, comme des millions d'autres, dans cette Vienne d'où avaient fui les Habsbourg. Désemparé.

Que reste-t-il de l'empire orgueilleux qui naguère réunissait deux Etats, onze peuples et dix-neuf pays différents ? Simplement « les morceaux d'un puzzle disloqué [2] ». A Vienne comme à Budapest, la révolution gronde. Partout, les peuples de l'immense mosaïque ont conquis leur indépendance. Tout a volé

1. François Broche : *Assassinat du Chancelier Dollfuss* (1977).
2. Benoist-Méchin : *Histoire de l'armée allemande,* IV, *L'Expansion* (1964).

en éclats : l'ancienne administration, l'armée, les cadres, les traditions.

L'Autriche des traités de paix n'est plus qu'une petite république de 6 710 000 habitants, dont 1 865 000 vivent dans la capitale. Economiquement, le nouvel Etat n'est pas viable. Ses chemins de fer ne conduisent nulle part. Les filatures viennoises ont perdu leurs débouchés : les usines de tissage de Bohême. Les Hongrois qui, jusque-là, dépendaient de l'industrie électromécanique autrichienne ont créé leurs propres centrales. C'est le règne de l'inflation, du chômage, du déficit budgétaire : cinq milliards de couronnes. Huit cent mille chômeurs, des prix qui galopent. La ruine.

Sur ce fantôme d'Etat, les sociaux-démocrates — premier parti autrichien — règnent. Dès la proclamation de la république, un socialiste, le Dr Karl Renner, a assumé les fonctions de chef du gouvernement. Le 13 novembre 1918, il a proclamé clairement ses ambitions et formulé des vœux pour « que l'Allemagne et l'Autriche ne forment qu'une seule race et une seule communauté liées par le destin ».

Un seul mot résume tout : *Anschluss*, en français réunion. C'est donc un parti de gauche qui, le premier, a préconisé l'*Anschluss* ? N'oublions pas qu'il n'est point d'histoire sans chronologie. Plus tard, la gauche autrichienne refusera farouchement l'*Anschluss* avec l'Allemagne nazie. En 1918, pourquoi n'aurait-elle pas considéré favorablement la réunion avec une autre république allemande où gouvernaient aussi des socialistes ? On a ôté à l'Autriche ce qui est le sang des peuples : sa grandeur. Réunie à la République allemande, elle retrouverait ses débouchés perdus. Surtout, elle se découvrirait de nouvelles raisons de vivre.

Tel est exactement le souhait du jeune officier récemment libéré Engelbert Dollfuss. A un congrès estudiantin, n'a-t-il pas chanté le *Deutschland über alles* ?

Ce n'est pas l'avis des vainqueurs. Le ministre français des Affaires étrangères, Stephen Pichon, déclare à la tribune du Palais-Bourbon que « la France ne tolérera jamais que l'Autriche fasse partie de l'Allemagne, fût-ce sous la forme déguisée d'une union douanière ». Cela pour une raison remarquablement analysée par Benoist-Méchin : « Laisser l'Allemagne s'incorporer l'Autriche aboutirait à ce résultat paradoxal : elle sortirait vaincue de la guerre plus grande qu'elle n'y était entrée. » Le chancelier Renner aura beau se battre pied à pied, les Alliés ne céderont pas. L'article 88 du traité de Saint-Germain spécifiera sans ambiguïté : « L'indépendance de l'Autriche est inaliénable, si ce n'est avec le consentement du Conseil de la Société des Nations. » L'Autriche devra rayer de sa Constitution la phrase inscrite au premier jour : « L'Autriche est partie intégrante du Reich allemand. »

Pour assurer à leur pays la plus aléatoire des survies, les socialistes au pouvoir ont dû sans cesse négocier des emprunts à l'étranger. Paradoxe : ces hommes de gauche aggravent la dépendance de l'Autriche à l'égard du capitalisme international. Dans de telles conditions, il est logique que le prestige des sociaux-démocrates n'ait cessé de décliner. Dès 1920, le parti chrétien-social — jusque-là deuxième parti autrichien — devient le groupe le plus nombreux au Parlement. Bien qu'il ne soit pas majoritaire, il revendique la direction du gouvernement — et l'obtient. L'homme qui remplace le chancelier Renner est un ecclésiastique, Mgr Seipel, extrêmement populaire. Il ne cache pas son but : se libérer totalement de ceux que l'on appelle les « austro-marxistes ». Très vite, les masses populaires s'apercevront que, sous prétexte de restaurer l'économie, on veut s'en prendre aux conquêtes sociales si difficilement arrachées depuis la guerre.

Quand, en juin 1927, des anciens combattants tirent sur des ouvriers qui défilaient en chantant des refrains révolutionnaires — un mort, plusieurs blessés — et quand les agresseurs sont acquittés, c'est l'explosion. Le 15 juillet, à l'appel de l'organe du parti socialiste, des milliers d'ouvriers marchent sur le centre de Vienne. Une véritable bataille rangée s'engage avec la police. Résultat : vingt victimes.

Désormais, entre catholiques et marxistes, c'est la haine. La rupture est totale entre « noirs » et « rouges ».

Ainsi se profile la nouvelle Europe : en régression absolue par rapport à l'avant-guerre. Ici et ailleurs, retrouvant les impulsions de la Renaissance, les partis s'arment. Mussolini a pris le pouvoir grâce à ses *squadroni* de Chemises noires, Hitler a lancé ses Sections d'assaut à la conquête de l'Allemagne. Pourquoi pas l'Autriche ? Les sociaux-démocrates créent le *Schutzbund*. La droite réagit en constituant la *Heimwehr*, animée par le prince Starhemberg, et le *Heimatschutz*, sous l'autorité du major Emil Fey. Sans compter des groupuscules de moindre importance, tous également armés.

La plus importante de ces formations est incontestablement la *Heimwehr*. Elle doit tout au dynamisme et à la fortune d'un seul homme : le prince Starhemberg. Appartenant à la plus ancienne famille d'Autriche et après s'être bien battu pendant la guerre, il s'est retrouvé en Allemagne faisant le coup de feu contre les communistes et les socialistes. En 1923, séduit par Hitler, il a marché à ses côtés lors du putsch de Munich et aidé Goering à se réfugier en Italie. Depuis, Hitler l'a déçu. Abandonnant les brumes wagnériennes du national-socialisme, il s'est fait le chantre, en Autriche, d'un retour aux traditions chrétiennes et patriotiques.

Au Parlement, le sol se dérobe sous les pas de Mgr Seipel. Il va donc choisir de s'appuyer sur la *Heimwehr*. Première étape dans un processus dont les conséquences vont se révéler incalculables.

Désormais, il faut se figurer l'Autriche, ses villes, ses villages, ses montagnes, ses vallées, sillonnés de groupes armés qui partent pour l'entraînement, rivalisent en postures martiales et en arrogance. Tout ce monde est en uniforme et arbore fièrement ses propres emblèmes.

En 1928, Mgr Seipel, gravement malade, doit démissionner. La situation financière est catastrophique. Le nouveau chancelier, Johannes Schober, ne sachant plus, après la faillite de la principale banque autrichienne, à quel saint se vouer, préconise une union douanière avec l'Allemagne. Il est visible que le vieux rêve d'*Anschluss* ne veut pas mourir. Les Alliés n'ont rien modifié de leur position fondamentale. A la proposition d'union douanière, répond un *non* catégorique. Johannes Schober n'a plus qu'à démissionner. Ce qu'il fait.

L'homme auquel le président Miklas va s'adresser maintenant n'est autre qu'Engelbert Dollfuss.

Dollfuss a toujours cru en la Providence. A plusieurs reprises, il s'est persuadé qu'une intervention divine avait modifié son propre destin. S'il ne s'est pas bercé d'illusions, la première de ces interventions s'est située le 5 août 1919, quand il a rencontré, au cours d'un pèlerinage, M. Sturm, l'un des dirigeants de l'Union des paysans de Basse-Autriche. Les sages propos du jeune Dollfuss, ses convictions profondes exprimées avec force mais sans outrance, tout cela a séduit M. Sturm. Il lui a proposé une place de secrétaire à l'Union des paysans. La réponse de Dollfuss mérite d'être citée textuellement :

— Monsieur, je suis fils de paysans, de paysans d'ici, en bas du pays, à Kirnberg-sur-Mank. J'ai toujours rêvé de servir les miens.

Réplique de M. Sturm enchanté :

— Alors, c'est entendu, je te garde !

M. Sturm comprendra vite qu'Engelbert Dollfuss n'est pas fait pour rester secrétaire. C'est le temps où l'on ne jure que par les coopératives agricoles. Dollfuss en deviendra donc l'homme.

En 1920, il part pour l'Allemagne étudier de près les coopératives déjà établies. Il y rencontre la fille d'un propriétaire terrien, Alwine Glienke. Elle est riche, grande, protestante. Il est pauvre, petit, catholique. Au dernier jour de 1921, dans l'église de Kirnberg, il l'épouse.

A vingt-neuf ans, le docteur en droit Dollfuss est premier secrétaire de l'Union des paysans de Basse-Autriche. Il milite pour la renaissance des corporations. Celles-ci avaient régi tous les rapports sociaux au Moyen Age et sous l'ancien régime. En leur sein, les classes, chacune à sa place, se fondaient. Qu'est-il résulté de leur disparition ? La lutte des classes. Dollfuss la refuse catégoriquement. Avec le Français La Tour du Pin, il a observé que le corporatisme, par essence, était chrétien. Dès lors, il a décidé de se battre pour un Etat corporatif et chrétien.

A pas de géant, son ascension se poursuit. En 1922, il obtient le vote d'une loi révolutionnaire sur les assurances sociales agricoles. Logiquement, le gouvernement le nomme président de la Caisse d'assurances agricoles. En 1926, il crée un Institut d'assurances dont profitent 500 000 ouvriers agricoles. Soyons assurés qu'il ne faut pas dire de mal d'Engelbert Dollfuss aux bénéficiaires. Président élu de la Chambre d'agriculture de la Basse-Autriche en 1927, Dollfuss acquiert la stature d'un expert international. On l'invite partout en Europe, et d'abord à Rome où le régime fasciste, au pouvoir depuis 1922, se déclare officiellement corporatif. On voit Dollfuss à Anvers, à Budapest, à Berlin, à Leipzig, à Prague. Il devient l'un des experts de la Commission d'agriculture et du Comité économique de la SDN. En 1930 — à trente-huit ans —, il est président du conseil d'administration des Chemins de fer autrichiens. En 1931 enfin, il se voit confier le portefeuille de ministre de l'Agriculture et des Forêts. Tournant de sa carrière : l'expert universellement estimé se mue en homme d'Etat.

Les gouvernements se succèdent à une allure inquiétante. Le 6 mai 1932, le président de la République Miklas, ne sachant plus guère à qui confier le pouvoir, se rend au sanatorium dans lequel Mgr Seipel soigne sa tuberculose. La question qu'il lui adresse est une adjuration : qui ?

Mgr Seipel n'hésite pas :

— Prenez Dollfuss.

Le président Miklas propose la chancellerie à Dollfuss. Pour la première fois dans l'histoire de la jeune République autrichienne, celui à qui l'on présente une telle offre ne l'accepte pas sur-le-champ. Il demande une nuit de réflexion. Miklas obtempère.

Cette nuit-là, le petit homme la passe en partie dans l'église de Schotten. En prière. Le lendemain, 8 mai, Engelbert Dollfuss répond qu'il consent à devenir chancelier d'Autriche.

« Le Chat botté s'est installé au bureau de Metternich ! » se moquent les milieux de l'opposition. On ne croit pas à Dollfuss. On est persuadé qu'il ne pourra se maintenir au pouvoir. Comment gouverner avec un Parlement où l'on ne dispose d'aucune majorité ? Dollfuss tente de former une coalition. Il s'adresse aux sociaux-démocrates, toujours premier parti au Parlement. Refus catégorique : les socialistes veulent de nouvelles élections. Identique dérobade des membres de l'Union nationale qui se proclament pangermanistes et savent que Dollfuss va devoir se résigner à demander le concours des huit députés de la *Heimwehr*.

Ce qui inquiète Dollfuss, c'est la progression constante d'un mouvement tout neuf : le parti national-socialiste autrichien. Avec d'autres groupes d'extrême droite, ces nazis grignotent l'électorat chrétien-social, élément essentiel de la majorité de Dollfuss. L'ascension de Hitler explique ce dynamisme. Lucide, Dollfuss ne cesse de se souvenir qu'il ne dispose que d'une voix de majorité. Qu'adviendra-t-il aux futures élections si les nazis autrichiens et l'extrême droite viennent entamer la plus fragile des majorités ?

Le 30 janvier 1933, Hitler accède au pouvoir. Les élections autrichiennes approchent. Dollfuss n'en doute pas : les nazis autrichiens auront des élus. Or Dollfuss ne veut pas compter avec les nazis. Quelle solution trouver ?

L'étonnant de l'affaire, c'est que le Parlement va lui-même voler au-devant des souhaits de Dollfuss. En se suicidant !

Tout se passe en une seule séance. L'Union nationale dépose une motion de censure contre Dollfuss. Elle est adoptée : 81 voix contre 80. *Exit* Dollfuss ? Non. On découvre qu'un député socialiste a voté deux fois et l'on ne retrouve pas le bulletin d'un autre député socialiste. En fait les deux erreurs s'annulent, et c'est ce que soutient le président du Parlement, l'ancien chancelier social-démocrate Renner. On le traite aussitôt de canaille, de traître, de bolchevik !

Très digne, le docteur Renner déclare :

— Puisqu'il en est ainsi, je me démets de mes fonctions.

C'est donc le vice-président, le docteur Ramek, chrétien-social, qui devient président. Le tumulte se déchaîne de plus belle. Le docteur Ramek tente en vain de se faire entendre. Il démissionne.

De par la loi et le règlement de l'Assemblée, la présidence passe alors au deuxième vice-président : le docteur Straffner, de l'Union nationale. Toujours le même incroyable vacarme ! Le docteur Straffner s'acharne, supplie qu'on l'écoute. En pure perte. « Comme hypnotisé par l'exemple de ses prédécesseurs », il démissionne, lui aussi. Il s'en va, écœuré, en oubliant totalement de clore la séance.

Or, au Parlement autrichien, il n'y a que deux vice-présidents. Personne ne pouvant plus occuper la présidence, le Parlement ne peut plus délibérer. Dollfuss comprend aussitôt qu'il peut tirer de la situation un avantage inespéré. Il s'adresse à la nation, annonce que « l'Assemblée législative de la République autrichienne s'est mise d'elle-même hors d'état d'exercer ses fonctions ». Déduction logique : « Il existe donc actuellement une crise aiguë du Parlement. » Comment la résoudre ? « Le gouvernement n'entend pas que le pays soit privé, d'une façon durable, d'une représentation nationale effective, capable de servir le bien commun. Toutefois, la direction de l'Etat ne réside pas exclusivement dans le législatif. Elle réside également dans la personne du chef de l'Etat et dans le gouvernement. En conséquence, le gouvernement, légalement nommé par le président de la Confédération, demeure en fonctions. » Dollfuss ne s'estime en rien touché par la crise parlementaire qui a été provoquée en dehors de lui. « Il n'y a aucune crise de l'Etat. »

A l'appel du docteur Straffner, les députés tentent de se réunir le 15 mars. Or Straffner s'est trompé d'heure ! Une partie seulement des députés répond à l'appel et, se voyant, faute de quorum, dans l'incapacité de siéger, se disperse. Un peu plus tard, l'autre partie se présente à l'Assemblée, se livre à un raisonnement identique et se sépare de la même manière. Cette fois, le Parlement autrichien n'a pas seulement démontré son incohérence. Il a sombré dans le ridicule.

Le grand vainqueur ? Engelbert Dollfuss. Qui désormais en Autriche songerait à défendre le Parlement ? Pour Dollfuss, la place est nette.

L'Histoire a donc voulu qu'au même moment deux dictatures s'imposent en Europe dans les deux grandes capitales germaniques : à Berlin, celle de Hitler. A Vienne, celle de Dollfuss.

Les deux hommes sont issus de la même patrie : l'Autriche. Que va-t-il advenir d'un tel face-à-face ?

Dès les premières lignes de *Mein Kampf*, Hitler a affirmé clairement ses desseins quant à l'Autriche. Cette terre allemande devra se fondre dans la Grande Allemagne. Quant à l'*Anschluss*, Hitler a écrit sans ambages qu'il s'agissait du « but de ma vie à poursuivre par tous les moyens ».

Bien avant la prise du pouvoir par Hitler, un parti national-socialiste a été créé en Autriche, sous l'impulsion d'un avocat viennois, Seyss-Inquart. Dès juillet 1931, Hitler a désigné un député au Reichstag, le docteur Habicht, comme « inspecteur général du parti national-socialiste en Autriche ». Singulière audace que la désignation d'un *Allemand* pour inspecter un parti *autrichien*.

Pour les nazis autrichiens, Dollfuss — qui refuse l'*Anschluss* — est devenu l'homme à abattre. Son surnom injurieux de *Millimettermensch* lui vient des nazis autrichiens. Les plus ardents d'entre eux s'entraînent en Allemagne, dans un camp situé au nord de Munich. Ils franchissent une étape en constituant une « légion autrichienne » qui doit, le jour venu, faciliter l'*Anschluss* et commence à se livrer — elle ou d'autres commandos nazis — à des actions terroristes sur le territoire autrichien. Parallèlement, la radio allemande dénonce sans vergogne « l'oppression des nationaux-socialistes autrichiens par le gouvernement de Vienne ». Nouvelle escalade dans le cynisme : on nomme le docteur Habicht attaché de presse à l'ambassade d'Allemagne de Vienne. Poste idéal pour coordonner toutes les activités nazies en Autriche.

C'est plus que n'en peut tolérer Dollfuss. Le 13 juin 1933, il fait arrêter et expulser d'Autriche le docteur Habicht. Le parti national-socialiste est interdit. On arrête les militants nazis les plus virulents : au moins cinq mille.

Comme on pense bien, la radio allemande se déchaîne. Habicht y prononce un discours furieux. On dénonce Dollfuss comme demi-juif, l'ennemi numéro un de l'Allemagne hitlérienne.

Le 3 octobre 1933, Dollfuss se rend au Parlement où se tient une réunion des chrétiens-sociaux. Certes, l'Assemblée est « en vacances », mais les groupes politiques persistent à s'y réunir. Dollfuss n'y voit aucun mal.

A 14 h 30, Dollfuss va quitter le Parlement. Un jeune homme court à sa rencontre, braque un revolver sur lui et tire par deux fois. La première balle est heureusement amortie par l'épais pardessus que le chancelier porte sur un veston de laine. Elle traverse toutes les épaisseurs de tissu et s'arrête sans entamer la chair. La seconde balle atteint un biceps, ne provoquant qu'une blessure sans gravité.

L'assassin, aussitôt ceinturé, déclare se nommer Robert Dertil. On le presse de questions. Pourquoi a-t-il agi ? Une réponse immédiate, comme une évidence :

— Je suis membre du parti national-socialiste.

Cela veut tout dire en effet.

Un atout pour Dollfuss : l'appui et la sympathie de Mussolini. En ce temps, le Duce n'éprouve que mépris pour Hitler dont il estime que tout le sépare. Au chancelier d'Autriche, Mussolini déclare qu'il ne doit rien craindre du « caporal ». Au moindre appel, il mettra ses forces armées à sa disposition.

Pour parer aux périls qui s'accumulent, Dollfuss va jouer gros. Il décide d'éliminer une fiction : celle des mouvements politiques qui s'acharnent à survivre. Le 20 mai 1933, Dollfuss fonde le Front patriotique, parti unique qui constituera l'armature du nouvel État corporatif autrichien. Le major Fey, devenu vice-chancelier, va beaucoup plus loin : il incite Dollfuss à ouvrir des camps de concentration où, à l'imitation de Hitler, on va interner les opposants. Les nazis sont les premiers visés. Après quoi, on frappe à gauche. Fey s'en prend aux syndicats, aux organisations ouvrières. On persécute les militants, on perquisitionne aux sièges des syndicats. On remplace les chambres syndicales élues par des commissions administratives nommées par le gouvernement.

La classe ouvrière se sent atteinte dans ses œuvres vives. La colère monte. Le 19 janvier 1934, les journaux socialistes appellent à la grève générale. Un quotidien ne craint pas d'imprimer : « Qu'on ne s'y trompe pas ! Aujourd'hui la grève générale mène irrémédiablement à une décision par les armes, c'est-à-dire à la guerre civile. »

Les travailleurs sont décidés à ne pas tolérer une dictature d'extrême droite. Le sachant, le major Fey met les bouchées doubles. Partout, on saisit les stocks d'armes accumulés par les organisations ouvrières. On annonce la mobilisation de la *Heimwehr*. Pour les ouvriers, une seule question :

— Devons-nous rester les bras croisés devant cette menace et nous laisser mener à l'abattoir comme des moutons ?

Le maire social-démocrate de Vienne, M. Seitz, affirme à Dollfuss que, si l'on continue à jouer avec le feu, les ouvriers eux-mêmes échapperont à leurs chefs. Pour toute réponse, le major Fey enlève à M. Seitz ses pouvoirs légaux de police pour les transférer à un préfet nommé par le gouvernement. Aux troupes de la *Heimwehr* qu'il harangue près de Vienne, Fey déclare :

— Demain, nous nous mettrons au travail et ce travail nous l'accomplirons à fond, pour le salut de la patrie !

Le discours enflammé du major se termine sur une phrase étrange :

— Les déclarations que m'a faites hier et avant-hier le chancelier Dollfuss m'ont donné la conviction qu'il est entièrement avec nous.

La conviction seulement. Le major ne saurait mieux avouer qu'il a décidé de voler de ses propres ailes.

C'est à Linz que tout va commencer. Le 12 février 1934, sur l'ordre du major Fey, la police exige que le *Schutzbund* — groupe armé socialiste — lui remette toutes ses armes. Refus. Affrontement. Coups de feu. Gisant dans des flaques écarlates, les premières victimes.

— Le sang coule à Linz !

Le même cri court toute l'Autriche. Dès que la nouvelle parvient à Vienne, le courant est coupé par les ouvriers de la centrale électrique. C'est un signal. De toutes les banlieues, de lourds camions bourrés de militants armés du *Schutzbund* roulent vers le centre de la capitale. Dans l'autre camp, c'est l'armée ou la police qui prennent les armes. Le tocsin se mêle au hurlement des sirènes. Les rues se dépavent, les barricades s'élèvent.

On saura très vite que les points forts de l'insurrection sont trois blocs d'immeubles qui se dressent aux portes de la ville. Le plus redoutable : le Karl-Marxhof à Heuligenstadt, 1 000 mètres de long sur 75 de large. Une masse de béton percée d'ouvertures exiguës, des caves bétonnées, des tours de guet, des chemins de ronde. Depuis la dictature de Dollfuss, les socialistes ont fortifié ces blocs. Dans les caves, ils ont disposé des meurtrières au ras du sol par lesquelles on peut tirer à la mitrailleuse. Ils sont abondamment pourvus en armes et en munitions.

C'est en cela que le conflit qui vient d'éclater ne ressemble à aucun autre. Ce n'est pas une guerre de rues mais une guerre de positions. Celles des socialistes paraissent inexpugnables.

Que va décider Dollfuss ?

Le petit homme a revêtu son vieil uniforme de lieutenant des chasseurs tyroliens. A la chancellerie, il a réuni un conseil de guerre qui ne dure que quelques minutes. Le major Fey reçoit l'ordre de passer à l'attaque. On met à sa disposition 40 000 soldats et policiers, auxquels on ajoute 30 000 *Heimwehren*.

Côte à côte, Fey, ministre de la Police, et Starhemberg, ministre de l'Intérieur, commandent l'assaut. Face aux maisons ouvrières, on dirige des batteries d'artillerie. Les troupes sont munies de chars, de mitrailleuses, de fusils, de grenades. Les obus pleuvent sur les façades qu'ils éventrent. Par les brèches ainsi ouvertes, les soldats s'engouffrent. Dans les couloirs, dans les caves, dans les escaliers, ce sont d'horribles corps à corps. Dans un seul après-midi, le Karl-Marxhof est pris par l'armée, perdu par l'armée, repris par l'armée.

Les ouvriers combattent à un contre dix. Avec la même fureur, on se bat pendant toute la journée du 13, puis le 14. Ce jour-là, Dollfuss fait savoir que ceux qui se seront rendus avant le 15 à midi seront pardonnés.

Les insurgés n'ont plus de munitions. Ils sont à bout, brisés. Le matin du 15, la *Heimwehr* enlève les ultimes îlots de résistance. Les morts et les blessés se comptent par centaines.

Implacable, la répression. Le parti social-démocrate reste interdit. Plus de syndicats. Un grand nombre de militants socialistes sont internés dans les camps de concentration. Leur régime n'a rien à envier à ceux qu'instaure à la même époque Himmler en Allemagne : Dachau est de 1934. Quatorze chefs du *Schutzbund* sont condamnés à mort. Trois sont pendus dans la cour de la prison de Vienne. Comment l'Histoire pourrait-elle oublier ?

Dollfuss sent qu'on l'a forcé à aller trop loin. Il voudrait revenir en arrière. Il propose, en ce qui concerne les syndicats, un compromis. A qui ? Il ne trouve plus d'interlocuteur. Ce qui lui répond, c'est le silence. « Entre la classe ouvrière et lui, il y a un fossé de sang, un fossé trop large pour pouvoir être comblé par des phrases [1]. »

Sur le plan intérieur, Dollfuss est un homme seul. Il l'est aussi sur le plan extérieur. Les journaux français commentent avec horreur les coups de canon tirés sur les ouvriers. Aux yeux des Etats démocratiques, Dollfuss n'est plus que l'émule de Hitler. Ce « suppôt de la réaction » est devenu un « bourreau fasciste ».

Pourquoi Engelbert Dollfuss ne poursuivrait-il pas sa route ? Il pense, sur sa droite et sur sa gauche, avoir éliminé les menaces les plus sévères. Il lui reste à mettre en place la nouvelle Constitution qui fait de l'Autriche un Etat corporatif. Le 1er mai, elle est promulguée par Dollfuss lui-même au cours d'un discours-fleuve au stade de Vienne :

— La pierre fondamentale est posée. Restons unis dans l'amour de notre petit mais beau pays !

1. Benoist-Méchin : *op. cit.*

Et Hitler ? Il sait que, tant que Mussolini sera l'ami de Dollfuss, il ne pourra rien tenter contre l'Autriche. Il sait aussi que Mussolini ne l'estime guère, lui, le Führer allemand. Il sait enfin que, tout au long de son aventure politique, il en a séduit de plus coriaces que le Duce. En juin 1934, Hitler rencontrera donc Mussolini à Venise. Entrevue peu concluante. Mussolini, cambré dans son uniforme rutilant, menton levé et postures avantageuses, écrase ce Hitler qui a cru devoir se vêtir d'une jaquette noire, d'un pantalon rayé, le tout complété par un imperméable jaune et un chapeau mou. Maladroitement, Hitler évoque la supériorité de la race nordique. D'où ce commentaire aigre-doux que Mussolini fera en privé :

— Si les théories nazies sont exactes, les Lapons devraient depuis longtemps dominer le monde.

Longuement, Hitler tentera de convaincre Mussolini que Dollfuss est un dangereux criminel. Mussolini — parfaitement informé par un volumineux rapport adressé quelques jours plus tôt par Dollfuss — énumérera les exactions commises par les commandos terroristes nazis en Autriche.

C'est un Hitler déçu qui regagne Berlin.

Les nazis autrichiens ne comprennent pas. Depuis le jour de l'avènement de Hitler, ils étaient sûrs que leur Führer réglerait définitivement l'affaire autrichienne. Pourquoi ne bouge-t-il pas ? Quand il reçoit des militants autrichiens à Munich ou à Berchtesgaden et s'ils l'adjurent d'intervenir, il répond :

— Le fruit n'est pas encore mûr.

Au vrai, l'Allemagne n'est pas en état d'entreprendre une action qui risquerait de se transformer en entreprise guerrière. Auparavant, Hitler doit rétablir le service militaire obligatoire, remilitariser la Rhénanie, obtenir l'alliance de Mussolini. Tout cela est clair pour les diplomates, nullement pour les militants autrichiens. Il faut donc que ce soient eux, les nazis d'Autriche, qui prennent l'initiative : « Plaçons Hitler devant le fait accompli... »

A la surprise générale, Dollfuss ôte au major Fey, le 11 juillet 1934, la responsabilité des services de sécurité. Il la confie au baron Karwinski à qui l'on ne connaît aucun engagement politique. La raison de ce limogeage ? Dollfuss ne peut que constater les risques qui grandissent de par la menace aggravée des nazis autrichiens. Peut-être le jour est-il proche où il faudra faire appel aux socialistes, ceux du moins qui n'ont pas été pendus, emprisonnés ou exilés. La chose peut paraître un peu grosse mais, en politique, on a vu des revirements plus imprévisibles. Dans ce cas, Emil Fey se révélerait un obstacle de taille. Donc, sacrifions le massacreur de février.

Cette subtilité va totalement échapper aux milieux de la *Heimwehr*, de l'armée et de la police. Total, le désarroi. Les nazis autrichiens le perçoivent parfaitement.

Le 21 juillet, une agence photographique allemande diffuse le portrait de M. von Rintelen, avec cette mention : « Le nouveau chancelier d'Autriche. » Fausse manœuvre ou ballon d'essai ? Certes, Rintelen n'est pas nazi. Ancien ministre de l'Intérieur, évincé par Starhemberg, il est présentement ministre plénipotentiaire à Rome. Cependant, les nazis autrichiens sont persuadés que Rintelen, parvenu au pouvoir, leur sera favorable. Ils n'ont pas tort.

A Vienne, la rumeur s'épaissit. On parle d'un avion qui, à Berlin, est tenu prêt pour assurer le transport triomphal du docteur Habicht à Vienne. Elle est si forte, cette rumeur, qu'elle parvient aux oreilles de l'ambassadeur de France à Berlin, André François-Poncet, qui informe aussitôt le Quai d'Orsay.

Dollfuss est résolu à ne rien croire de tous ces bruits. Il se prépare à rejoindre à Riccione, en Italie, sa femme et ses enfants déjà partis en vacances et accueillis par Mussolini.

Comment saurait-il que la nouvelle venue d'Allemagne n'est nullement imaginaire et que, le 16 juillet à Munich, une réunion secrète s'est tenue chez le docteur Habicht ? Sur la proposition du *Standartenführer* Glass, tous les *Gauleiters* autrichiens présents ont adopté un plan d'une incroyable audace : cent cinquante hommes, tous nazis autrichiens, revêtus de l'uniforme de l'armée fédérale, envahiront la chancellerie au cours d'une séance du Conseil des ministres. Ils feront prisonnier Dollfuss et ses ministres. Un autre groupe de quinze hommes s'emparera de la radio. Un troisième se rendra maître de la personne du président Miklas. Von Rintelen — il est d'accord — formera aussitôt le nouveau cabinet.

Progressivement, tout s'est mis en place. Rintelen est arrivé à Vienne. L'action doit s'engager au matin du 24 juillet.

Au dernier moment, le fameux grain de sable se glisse dans un plan si soigneusement mis au point. Le Conseil des ministres est remis de vingt-quatre heures. L'action du commando s'en trouve naturellement retardée d'autant.

Ce délai va permettre à un certain Johann Dobler, un nazi peu sûr de lui, de se reprendre. A l'aube du 25 juillet, il confie au colonel Mayer qu'un coup d'Etat est imminent. Mayer avertit aussitôt Emil Fey. Logiquement, le major devrait alerter l'armée et la police. Il ne le fait pas. Son calcul est très simple : il s'estime à même de réprimer le putsch avec les seules unités de son *Heimatschutz*. Ainsi sera-t-il seul à recueillir les fruits de sa victoire. De 10 à 11 heures du matin, ce sont ces unités-là qu'il mobilise.

Au même moment, cent cinquante-quatre conjurés nazis, réunis dans un gymnase à cinq cents mètres du palais de la chancellerie, achèvent de revêtir leurs faux uniformes et grimpent dans les camions qui les attendent.

25 juillet, 11 heures. Comme prévu, sous la présidence de Dollfuss, le Conseil des ministres se réunit au palais. Les délibérations viennent à peine de commencer quand survient le major Fey. Il demande à parler à Dollfuss en particulier. Etonnement général.

Dollfuss obtempère, suit le major qui lui annonce l'imminence d'un coup de force nazi. D'abord, Dollfuss ne veut pas y croire. Fey insiste. Le chancelier revient dans la salle du Conseil, s'adresse à ses ministres :

— Je ne sais pas jusqu'à quel point ces rumeurs sont fondées, mais je trouve plus sage de lever la séance. Que chacun de vous regagne son ministère et y attende mes instructions. Je vous ferai savoir quand nous pourrons reprendre nos délibérations...

Très alarmés, les ministres se retirent.

12 h 30. Le téléphone sonne dans le cabinet de Dollfuss. Il décroche. C'est un policier qui annonce d'une voix haletante :

— Des camions viennent de quitter le gymnase ! Il n'y a plus une minute à perdre.

Karwinski, le ministre de l'Intérieur, resté auprès de Dollfuss, donne l'ordre de boucler tout le quartier et d'envoyer des détachements armés protéger la chancellerie.

Trop tard.

Les camions qui transportent les conjurés viennent de s'arrêter devant la porte principale de la chancellerie. On leur ouvre sans difficulté la grille, car c'est l'heure de la relève de la garde. Les nazis sautent à terre et maîtrisent les quelques hommes du détachement d'honneur de la garde. Brandissant leurs armes, ils s'élancent au pas de charge à travers la cour et, en quelques minutes, investissent tous les bâtiments.

Dans son bureau, Dollfuss ne comprend pas. Que veulent dire ces cris, ces bruits de bottes, ces porte enfoncées ? Karwinski le rappelle à l'évidence :

— C'est le putsch ! Filons d'ici...

Fey, qui est resté là, confirme :

— Il faut fuir.

Les trois hommes sortent du bureau, se mettent à courir vers la salle du conseil. Karwinski les arrête. Il vient de se souvenir que, dans un bureau du troisième étage, une tapisserie dissimule un cabinet d'aisances. Jamais les nazis n'y trouveront Dollfuss. Karwinski est formel :

— Montons au troisième étage. Vous serez en sécurité. Vite !

Les voici dans l'escalier. C'est alors que les rejoint un vieillard essoufflé, le portier Hedvicek, qui arrête par la manche le chancelier :

— Pas par là, monsieur le chancelier ! Je connais une issue bien plus sûre. Vous pourrez quitter la chancellerie sans être inquiété.

Karwinski secoue la tête, jure que sa solution est bien meilleure :

— Vite, au troisième !

Cependant, nul mieux que Hedvicek ne connaît la chancellerie.

Dollfuss balance pendant plus d'une minute. Enfin :

— Bien, dit-il à Hedvicek, je vous suis.

Bon gré, mal gré, Karwinski et Fey doivent emboîter le pas au chancelier que précède Hedvicek.

13 h 30. On a traversé le cabinet de travail, on parvient au fond du « salon du coin » qui donne accès aux appartements du président de la République. Voici la porte qui doit assurer le salut. Elle est fermée.

La suite, nous la connaissons. Dans un instant, le chancelier d'Autriche Engelbert Dollfuss agonisera, frappé de deux balles par le sous-officier nazi Planetta.

Bien sûr, Otto Planetta, interrogé plus tard, affirmera qu'il s'agit d'une erreur. Que, voyant devant lui des hommes inconnus, il leur a ordonné de lever les mains. Que Fey et Karwinski ont obtempéré mais qu'un petit homme en civil ne l'a pas fait et s'est avancé vers lui. Se croyant menacé — dans de tels cas, on se croit toujours menacé — Planetta a tiré.

Par chance, aucune loi ne nous oblige à croire les assassins.

Allongé de tout son long sur le parquet, les bras en croix, Dollfuss vit. Faiblement, il appelle :

— Au secours ! Au secours !

Autour de lui, les nazis font cercle. Ils regardent le sang couler de ses blessures. Pas un ne songe à intervenir, ce qui contredit formellement l'explication de Planetta.

Comme prévu, le second commando a envahi la Maison de la radio. Sous la menace, le speaker lance sur les ondes le communiqué préparé :

— Le chancelier Dollfuss a donné sa démission. Le docteur Rintelen a été chargé de former le nouveau gouvernement.

Il ne va pas plus loin, la police fédérale cerne l'immeuble. On le prend d'assaut. Les rafales crépitent. On se bat. Bientôt, les studios seront en feu.

A la chancellerie, deux policiers gardés en otages, un inspecteur et un sergent, voient avec surprise s'approcher d'eux quelques nazis. Mal à l'aise, ils semblent agir à l'insu de leurs chefs. Ils murmurent :

— Le chancelier fédéral est... blessé.

Un regard interrogateur des policiers. Ils comprennent que les nazis leur laissent la voie libre. Ils courent jusqu'au petit salon où — toujours les bras en croix — Dollfuss gît sur le parquet. Autour de lui, la flaque de sang s'est considérablement élargie. Son visage est blanc. Il a perdu connaissance.

— Il faut appeler un médecin, dit le sergent aux nazis qui les ont suivis.

Les nazis ne bougent pas. Le sergent insiste :

— Il faut qu'un médecin vienne tout de suite.

Un des nazis, enfin, conseille à voix basse :

— Adressez-vous au capitaine Holzweber. Il est dans la cour.

Les policiers le rejoignent, l'adjurent d'appeler un médecin. Le capitaine refuse de prendre toute initiative. L'inspecteur s'élance vers les prisonniers arrêtés par les nazis :

— N'y a-t-il pas un médecin parmi vous ?

Pas de médecin. Un troisième policier rejoint les deux premiers. Les nazis laissent faire. On retourne dans le « salon du coin » où, nageant dans son sang, Dollfuss est toujours évanoui. Les policiers se penchent sur lui, constatent que son pouls bat. Ils découpent sa chemise, son veston. Ils épongent le sang qui ne cesse de couler. A l'adresse des nazis, l'un d'eux lance :

— On ne peut pas le laisser à terre ! Il faut l'allonger !

Gravement, les nazis opinent. Ils traînent même un canapé rouge vers la fenêtre, soulèvent avec une sorte de délicatesse le chancelier et l'y portent. Les policiers lavent maintenant les plaies de Dollfuss. Ils lui humectent le front. Et Dollfuss revient à lui ! Il questionne :

— Comment vont les ministres ?

— Ils vont bien.

— Je voudrais parler à l'un d'entre eux.

Les policiers se tournent d'instinct vers les nazis. Même réponse :

— Il faut demander au capitaine Holzweber.

Toujours le capitaine. On va le chercher. Il s'incline respectueusement devant le sofa.

— Monsieur le chancelier fédéral, vous m'avez fait appeler.

— Je voudrais voir le docteur Schuschnigg.

— Il n'est pas là, monsieur le chancelier.

— Alors, le baron Karwinski.

Tant d'insistance choque le capitaine. Il effectue un demi-tour réglementaire et s'en va. Le chancelier Dollfuss demande aux policiers de lui soulever les jambes.

— Je ne sens rien. Je dois être paralysé.

Il sait qu'il va mourir. Il remercie les policiers.

— Mes enfants, comme vous êtes bons pour moi ! Pourquoi les autres ne le sont-ils pas ? Je n'ai jamais voulu que la paix. Jamais nous n'avons attaqué. Nous n'avons fait que nous défendre.

Il regarde du côté des nazis qui vont et viennent :

— Que Dieu leur pardonne !

A l'heure où Dollfuss agonise, partout dans Vienne le putsch est vaincu. La police est totalement maîtresse de la situation. Les troupes fédérales marchent sur la chancellerie.

A la chancellerie, justement, les nazis s'inquiètent. A mesure que le temps passe, ils se sentent abandonnés. De minute en minute, le capitaine Holzweber voit décliner le moral de ses hommes. Une idée lui vient. Si, tout simplement, on obtenait de Dollfuss qu'il désigne Rintelen comme son successeur ? Ainsi, tout serait réglé. Holzweber va même chercher à mettre Emil Fey dans son jeu. Disons-le : rien n'est moins clair, dans toute cette affaire, que le rôle du major Fey.

Quand Fey s'approche du canapé, Dollfuss lui sourit.

— Je n'en ai plus pour bien longtemps, dit-il faiblement. Je voudrais, avant de mourir, te demander deux choses.

Il parle les yeux clos :

— La première est celle-ci : dis à Mussolini de prendre soin de ma femme et de mes enfants.

— Je te le promets, Engelbert.

— Quant à ma succession, je confie à Kurt Schuschnigg le soin de former le nouveau cabinet. Si jamais il lui arrivait malheur, je veux que Skubl devienne chancelier.

Schuschnigg, le ministre de l'Instruction publique. Skubl, le préfet de police.

Du coup, les nazis sortent de leur apathie. L'un deux brandit son revolver, il menace Dollfuss :

— Chargez le ministre Fey de dire au docteur Rintelen de former le gouvernement et donnez des ordres pour que les troupes fédérales cessent leur agression contre la chancellerie !

Doucement, Dollfuss répète :

— Ce sera Schuschnigg qui formera le cabinet. Si les rebelles l'ont tué, lui aussi, ce sera Skubl.

Les nazis savent maintenant que la chancellerie est encerclée par les troupes fédérales. C'est Fey qu'ils vont charger de négocier leur sauvegarde. Le major appelle par téléphone l'ambassadeur d'Allemagne qui propose et obtient que tous les hommes du commando soient autorisés à quitter la chancellerie et se voient remettre un sauf-conduit pour la Bavière.

Après quoi, Fey s'avance sur le balcon, parle au chef des troupes fédérales :

— Les insurgés consentiront à se retirer si on leur accorde un sauf-conduit !

La réponse claque :

— Accordé, si tout le monde est sain et sauf !

Et Fey répond :

— Tout le monde est sain et sauf.

A-t-il donc oublié le chancelier ?

Toujours sur son canapé rouge, Dollfuss murmure :

— J'ai soif.

Il étouffe. La voix est presque imperceptible :

— J'embrasse ma femme et mes enfants...

Le sang lui jaillit de la bouche. Le râle qui monte épouvante, par sa force, ceux qui l'entendent.

Quelques instants avant 16 heures, ce râle s'arrête. Engelbert Dollfuss, chancelier d'Autriche, laissé sans soins pendant trois heures, n'est plus.

A la nouvelle de l'échec des nazis autrichiens, Hitler, qui assiste à Bayreuth au festival Wagner, s'est effondré.

— C'est une catastrophe ! Un nouveau Sarajevo !

Le pire à ses yeux est cette fureur que Mussolini non seulement ne songe pas à dissimuler, mais qu'il proclame à grand fracas. S'adressant publiquement au vice-chancelier Starhemberg, le Duce exprime sa « profonde douleur » et les « sentiments unanimes d'exécration et de regrets du peuple italien ». Il stigmatise « les responsables directs *et lointains* ». A Mme Dollfuss, il déclare :

— Les nazis — Hitler en tête — sont de véritables monstres !... On n'assassine pas impunément les amis de l'Italie ! L'indépendance de l'Autriche sera défendue par l'Italie avec encore plus d'acharnement ! Je le dois à la mémoire sacrée de mon ami Engelbert...

Les actes vont suivre sans tarder. Quatre divisions italiennes — 32 000 hommes — font mouvement vers le col du Brenner. Pour Hitler, voilà qui dépasse tout ce qu'il avait pu redouter.

Qui peut le tirer de là ? Soudain, il trouve : von Papen ! Ne paraissant pas se souvenir que celui-ci n'a échappé que par miracle à la Nuit des longs couteaux — trois semaines plus tôt ! — il l'appelle en pleine nuit au téléphone :

— Il faut que vous partiez immédiatement pour Vienne, comme mon ministre plénipotentiaire.

Papen se rebiffe :

— Après mon arrestation au moment de l'affaire Roehm, il n'est pas question que j'accepte !

Hitler s'humilie, supplie :

— Je fais appel à votre patriotisme !

— Non, non, je refuse !

Von Papen finira par céder. Il sera nommé « ministre en mission spéciale » dépendant seulement du Führer. Après avoir jugé en arrivant à Vienne qu'il s'était fixé une « tâche presque surhumaine », il parviendra à faire baisser la tension en Europe [1].

1. Franz von Papen : *Mémoires* (1953).

L'accord négocié par Fey — le sauf-conduit pour les conjurés — s'est trouvé caduc quand on a découvert la mort du chancelier. Les membres du commando ont été jugés, Planetta et le capitaine Holzweber pendus. On a procédé à onze autres exécutions. Tous sont morts en criant :

— Vive le peuple allemand ! *Heil Hitler !*

Soixante autres condamnés à mort seront graciés et leur peine commuée en travaux forcés à perpétuité. Rintelen, lui, s'est tiré une balle dans la tête, s'est raté, a été condamné à vingt-cinq ans de travaux forcés. Lors de l'*Anschluss*, Hitler le libérera avec tous les autres.

Engelbert Dollfuss, le petit paysan bâtard, est allé reposer dans la crypte des Capucins dont, jusque-là, les Habsbourg s'étaient réservé l'accès. Sur son cercueil de bronze, on a frappé les armes de l'Autriche. Selon sa volonté, Kurt Schuschnigg est devenu chancelier.

Tant que Mussolini protégera l'Autriche, l'indépendance du pays sera préservée. Lors de l'aventure éthiopienne, les sanctions votées contre l'Italie par la SDN jetteront le Duce dans les bras d'un Hitler qui entre-temps aura rendu une armée à l'Allemagne.

Le samedi 12 mars 1938, les forces allemandes franchiront la frontière autrichienne. Le 13 mars, l'*Anschluss* sera proclamée. Le 14 mars, au milieu d'un triomphe digne des empereurs romains, Adolf Hitler entrera dans Vienne.

Sa première décision : ordonner que la place qui portait le nom du chancelier Dollfuss devienne la place Planetta.

V

Alexandre Ier meurt à Marseille

9 octobre 1934

Sous les acclamations des Marseillais en délire, le cortège du roi Alexandre Ier de Yougoslavie s'avance sur la Canebière à une allure si lente qu'elle en devient hiératique. Au fond et à droite de l'antique Delage noire dont l'arrière a été décapoté, le roi salue et arbore, sous son bicorne d'amiral, un sourire que quantité de témoins jureront avoir vu crispé. Il a quarante-six ans. Il est mince, glabre, son nez busqué est surmonté de lorgnons sans monture.

La barbiche de Louis Barthou, ministre français des Affaires étrangères qui a pris place à côté de lui, est célèbre : d'aucuns sont tout prêts d'y découvrir un symbole de la IIIe République. Il a soixante-douze ans.

En face du roi, sur un strapontin, le général Georges. De part et d'autre de la Canebière, la foule. Elle crie : *Vive le roi !*

Il est 16 h 15.

Du trottoir un homme jaillit. Lui aussi crie *Vive le roi !* Il s'élance vers la voiture. Nul ne songe à l'arrêter. Déjà, il a sauté sur le marchepied, il brandit une arme et tire à bout portant sur le roi. Dans l'instant, Alexandre glisse de la vie à la mort.

Ceux qui vont mourir : le roi Alexandre et Louis Barthou. (Keystone).

Tout a commencé à Sarajevo. En 1914, l'archiduc François-Ferdinand y est assassiné. La Serbie, accusée par l'Autriche d'avoir armé la main des assassins, se voit imposer la guerre par Vienne. Ainsi les Serbes ont-ils combattu, tout au long de la Première Guerre mondiale, aux côtés des Français, des Anglais et des Russes. Ainsi s'explique leur extraordinaire popularité auprès de nos compatriotes.

Or cette guerre va confirmer les divisions des peuples que l'on désigne comme slaves du Sud. Si les Serbes se rangent parmi les Alliés, les Croates et les Slovènes se battent sous commandement autrichien. Ce qui frappera l'opinion, c'est, à la fin de la guerre, que les uns et les autres afficheront le même et violent désir d'autonomie. Les Serbes veulent la recouvrer, les Croates et les Slovènes la conquérir. Après l'armistice, un congrès va donc se réunir à Zagreb en novembre 1918, un autre à Belgrade un mois plus tard. Le monde applaudit à la naissance d'un nouvel Etat, le « royaume des Serbes, des Croates et des Slovènes », qui deviendra la Yougoslavie et dont on a offert la couronne au roi Pierre Ier de Serbie. La maladie lui ôtant toute possibilité de régner, son fils Alexandre va exercer les responsabilités du pouvoir.

Théoriquement, un royaume fédératif est né. En fait, Alexandre n'oubliera jamais qu'il est serbe. Les Croates le sentiront bien qui, dès 1918, manifesteront en faveur d'une reconnaissance de leur autonomie. Il n'existe peut-être pas de peuple au monde plus ombrageux que les Croates. Certains en viennent à parler d'une partition de la Yougoslavie. Au nom de l'unité nationale, Belgrade répond en faisant fusiller à Zagreb des manifestants croates parce qu'ils ont réclamé la république : au sein d'une monarchie autoritaire, un crime. Les Croates ripostent par des attentats. La répression s'alourdit. On arrête les meneurs. Le sang coule.

L'image idéale que les Alliés s'étaient formée de la Yougoslavie commence à se ternir. Est-ce une dictature sanglante que l'on est en train d'y instaurer ? La France fait part de sa « profonde préoccupation ». On comprend à Belgrade que l'on a été trop loin. On libère les prisonniers, on lève les interdits. Un net soulagement se fait jour parmi les Croates. Certes, ils réclament toujours l'autonomie, mais ils ne rejettent plus le cadre fédéral. Le chef du parti paysan croate, le docteur Raditch, se rallie même avec éclat à Alexandre et devient son ministre de l'Instruction publique.

A la mort de Pierre Ier, Alexandre Ier est proclamé roi. La Yougoslavie nouvelle se présente comme un Etat parlementaire où les institutions semblent fonctionner sans heurt. Jusqu'au jour — le 20 juin 1928 — où, dans l'enceinte du Parlement du royaume, le député serbe Rachitch tue en pleine séance, à coups de revolver, cinq députés croates dont le leader Raditch. Avant de mourir, ce dernier aura la force de murmurer : « Jamais plus à Belgrade ! »

Les Croates prennent Raditch au mot. Leurs députés quittent la capitale yougoslave. Ils n'y reviendront plus.

Par tempérament, Alexandre est un autocrate. Il déteste la démocratie [1]. Entre ses mains, l'*incident* du Parlement se mue en prétexte. Le roi abroge la Constitution, dissout le Parlement et renvoie les députés chez eux. Désormais, il gouvernera tout seul. Bon gré mal gré, les Croates doivent se plier aux volontés du monarque serbe. On arrête leurs leaders, on interdit leurs journaux. Revendiquer, écrire, parler même leur est interdit. Il leur reste une arme redoutable. Ils vont en user.

Le terrorisme, les Slaves du Sud savent ce que c'est. Avant guerre, on en apprenait la technique au sein des sociétés secrètes : la Main noire correspondait à une institution et l'ORIM macédonienne était une puissance. La guerre achevée, l'ORIM subsiste, plus redoutée que jamais. Son chef se nomme Mihailov. Il n'existe cependant aucun lien entre les Croates et l'ORIM. C'est Ante Pavelitch qui va le nouer.

Avec déférence, on l'appelle docteur Pavelitch. Avocat, marié, il a trois enfants. Ses amis l'ont, pendant des années, considéré comme un homme rangé, tout en ayant toujours su que Pavelitch était nationaliste. Cet attachement viscéral à la terre natale remonte à l'avant-guerre : il adhérait alors au parti

1. François Broche : *L'Assassinat d'Alexandre Ier et Louis Barthou* (1977).

du Droit, hostile à la présence austro-hongroise en Croatie. En 1918, il s'est prononcé pour l'autonomie croate. Il a plaidé pour les Croates poursuivis par Belgrade. Elu député en 1925, il a comme Raditch envisagé la possibilité d'une opposition légale. Après le massacre du Parlement, il a cessé d'y croire.

Persuadé que seule serait efficace une résistance clandestine, il s'est cherché des alliés. La police du royaume, redoutable, découvre ses menées. Pavelitch doit s'exiler à Vienne. Le tribunal de Belgrade le condamne à mort.

Entre Alexandre et Pavelitch, la guerre est déclarée.

Ante Pavelitch cherche des contacts à l'étranger. Les Italiens n'aiment guère le roi Alexandre Ier. Pavelitch s'adresse donc à eux. Ils se montrent intéressés. Sûr d'être soutenu, l'avocat crée alors l'*Oustacha*, mot qui signifie insurrection.

Même s'il s'agit d'une organisation secrète, le juriste Pavelitch tient à lui donner des statuts. A la tête de l'Oustacha se trouvera un *Poglavnik*, ou chef suprême : ce sera lui, Pavelitch. Il dirigera tout, ordonnera tout. Les oustachis lui doivent une obéissance aveugle. Si l'on se dérobe aux ordres du Poglavnik, une seule peine : la mort !

Le serment que doivent prêter les oustachis sonne déjà comme un programme :

— Je jure par le Dieu tout-puissant de combattre dans les rangs des oustachis pour une Croatie libre et indépendante, d'exécuter tous les ordres du Poglavnik, dût-il m'en coûter la vie. Si jamais je devais trahir, que la mort seule soit mon châtiment. Ainsi le veut la loi de l'Oustacha !

Comment Pavelitch ne serait-il pas hanté par le souvenir des sociétés secrètes dont les hauts faits ont exalté son enfance ? L'ORIM macédonienne déteste autant que lui Alexandre Ier. Pourquoi ne pas prendre contact avec Mihailov, son chef ? Il le rencontre à Sofia. Sans se faire prier, Mihailov lui propose de l'argent, des armes, des instructeurs. Ce qu'attend Pavelitch, c'est que l'ORIM enseigne aux oustachis à tuer. Mihailov fait même à Pavelitch un « cadeau » qu'il juge inestimable : il lui prête son propre chauffeur. Vlada le Macédonien, Vlada la

Terreur, Vlada le Chauffeur — comme on l'appelle alternativement — est un tueur à l'état pur. La meilleure gâchette des Balkans selon les connaisseurs.

Le gouvernement du roi Alexandre s'inquiète et réclame à l'Autriche l'expulsion de Pavelitch. L'avocat ne se déconcerte pas, il passe en Italie, se fait recevoir par le comte Ciano, secrétaire d'Etat à la Propagande et futur gendre de Mussolini. Il est accueilli à bras ouverts. L'antagonisme italo-yougoslave ne fait que croître. On estime à Rome qu'une Croatie indépendante, alliée de l'Italie, constituerait un fer de lance contre le royaume d'Alexandre Karageorgevitch. Désormais, dans l'Italie mussolinienne, Pavelitch sera *persona grata*. Il ne manquera jamais d'argent, d'armes ou de lieux d'entraînement.

Pavelitch a le vent en poupe, il recrute. On dénombre un million et demi de Croates émigrés en Autriche, en Hongrie, en Amérique latine, aux Etats-Unis. Une propagande qui s'adresse à leur fibre sensible — le nationalisme, bien sûr — va réussir au-delà de toute espérance. L'argent afflue, les volontaires aussi. Ceux-ci reçoivent une solide instruction militaire.

Le haut lieu de leur entraînement est le domaine de Janka Puszta en Hongrie. Dotés d'uniformes kaki, de casquettes militaires, les oustachis y vivent à l'écart du monde, cultivent la terre, se suffisent à eux-mêmes et surtout s'entraînent : au tir, à l'arme blanche, au lancer de grenade. La cible qu'un oustachi digne de ce nom doit obligatoirement atteindre n'est autre qu'un mannequin représentant le roi Alexandre.

Le but fixé par Ante Pavelitch n'a pas changé : il s'agit toujours d'abattre Alexandre. Quand le souverain honni sera au tombeau, l'Etat fédératif volera fatalement en éclats. La Croatie s'émancipera. C'est ce qu'un oustachi apprend au premier jour de son adhésion.

Ralliement de taille : celui de Slavko Kvaternik qui descend d'Eugène Ier, roi éphémère de Croatie au XIXe siècle. Slavko incarne — avec orgueil — une sorte de légitimité. D'ailleurs, il a appelé son propre fils Eugène. Celui-ci deviendra l'un des lieutenants du Poglavnik.

Ce qu'il importe de créer, c'est un climat. Durant les années 1931 et 1932, des bombes éclatent à toute occasion en Yougoslavie. En 1933, l'Oustacha s'enhardit. Venant de Hongrie, un détachement franchit la frontière yougoslave et tente de soulever la population. Il est repoussé par l'armée. Le gouvernement de Belgrade proteste avec force à Budapest. L'affaire est portée devant la Société des Nations où la plainte ne comportera pas de suites.

Cette année-là, Pavelitch se découvre un nouvel atout : en Allemagne, Hitler accède au pouvoir. Il l'a proclamé très haut dans *Mein Kampf* : il veut faire abolir le traité de Versailles et ses annexes. Chaque pays né de ces traités honnis apparaît à ses yeux comme une manière d'intolérable injure. La Yougoslavie est l'un de ces pays-là. Comment Pavelitch ne serait-il pas accueilli à Berlin à bras ouverts ? Rosenberg, théoricien du racisme, lui offre toutes facilités pour ouvrir un bureau dans la capitale allemande. Désormais, ayant pignon sur rue, le Poglavnik aura licence de constituer une manière de gouvernement en exil. Il crée une agence de presse, fonde deux journaux, l'un en croate, l'autre en allemand. Ces deux feuilles annoncent à longueur de colonnes qu'Alexandre est condamné à mort.

La date et le lieu sont même fixés. C'est le 11 décembre 1933 qu'Alexandre Ier doit être assassiné à Zagreb. Les deux exécuteurs sont déjà désignés. Vlada le Chauffeur les a personnellement entraînés. Ce qui sauve Alexandre, c'est que le chef du camp de Janka Puszta, un certain Percec, a une maîtresse. Il la trompe. Jusque-là, rien que de banal, mais la maîtresse est jalouse. Elle vend la mèche à la police yougoslave. A peine les tueurs sont-ils arrivés à Zagreb que l'on met la main sur eux. Longuement torturés, ils avouent tout et révèlent que les Italiens et les Allemands financent l'Oustacha. Leur carrière s'achèvera au bout d'une corde.

Echec à Pavelitch. Le gouvernement yougoslave adresse une véhémente protestation à Rome et à Berlin. Une chose est d'agir dans l'ombre contre un pays que l'on n'aime pas, une autre est de l'admettre ouvertement. L'Allemagne comme l'Italie font machine arrière. Mussolini, feignant de découvrir que les

Croates exilés ont abusé de son hospitalité, jure qu'il va supprimer les « colonies agricoles » où il les a reçus. Pavelitch est expulsé de Berlin. Ses journaux sont interdits. L'Oustacha est ramenée au niveau zéro.

Pas question cependant de renoncer à l'exécution de celui qu'Ante Pavelitch appelle : Alexandre le Dernier. Pour cela, les moyens — et les hommes — ne manquent pas.

Ante Pavelitch s'est livré à un raisonnement fort simple. Tuer Alexandre en Yougoslavie se révèle de plus en plus difficile. Or on annonce un voyage du roi en France. Pourquoi ne pas le frapper là ? Certes, la partie sera rude. Comme tous les souverains en visite, Alexandre sera protégé. L'aborder relèvera sans aucun doute de l'exploit mais les hommes de l'Oustacha, par définition, se sentent aptes à dépasser l'impossible. D'ailleurs, on fera donner l'as des as, Vlada le Chauffeur.

Cet étrange personnage a porté successivement les patronymes de Tchernozemsky, Velitchko, Dimitrov, Stoyanov, Suk, Kalemen. Les polices de plusieurs pays s'y sont perdues. On ne connaît de lui qu'un visage mongol au crâne rasé et aux luisantes pommettes, une bouche meublée de dents en or et, sur la joue, une longue cicatrice laissée par une balle. Plus tard, la police yougoslave affirmera connaître son identité réelle : Vladimir Dimitri Kerim, né le 18 octobre 1896 à Kamenica, Macédoine. Faute de mieux, c'est sous ce dernier patronyme que nous le désignerons.

Au tableau de chasse du tueur, il faut citer le meurtre d'un député bulgare communiste, Hadzimidov. Le 7 septembre 1928, Vlada a sauté sur le marchepied de son automobile et, froidement, lui a tiré à bout portant un coup de revolver dans la tête. Arrêté, condamné à mort, il a été libéré à la suite de menaces pressantes de Mihailov et de son ORIM. Reprenant sans délai l'exercice de son « métier », Vlada a abattu un journaliste dans son jardin : un traître à l'ORIM. Nouvelle arrestation, condamnation à perpétuité. De nouveau, une démonstration « insistante » de Mihailov : on libère encore une fois Vlada ! Le chauffeur déclare à tous ceux qui veulent l'entendre que sa priorité désormais est de faire sauter le palais de la Société des Nations à Genève et d'exécuter Alexandre Karageorgevitch.

En ce qui concerne le roi Alexandre, il faut faire vite. La date du voyage royal approche. Tuer Alexandre en France ? Excellente idée, estime Vlada. Sa joie augmente quand il apprend que c'est Eugène Kvaternik lui-même qui prendra la direction du commando. Quatre hommes y participeront, dont naturellement Vlada.

Quels hommes ?

Pour les choisir, Mio Bzik, émissaire de Pavelitch, s'est rendu au camp de Nagy Kanitza qui, en Hongrie, a survécu aux dernières vicissitudes de l'Oustacha. Là, dans un environnement sauvage, les oustachis vivent une existence quasi monacale, passant des cours de formation politique à l'entraînement paramilitaire. L'arrivée du délégué du Poglavnik a pris figure d'événement. Les oustachis se sont rassemblés autour de Bzik. Tous — ou presque — ont participé à des attentats ou des meurtres. Bzik ne leur a livré aucune précision sur la mission dont allaient être chargés trois d'entre eux. Il a dit seulement que « le grand quartier général, dans le cadre de la lutte pour la libération de la Croatie », avait « décidé d'éliminer certains de nos adversaires ». Il a révélé qu'un commando allait être désigné, dont le signe de reconnaissance serait : *Za dom* (pour la patrie). A quoi il faudrait répondre : *Spramni* (prêt). Le commando devrait se rendre en Suisse, à Zurich, où son chef le rejoindrait :

— Vous devez obéir à ses ordres, comme s'ils vous étaient donnés par le Poglavnik. Partout où il vous dira d'aller, vous irez. Tout ce qu'il vous dira, vous le ferez. Et maintenant nous allons passer au tirage au sort.

Dans la main de Bzik, un sac. Il s'y trouve autant de cubes qu'il y a d'oustachis présents. Tous blancs, sauf trois qui sont noirs. Les hommes qui tireront les cubes noirs devront partir pour Zurich. Chacun plonge sa main dans le sac. Ceux qui ont tiré des cubes noirs se font connaître.

Le premier oustachi désigné par le sort s'appelle Pospichil. L'image, a-t-on dit, de « la cruauté et du mal ».

Le deuxième répond au nom de Raitch. Emigré au Brésil, c'est à Sao Paulo qu'il a adhéré à l'Oustacha. Il a regagné l'Europe pour « servir » et, tout aussitôt, s'est vu chargé de jeter des bombes.

Le troisième se nomme Krajli. Lui aussi a ses lettres de noblesse : il accompagnait Pospichil lors de l'assassinat d'un journaliste à Zagreb.

Aucun des trois ne s'est permis de poser la moindre question. La gravité de Mio Bzik, la solennité qui avait enveloppé le cérémonial du tirage au sort ont néanmoins fait penser à Raitch — il le dira — qu'il s'agissait de tuer Alexandre. Le lendemain, ils ont quitté le camp pour Munich d'abord, puis pour Zurich où ils savent que doit les attendre le chef du commando.

Sur le quai de la gare de Zurich, le 28 septembre 1934, un homme fait les cent pas, très grand, vêtu d'un long pardessus gris, coiffé d'un chapeau mou également gris : c'est Eugène Kvaternik. Près de lui, un homme trapu, chauve, d'apparence inquiétante et les yeux vides d'expression : Vlada le Chauffeur.

Notons que, pendant cette expédition, les oustachis vont changer deux fois d'identité. On épargnera au lecteur ces noms qui n'auraient pour résultat que de rendre notre histoire à peu près incompréhensible. Que l'on veuille bien se souvenir que les membres du commando sont Eugène Kvaternik, Vlada Kerim, Pospichil, Raitch et Krajli.

Pourquoi Alexandre a-t-il décidé de se rendre en France ?

Depuis 1918, la France et la Yougoslavie se voulaient étroitement liées : souvenir de la fraternité du front. Parler de l'héroïque Serbie restait chez nous un leitmotiv en forme de cliché. Volontiers, on appelait Alexandre — comme d'ailleurs le roi Albert de Belgique — le roi chevalier.

Au printemps de 1934, Louis Barthou, au terme d'un voyage triomphal en Europe centrale, s'est rendu à Belgrade. Notre ministre des Affaires étrangères est habité par une obsession : le danger allemand. Depuis que Hitler a pris le pouvoir, cette hantise est devenue angoisse. Ce que veut Barthou, c'est nouer autour de l'Allemagne un système d'alliances en forme de cordon sanitaire. Dans ce but, la France a appuyé la candidature de l'Union soviétique à la Société des Nations. La grande idée de Barthou est de rapprocher l'URSS de la Yougoslavie, et la Yougoslavie — pourquoi pas ? — de cette Italie qui demeure si hostile à Hitler.

C'est beaucoup demander au roi Alexandre. Au vrai, il hait les Soviets qui ont exécuté son beau-frère, un Romanoff. Il sait pertinemment que Mussolini a soutenu les oustachis.

Avec une patience et une conviction infinies, Barthou lui a demandé d'aller au-delà de ses rancœurs et de ses antipathies. Il a rappelé au roi qu'il avait adhéré à la Petite Entente ainsi qu'à l'Entente balkanique et que son meilleur soutien était la France. Peu à peu, il l'a persuadé. Le voyage à Paris devait mettre le point final à cette évolution.

Sur le quai de la gare de Zurich, Pospichil, Raitch, Krajli descendent du train. Souriant, Kvaternik tend la main aux trois hommes. Il prononce le mot de passe :

— *Za dom.*

Les trois hommes, à l'unisson, répondent :

— *Spramni.*

Pas un instant à perdre. On part aussitôt pour Lausanne où l'on descend à l'hôtel des Palmiers. Kvaternik distribue à chacun un passeport tchécoslovaque. Il explique que cette nationalité a été choisie « parce que la Tchécoslovaquie est un pays ami de la France ».

— Vous risquerez moins d'avoir des problèmes avec la police.

L'ennui, c'est que ces oustachis, avec leurs vêtements de paysans, semblent sortir d'un bois. Et puis, ils empestent. A Lausanne, Kvaternik va se mettre en devoir de leur acheter d'autres habits. On brûle les anciens dans la cheminée de l'une des chambres.

Comment entrer en France ? En prévision du voyage du roi Alexandre, la police ne manquera pas de surveiller les frontières. Rester groupés se révélerait gravement imprudent.

Kvaternik — le beau Dido — décide que Vlada et Krajli entreront en France par la voie ferrée et franchiront la frontière au poste de Vallorbe. Pospichil et Raitch traverseront le Léman en bateau et débarqueront à Evian, où le contrôle — tourisme oblige — est pratiquement nul. Kvaternik les accompagnera.

Tout s'accomplit le mieux du monde. Les cinq se retrouvent à Bellegarde où ils prennent le train pour Fontainebleau. Dans le couloir du wagon, Kvaternik va révéler à chaque oustachi, l'un après l'autre, le but réel de la mission.

— Nous sommes en France pour tuer Alexandre.

Ont-ils manifesté de l'étonnement ? Le journal de l'Oustacha — qui reparaît — vient d'annoncer qu'Alexandre le dernier, définitivement condamné à mort, sera abattu dans un avenir proche « où qu'il aille et quoi qu'il fasse ». Dans cette perspective, quoi de plus naturel que d'entendre, là, dans le couloir de ce wagon : « Nous sommes en France pour tuer Alexandre » ?

De Fontainebleau, on gagne Paris en car. Vlada et Raitch prennent des chambres à l'hôtel Regina, rue Mazagran, près de la porte Saint-Denis. Pospichil et Krajli descendent à l'hôtel du Palais d'Orsay. Kvaternik a préféré s'isoler de ces hommes un peu trop voyants : il réside à l'hôtel Commodore, boulevard Haussmann.

Le roi arrivera à Marseille le 9 octobre. Restent neuf jours. Kvaternik a tant et tant ressassé la même consigne que chacun se l'est mise en tête : il faut sortir le moins possible. Pour ne pas se faire remarquer, on passe de longues heures au cinéma. Vingt romans ont analysé l'attente d'hommes chargés de tuer. Les heures coulent et la nervosité grandit. Ces hommes-là ont pourtant été dressés à oublier la peur. Peut-on en faire totalement abstraction ?

Les armes ? Un couple d'oustachis, Jean et Marie Vondracek, en apporte. Ils cachent, dans des valises de cuir jaune, un véritable arsenal. Kvaternik en remet une partie à Pospichil et Raitch, en même temps qu'il leur fait connaître la décision déjà prise et mûrement réfléchie : Vlada et Krajli tueront le roi à Marseille. Si Alexandre leur échappe, Raitch et Pospichil « agiront » à Paris.

Pour brouiller les pistes, les quatre tueurs sont allés s'acheter des vêtements à la Belle Jardinière, place Clichy. Vlada se trouve très chic dans un costume marron à rayures.

Le soir du 6 octobre, Kvaternik, Vlada et Krajli prennent le train pour Avignon. A l'aube du 7, parvenus à destination, ils gagnent en car Aix-en-Provence où ils descendent à l'hôtel Moderne. Si Kvaternik a demandé une chambre pour lui seul, Krajli et Vlada doivent se contenter d'une chambre à deux lits. Selon la loi, la patronne a tenu à ce qu'ils remplissent leurs fiches. Seuls Kvaternik et Krajli, utilisant leurs faux noms tchécoslovaques, ont obtempéré. Vlada, fiche en main, a joué l'incompréhension totale. Devant l'impossibilité de se faire comprendre, la patronne a renoncé. De toute façon, à l'hôtel Moderne, les fiches ne sont relevées que tous les huit jours.

Le lendemain, Jean et Maria Vondracek, porteurs des armes qui restent, arrivent à Aix. Kvaternik les distribue à Vlada et Krajli désormais armés jusqu'aux dents.

Le 8 octobre, Kvaternik, Vlada Kerim et Krajli prennent le train pour Marseille. Kvaternik a soigneusement relevé dans un journal le parcours que doit suivre Alexandre dans la ville. A peine arrivé à la gare Saint-Charles, il va repérer sur les lieux l'itinéraire royal. Pesant les avantages et les inconvénients de chaque position, Kvaternik décide : c'est sur la Canebière, à la hauteur de la place de la Bourse, que les tueurs tenteront le tout pour le tout.

Le soir, on regagne Aix. Kvaternik adresse à Vlada et Krajli une ultime exhortation :

— Demain, vous abattrez Alexandre. Demain, la Croatie sera libre.

Pour sa part, il choisit de quitter Aix. A 22 heures, un taxi le conduit à Avignon où il prendra le train de Paris pour changer à Lyon et passer ensuite en Suisse. Dans les armées secrètes comme dans les autres, on ne trouve pas mauvais que les chefs restent à l'abri.

Le 6 octobre, au petit port yougoslave de Zenika, le roi Alexandre s'apprête à s'embarquer sur le croiseur *Dubrovnik*, la plus belle unité de la flotte yougoslave. La reine Marie — belle, jeune, sévère, un peu alourdie par trois maternités — l'a accompagné. Ils ont passé la nuit dans un vieux palais qui a appartenu à l'aïeul d'Alexandre, Nicolas de Monténégro. Ensemble, ils sont allés se recueillir dans un couvent voisin. Comment la reine Marie ignorerait-elle l'annonce réitérée par les oustachis de la mort imminente de son mari ? Chaque fois que le roi se déplace, elle ressent le même effroi. Pour conjurer le mauvais sort, ils ont prié et allumé quatre cierges.

Les voici sur le quai. La houle est forte. La reine, qui souffre de lithiase biliaire, sait que le mal de mer déclenche chez elle d'insupportables crises. Elle décide de prendre le train. Alexandre approuve. On se rejoindra à Dijon.

Au moment de l'appareillage, Alexandre reçoit à bord du *Dubrovnik* le chargé d'affaires français, M. Knobel. Celui-ci rayonne d'un optimisme de commande :

— Vous allez trouver en France quarante millions d'amis !

— Et peut-être aussi quelques-uns de mes ennemis les plus acharnés...

Donc, Alexandre n'est pas dupe. Pendant le voyage, on le verra arpenter le pont, allumant gauloise sur gauloise.

En mer, il va recevoir un message de la reine. Elle supplie Alexandre d'être prudent. Il est vrai que, depuis quelques jours, les avertissements se sont multipliés : en France, le roi court des risques certains. Refermant le message de Marie, il dit pensivement :

— Braver les attentats, n'est-ce pas notre métier de roi ?

Au large du détroit de Bonifacio, l'escadre française s'avance pour accueillir le *Dubrovnik*. Un spectacle magnifique. Le roi calcule qu'il sera à Marseille le 9 octobre, vers 16 heures.

Jusqu'au bout, Louis Barthou s'est posé la question : irait-il à Marseille ? Ce septuagénaire garde toute sa vigueur intellectuelle mais, cette semaine-là, il se sent fatigué : état inhabituel chez un homme aux activités surabondantes, par ailleurs fin lettré, bibliophile et membre de l'Académie française. C'est à Paris qu'auront lieu les entretiens importants. François Piétri, ministre de la Marine, doit également se rendre à Marseille :

faut-il vraiment que lui, ministre des Affaires étrangères, y soit aussi ?

La lassitude l'emporte. Barthou décroche son téléphone, appelle Piétri, lui demande de bien vouloir, à Marseille, représenter seul le gouvernement. Première réaction du ministre corse — le plus courtois des hommes — : accepter. Un peu plus tard, cependant, il rappelle :

— A Marseille, il m'appartiendra d'aller en mer accueillir le roi. Pour le recevoir à terre, il faut que ce soit vous. Vous devez aller à Marseille.

Barthou soupire. Il sait que Piétri a raison. Il acquiesce. Le 8 au soir, Barthou et Piétri, accompagnés par le général Georges, prennent le train pour Marseille où ils arriveront le 9, à 10 h 10 du matin. Ils sont accueillis par le préfet Jouhannaud et les autorités militaires de Marseille.

Dès la veille, est arrivé à Marseille le directeur de la Sûreté nationale, Jean Berthouin. Il n'a pas participé à l'organisation du voyage, mais ne se cache pas d'être préoccupé. Comment les rumeurs d'un attentat ne seraient-elles pas parvenues jusqu'à lui ? On a affirmé que Berthouin avait gagné Marseille par le même train que Barthou et Piétri. C'est inexact. La fille de Pierre Jouhannaud, alors préfet des Bouches-du-Rhône, m'a écrit avoir été « le témoin partiel, le 8, d'une discussion extrêmement vive, dans la salle de billard de la préfecture » entre son père et Jean Berthouin, « Mon Père tentant, jusqu'à la dernière minute, de s'opposer à une visite royale à Marseille qu'il jugeait, spécialement pour des raisons locales d'ailleurs — préparation des élections cantonales, libération de la classe le 6 — particulièrement inopportunes ».

Mme F. P. Jouhannaud assortit ce témoignage de réflexions qui me paraissent aller loin : « Sur le fond du problème, sur les menaces dont le roi était l'objet, les risques que courait sa personne, le complot si patiemment ourdi contre lui, *aucune* information ne fut jamais donnée à mon Père... Si le ministère de l'Intérieur était si complètement informé, pourquoi M. Berthouin n'a-t-il pas tenu mon Père au courant et a-t-il maintenu un programme dangereux, aggravé même par l'allongement du séjour et du parcours royal ? Comment se fait-il que M. Sisteron, également représentant du ministère de l'Intérieur, puisque contrôleur général chargé des voyages officiels, ait pris la décision — combien regrettable — de changer, en dernière minute, l'ordonnancement du service d'ordre en prescrivant aux cyclistes qui devaient encadrer la voiture royale de se placer devant et derrière mais pas sur les côtés et ce à l'insu de mon Père ? Le quai d'Orsay n'étant évidemment pas moins bien instruit des dangers courus par le roi, pourquoi M. Barthou — le ministre des Affaires étrangères — a-t-il exigé une voiture découverte pour transporter le roi ? Car c'est lui qui l'a réclamée, avec véhémence, le matin même, alors que mon Père avait choisi sa propre voiture, une berline noire. Ce qui explique la vétusté du véhicule où le roi a pris place, le marchepied, etc. Ces décisions des plus hautes instances du quai d'Orsay et du ministère de l'Intérieur ne laissent pas d'être troublantes, elles rendent perplexes et conduisent à de multiples interrogations [1]. »

La réponse tient tout entière dans l'inexplicable inertie des services français.

Quelques jours plus tôt, une réunion s'était tenue à l'Elysée. A mon intention, le général Béthouard a bien voulu en évoquer la teneur. A l'époque lieutenant-colonel, il était attaché militaire en Yougoslavie. Il se souvient d'avoir « littéralement bombardé » le gouvernement français de lettres et de télégrammes annonçant sa « quasi-certitude de l'attentat ». Or, convié à cette réunion de l'Elysée, il avait eu la surprise de constater que les autorités policières n'avaient pas eu connaissance de ces mises en garde : elles n'avaient été transmises ni au directeur de la Sûreté, ni au préfet de police !

Pour parer à ce grave péril, qu'a-t-on entrepris ? On a « éloigné » deux cents ressortissants d'Europe centrale, on en a arrêté quelques-uns. Rien de plus. En ce qui concerne la préparation

1. Lettre du 30 avril 1978.

du séjour d'Alexandre à Marseille, on s'est entièrement reposé sur le contrôleur général Sisteron.

Pourquoi Marseille, d'ailleurs ? Pourquoi ne pas avoir débarqué à Toulon, par exemple ? Marseille reste le réceptacle traditionnel des mauvais garçons de l'Europe. Les inquiétudes les plus vives, c'est la municipalité de Marseille qui les ressent. Sur la foi d'informations apportées par des indicateurs, les policiers marseillais se déclarent persuadés que des oustachis se trouvent à Marseille. Paris n'a pas cru devoir consulter les autorités de Marseille !

Pour le moment, on doit se contenter d'examiner les photos de vingt terroristes croates qui viennent de parvenir dans la capitale phocéenne. Une des épreuves noir et blanc représente un homme « aux yeux de fauve ». Ce n'est autre que Vlada Kerim — que nul ne reconnaîtra quand il arrivera à Marseille.

D'ores et déjà, la visite d'Alexandre est programmée heure par heure. Le roi arrivera à 16 heures, débarquera aussitôt, se rendra en voiture au monument des poilus d'Orient où il déposera une gerbe, assistera à un goûter à la préfecture préparé par Mme Jouhannaud. Après quoi il gagnera le train spécial qui, dans la nuit, le conduira à Paris.

Quelles sont les précautions « techniques » prises par Sisteron ? Sur le parcours du cortège, il a décidé de placer, faisant face à la foule, un agent tous les deux mètres. En fait — selon les témoins que j'ai interrogés — on n'en trouvera qu'un tous les cinq à sept mètres. Qui plus est, au moment du passage du roi, ils se retourneront presque tous pour regarder le cortège !

Primitivement, la voiture devait être entourée d'un peloton d'agents cyclistes destinés à faire écran. M. Sisteron a pensé que cela manquerait d'allure, ce qui n'était pas faux. On y a renoncé. On dispose d'un détachement de gardes mobiles à cheval : va-t-on s'en servir pour envelopper la voiture ? Non, car on ne verrait plus le roi. La préoccupation essentielle des autorités est de faire un succès de ce voyage. Si possible un triomphe. Donc les cavaliers seront groupés *devant* la voiture.

On a désigné en outre au tout dernier moment une garde d'honneur, composée de deux hommes : le colonel Piollet, du

141e régiment d'infanterie alpine, et le commandant Vigouroux, des gardes républicains. Je dois à l'obligeance de Mme Piollet la communication du récit inédit laissé à cet égard par le colonel son époux. Celui-ci était rentré de manœuvres dans la soirée du lundi 8 octobre : « Vers la fin de la matinée du mardi 9 octobre 1934, je me rendis au quartier pour reprendre mon service, selon l'usage après une absence. Je me présentai au colonel Galy pour lui rendre compte des résultats des manœuvres. Je n'avais pas eu le temps de lire les journaux et n'étais donc pas au courant des derniers événements politiques. Ma surprise fut totale et brutale lorsque, après l'échange des propos d'usage, le colonel Galy m'apprit que le roi Alexandre Ier de Yougoslavie débarquait l'après-midi même à 16 heures au vieux Port.

« Il y avait un problème de garde d'honneur et aussi de sécurité ; tout cela avait été étudié à une réunion tenue à la préfecture le matin même vers 11 heures (je n'y fus pas convié). J'y avais été désigné pour faire partie de l'escorte d'honneur du roi en compagnie du commandant Vigouroux qui commandait les gardes républicains. L'ordre m'était donné de prendre les dispositions nécessaires à l'exécution de cette mission. Le colonel me congédia en disant : "Et s'il y a une bombe, elle sera pour vous !" Cette réflexion m'avait glacé. Je saluai et partis. Il y avait de quoi être surpris par la manière brutale de m'informer de ma mission et des ordres qui en découlaient. Le règlement à ce sujet était formel : le service d'honneur d'un roi doit être assuré par un général de cavalerie (il y en avait un à Marseille) et si ma désignation n'était pas intervenue au dernier moment, j'aurais dû être convoqué pour assister à cette réunion préparatoire. »

A Aix-en-Provence, Kerim et Krajli se sont levés tôt. Ils ont pris un petit déjeuner : café noir et cognac. Après quoi ils ont commandé des pastis. Vlada, qui ne fait jamais les choses à moitié, en a bu cinq. Un peu avant 13 heures, les deux hommes sont allés chercher dans leur chambre les armes et les grenades. A la patronne, Krajli a annoncé :

— Nous viendrons ce soir pour dîner. Nous aurons très faim.

Depuis quelque temps, Krajli se sent mal à l'aise. Dans quelle galère s'est-il embarqué ? Pourquoi le sort est-il tombé sur lui ? Dans le car qui les emporte à Marseille, son angoisse grandit encore. Il se cache derrière un journal. Vlada — comme toujours — est impassible.

Ce matin-là, 9 octobre 1934, Louis Barthou est allé se promener dans cette ville qu'il aime. Après s'être rendu à un déjeuner officiel à la préfecture — comment y échapper ? —, il s'est préparé à accueillir le roi.

Le *Dubrovnik* est en vue de Marseille. Alexandre achève de revêtir sa tenue d'amiral. Son valet de chambre insiste pour qu'il porte ce qu'il appelle sa « cotte de mailles », un gilet d'acier très fin propre à résister à toutes les balles. Alexandre refuse :

— Non. Nous sommes en France. Nous n'avons que des amis. Et puis, ça me gêne.

Lentement, le bateau glisse vers le port. Une vedette vient se ranger près de l'échelle de coupée, celle du consul général de Yougoslavie à Marseille. En montant à bord, il semble hors de lui. On le conduit au roi. Il s'exclame :

— Sire, ne descendez pas à terre ! Je sais de source certaine qu'un attentat est préparé contre vous !

Alexandre secoue la tête :

— La population m'attend. Barthou m'attend. Un Karageorgevitch ne doit pas reculer.

Vlada et Krajli marchent sur la Canebière. Sur les trottoirs, une foule heureuse grossit de minute en minute. Elle est plus dense encore place de la Bourse. D'un geste, Vlada désigne à Krajli la place qu'il devra occuper, à l'angle de la rue Saint-Ferréol :

— Si j'échoue, fais ton devoir. Si je suis en difficulté, viens vers moi et lance les grenades pour me dégager. Adieu !

Sur ce, Vlada va se placer, lui, à l'angle de la Canebière et de la place de la Bourse. Dans ses poches, il tâte les deux revolvers qui s'y trouvent.

Devant Marseille, le *Dubrovnik* a stoppé. François Piétri est monté à bord, a présenté à Alexandre les compliments du gouvernement. Ensemble, le roi et le ministre sont descendus dans la vedette royale qui s'avance maintenant sans hâte vers le quai. Des bateaux de pêche et de tourisme amarrés tout autour s'élèvent des cris multipliés de *Vive le roi !* On saura plus tard qu'il s'agit de maîtres et de quartiers-maîtres de la Marine en civil opportunément conduits là.

Sur le quai des Belges, Louis Barthou, barbiche au vent, attend. Le colonel Piollet se tient près de la jument qu'il doit monter. Je reprends son récit inédit : « Une fois arrivé au quai des Belges, je fus très étonné par le désordre qui y régnait. Un détachement du régiment d'Aix-en-Provence qui devait rendre les honneurs fut plusieurs fois déplacé, tantôt mis en carré, tantôt étalé d'un seul côté, puis de deux. Près de l'embarcadère, le ministre des Affaires étrangères, Louis Barthou, le chef de la Sûreté nationale Berthouin, le contrôleur général Sisteron, le chef de la Sûreté à Marseille Cals, etc., étaient là allant et venant tout en discutant. L'anxiété se lisait sur leurs visages.

« La voiture destinée au roi était là ; une vieille Delage usagée à marchepied, décapotée, avec les ailes un peu cabossées, deux places et en face des strapontins. Je la connaissais bien car je l'utilisais pour les tournées de conseil de révision lorsque je remplaçais le général. On aurait tout de même pu trouver une voiture plus présentable, semble-t-il !

« Le commandant des gardes, Vigouroux, était là. Comme je savais qu'il avait assisté à la réunion de la préfecture, je l'abordai pour lui demander de me communiquer les ordres reçus. Il m'expliqua que nous devions former l'escorte d'honneur de la voiture royale, je devais me tenir à droite, lui à gauche, nous devions maintenir nos chevaux de manière que leurs têtes restent à la hauteur de la capote afin de ne pas gêner les regards du roi sur la foule. Je montai alors en selle et pris la place indiquée. »

Sur un praticable, entouré de plantes vertes, le cameraman Georges Méjat, des Actualités Fox Movietone, s'est installé : un professionnel averti, un vieux de la vieille. A la Fox, on avait hésité à l'envoyer à Marseille. Le rédacteur en chef avait dit :

— C'est pas la peine d'expédier quelqu'un à Marseille. L'affaire commence à Paris à la gare du Bois de Boulogne.

On s'est ravisé. Ce qui a permis à la Fox de diffuser l'un des reportages les plus extraordinaires de l'histoire du cinéma. J'ai interrogé Georges Méjat pour l'émission que j'ai consacrée à l'affaire [1]. Sa mémoire était intacte. Il se souvenait que son frère Raymond — avec qui il travaillait souvent en équipe — était parti en mer pour filmer l'arrivée de la vedette royale. Du haut de son praticable, Méjat avait assisté à une conversation animée entre le contrôleur général Sisteron et un officier qui s'inquiétait de la faiblesse du service d'ordre. Sisteron l'avait « envoyé paître ». Tout autour, des élus marseillais manifestaient leur mécontentement.

La vedette royale se range à quai. Le roi Alexandre, flanqué de son ministre des Affaires étrangères Jevitch, saute à terre. Le suit François Piétri, cependant que s'avancent vers le roi Louis Barthou, l'amiral Berthelot et le général Georges chargé d'accompagner Alexandre pendant son séjour. Le roi accomplit la moitié du chemin. La poignée de main que les deux hommes échangent est longue, chaleureuse. Curieusement, ils portent l'un et l'autre les mêmes lorgnons. De concert, ils s'avancent vers la voiture, cette Delage dont la vétusté et le marchepied — les voitures plus récentes n'en comportaient plus — avaient frappé le colonel Piollet. Suivant les instructions, on a baissé la capote arrière. Le roi marque un temps d'arrêt. Il se penche vers son ministre Jevitch :

— Cette voiture est trop ouverte. Ceux qui le voudraient auraient la partie belle pour me tuer.

Tant la foule applaudit frénétiquement, nul, sauf Jevitch, n'entend cette réflexion.

Alexandre monte dans la voiture, suivi de Louis Barthou qui prend place à sa gauche. Le général Georges s'installe sur un strapontin. Chacun s'attend à ce que la Delage démarre aussitôt.

1. Antenne 2, 1er février 1978.

Elle va demeurer immobile pendant dix minutes ! Pourquoi ? *Récit du colonel Piollet* : « Je remarquai le regard circulaire du roi, inquiet et préoccupé. Une nuée de photographes entoura la voiture, prenant des vues à bout portant. Je fis cette réflexion : s'il y avait un assassin parmi eux, on ne pourrait le distinguer. Ensuite je fus affolé par le peu de service d'ordre, un agent à peine tous les dix mètres pour contenir la foule, pas de motos autour de la voiture royale, sans aucune protection à part nos deux montures. »

Méjat, avec son camarade Robert Batton — que les anciens de la télévision ont bien connu —, s'est approché de la voiture. L'un et l'autre veulent prendre un gros plan d'Alexandre mais le roi regarde de l'autre côté. Les cameramen l'appellent :

— Majesté ! Majesté !

Alexandre se tourne enfin. Méjat et Batton découvrent dans le viseur de leurs caméras son expression préoccupée. Quand le film passera en Amérique, ce regard inquiet frappera tellement les dirigeants de la Fox qu'ils feront doubler la séquence [1].

Récit de Piollet : « A ce moment, le temps s'assombrit d'une façon anormale, le vent s'éleva, le vrombissement des avions et le bruit des salves d'artillerie donnaient à cette arrivée une atmosphère impressionnante qui semblait annoncer le drame. »

La voiture s'ébranle enfin. En tête du cortège, roule la voiture où ont pris place Berthouin et Sisteron. S'avance ensuite un peloton de dix-huit gardes à cheval en grande tenue, immédiatement suivi de la voiture royale. Comme prévu, chevauchent à droite de la voiture le colonel Piollet, à gauche le commandant Vigouroux. Piollet ne quitte pas du regard les gardes républicains à cheval qui le précèdent. Le peloton remonte lentement, beaucoup trop lentement, la Canebière mais pourquoi s'inquiéter ? Jamais on n'a vu autant de monde sur la célèbre avenue. L'enthousiasme déferle. A ces acclamations, dira Piollet, « le roi répondait en souriant mais toujours visiblement inquiet ».

Le cortège s'avance avec une telle lenteur que Georges Méjat, sa vieille caméra portable à la main, peut courir et le

1. Ce détail m'a été donné par Georges Méjat.

dépasser. Il aperçoit des collègues, comme Forestier et Desmond. Aussi un grand nombre de photographes. Tous s'étonnent de n'apercevoir que si peu d'agents de police. Un photographe, Geoffroy, remarque que le roi « scrute les fenêtres ».

Il est 16 h 15. Le cortège arrive devant la Bourse. *Récit de Piollet* : « Face à la Bourse, la voiture royale était obligée de contourner un refuge placé au milieu de la chaussée et de se rapprocher de la foule, à peine contenue. C'est alors que brusquement un individu, tête nue et chauve, sortit de la foule, se précipita vers la voiture royale en passant rapidement sous la tête de ma jument, sauta sur le marchepied[1] en criant : “Vive le roi !” Armé d'un pistolet automatique, il fit feu à plusieurs reprises en se penchant dans la direction du roi, puis de Barthou et du général Georges. Surpris, et avant les coups de feu, je pensai : “Ah ! encore un photographe !” »

C'est Vlada qui a bondi. Vlada qui, s'étant hissé sur le marchepied, tire à bout portant sur Alexandre. Le général Georges veut s'interposer. L'assassin tire sur lui. L'agent Galy accourt. Vlada se retourne vers lui, l'abat d'un coup de feu. *Récit de Piollet* : « Réalisant le drame, instantanément ma décision fut prise, mon objectif était un coup précis pour abattre l'assassin sans risquer d'atteindre le roi. Comme je tenais sabre au clair dans la main droite, la pointe en l'air, je ne pouvais frapper sur ma gauche par-dessus la tête du cheval ; je fis l'espace d'un éclair virevolter ma jument d'un quart de tour et assenai de toutes mes forces un premier coup de sabre sur la tête du régicide qui, touché, chancela. Il n'en dirigea pas moins son arme dans la direction d'où (le coup) semblait être venu... Pendant ce court instant je continuai à faire virevolter la jument afin d'assener un deuxième coup de sabre, ainsi la balle qui m'était destinée est allée se loger dans une plaque de la façade d'une banque qui se trouve à l'angle du square où elle est encore sans

1. A l'époque, ce marchepied a fait couler beaucoup d'encre. Dans une voiture sans marchepied, l'assassin aurait-il pu atteindre son but ? Les spécialistes de l'automobile signalent que, de ce moment, les constructeurs renonceront définitivement aux marchepieds.

doute... Une fois à terre, mourant, l'assassin ne tira plus aucun coup de feu, il était sans connaissance... Il n'a pas été scalpé par mes coups de sabre comme cela a été écrit. Il avait sur le crâne chauve deux fentes provenant des deux coups de sabre et se prolongeant l'une l'autre. Le juge chargé de l'enquête, présent à l'autopsie, me félicita de la précision de mes coups ; ces coups, je les avais en effet assenés avec un sabre d'infanterie, simple objet de parade sans tranchant. Si j'avais, au lieu de cela, possédé un sable de cavalerie à lame aiguisée, le régicide aurait eu la tête tranchée en deux. »

Les policiers accourent de toutes parts. Ils se mettent à tirer, dans tous les sens, de la façon la plus désordonnée du monde. A quoi bon puisque l'assassin gît à terre ! Il est criblé de balles. Ce tir sans objet va atteindre dans la foule plusieurs personnes. Il y a des blessés, des morts. *Récit de Piollet* : « Aussitôt après les coups de feu de l'assassin, la police, semble-t-il affolée, se mit à tirer sans discernement dans toutes les directions. Je vis alors plusieurs personnes s'écrouler dans la foule. Les balles sifflaient autour de moi, alors, exaspéré, je hurlai de ma voix forte de commandement : "Nom de Dieu, cessez le feu ! Ligotez-le et emportez-le !" L'assassin gisait sanglant, lynché et criblé de balles par la police qui enfin le traîna dans le kiosque à journaux du square... Le cheval du commandant Vigouroux s'était emballé aux premiers coups de feu et aux cris de la foule ; il avait disparu. Je restai sans ordres, seul sur mon cheval, dominant la situation pendant au moins vingt minutes. »

La voiture a continué à rouler. Elle va passer devant la rue Saint-Ferréol où Krajli attend, ses grenades à la main. Il ne les lance pas. A quoi bon ? Il a entendu les balles, il voit Alexandre évanoui dans la voiture. Alors, à travers la foule, il s'enfuit.

La Delage vient enfin de s'arrêter. *Récit de Piollet* : « Je remarquai que Barthou était descendu de la voiture et semblait chercher quelque chose à terre, sans doute ses lunettes, car il était très myope. Le roi et le général Georges étaient affalés sur les sièges... Le ministre yougoslave vint se pencher sur le roi en pleurant. On emporta le général Georges à l'hôpital militaire où des soins diligents le sauvèrent. Quant à Barthou, il avait une blessure sans gravité au bras mais, ayant l'artère sectionnée, il perdait son sang en abondance. »

Incroyable tumulte ! Barthou chancelle. On l'emporte dans une voiture particulière.

Le ministre Jevitch a sauté dans la Delage. Il dégrafe l'uniforme du roi, découvre la poitrine ensanglantée, tente d'écouter le cœur qui ne bat presque plus. Il dira avoir entendu de la bouche d'Alexandre :

— Gardez-moi la Yougoslavie.

Un jeune journaliste, René Barotte, représentant un quotidien alors fort peu lu, *Paris-Soir*, a obtenu du locataire d'un appartement situé sur la Canebière l'autorisation de s'installer à son balcon pour mieux voir passer le cortège. Ce locataire dispose du téléphone, chose alors peu fréquente. Or c'est exactement sous le balcon où se trouve Barotte que Vlada vient de tirer sur Alexandre ! La réaction du journaliste est immédiate : il court au téléphone, demande Paris, l'obtient en un temps record et, sur-le-champ — en direct — dicte le reportage de l'événement.

Une heure plus tard, sous l'impulsion d'un génial patron de presse — Jean Prouvost —, le quotidien sortira un numéro spécial tiré à un million d'exemplaires, contenant le récit exclusif de l'assassinat d'Alexandre. *Paris-Soir* est lancé et va connaître l'un des plus gros tirages de la presse mondiale. Le malheur des uns...

La Delage s'est remise en marche. Elle fonce vers la préfecture. Le médecin-commandant Hérivaux, qui vient de quitter l'hôpital Michel-Lévy, s'est glissé au premier rang des spectateurs amassés sur la place de la préfecture. Il veut voir passer le roi Alexandre. Soudain, de la rue Saint-Ferréol aux trottoirs noirs de monde, une voiture de police arrive en trombe. Le docteur Hérivaux a bien voulu me communiquer ses notes inédites de l'époque :

« Un occupant de la voiture crie aux agents : “Faites dégager la place !” Personne ne bouge. Il y a dix à quinze agents, pas plus, essaimés. Ils n’insistent pas... Et tout de suite deux voitures, l’une derrière l’autre, arrivent un peu moins vite. La première, de la Sûreté, à cocarde tricolore, puis une voiture découverte noire au fanion royal. Sur le marchepied, de mon côté, un officier serbe en tenue kaki, debout, semble soutenir d’un bras quelqu’un allongé à l’intérieur — qu’on ne voit pas.

« Les deux voitures s’engouffrent dans la préfecture. On ferme la porte à double battant, aussitôt, derrière elles.

« Le porche s’ouvre à nouveau. Quelques officiers français (dont un général) sortent, courent çà et là des deux côtés vers la foule devenue bien plus dense : ils réclament un médecin !

« Mon cœur se serre. J’entre dans la préfecture, monte des marches, guidé par des visages. J’arrive dans le bureau du préfet — plein de monde, de stupeur, de silence.

« Au fond, sur le canapé, le roi en uniforme de marine, large ruban de la Légion d’honneur comme déchiré en deux transversalement, redingote déboutonnée, comme brûlée de poudre au plastron à gauche, poitrine découverte à demi, visage et mains sanglants, mousse de sang sortant des narines.

« La peau qu’on voit a pâleur de cadavre. Le corps est chaud. Très large ceinture blanche à même la peau du ventre. Les pieds sont déchaussés. Visage sans binocles.

« Auprès, un jeune homme inconnu, en veston, et une femme en toilette rose que, sans l’avoir vue, je sais tout de suite être la femme du préfet. Tout cela en un instant. Je prends le pouls radial en auscultant le cœur. Je ne sens, je n’entends rien — rien.

« En me redressant, je trouve à côté de moi deux confrères — dont j’ignore le nom — avec Mme Jouhannaud. Je leur dis que nous sommes en présence du pire. Pourtant, dans une infime parcelle de doute, on pourrait tenter l’injection d’adrénaline dans le cœur. “Il faut tout tenter”, dit Mme Jouhannaud. Les deux confrères sont d’accord.

« Rabattu, le pharmacien d'à côté, en une ou deux minutes, à l'initiative de Mme Jouhannaud, apporte le nécessaire [1].

« Aiguille plantée dans le cœur, sans le moindre frémissement durant l'injection. Aucun reflux spontané de sang dans la seringue. Silence du cœur. Je dis alors que le roi est mort. A ce moment, même ceux qui sont en civil, je reconnais tous les Serbes. Je vois dans leurs yeux une désapprobation à la France. J'en suis conscient. Je la partage.

« Le professeur Olmer était arrivé. Auprès du maréchal de la Cour, il répétait, en quelque sorte officiellement, que le roi était mort.

« Dans l'intervalle, avec mes deux confrères inconnus, nous avions fait les premières constatations. Deux blessures par balles. L'une à l'épaule droite, l'autre au défaut des côtes, au sommet de l'hypocondre droit. La balle avait atteint le foie et, dans une direction progressivement de bas en haut, suivi jusqu'au poumon du même côté, comme l'attestait la mousse sanglante aux narines. C'était la blessure mortelle.

« Ces constatations ont pu être refaites dix à douze minutes plus tard par moi pour les montrer au professeur Olmer et à mon camarade le médecin commandant Assali, professeur agrégé, chirurgien à Michel-Lévy (où il devait peu après s'occuper du général Georges).

« C'est avec Assali que nous avons tous deux rajusté les vêtements du roi et ragrafé sur la poitrine avec deux épingles nourrice le ruban de la Légion d'honneur déchiré. Puis, aidés de Mme Jouhannaud qui était allée chercher une carafe d'eau et du coton hydrophile, tous trois nous avons lavé le sang sur le visage et les mains. Le sang mousseux s'écoulant encore des

---

1. Je tiens de l'obligeance de Mme Pierre Charvet, nièce du docteur Louis Rabattu, la communication d'un témoignage adressé au consul général de Yougoslavie à Marseille par son oncle : « Je me suis trouvé parmi les premiers médecins venus auprès du roi pour lui porter des soins et j'ai eu l'insigne honneur de lui faire une injection sous-cutanée pour tenter de le ranimer. J'ai ressenti une vive émotion à la pensée que ce privilège aurait été souhaité par des médecins yougoslaves, de vivre auprès du corps de leur auguste souverain ces minutes d'angoisse et de tristesse. Après avoir modestement et douloureusement rempli le rôle que les circonstances m'avaient fixé, je me suis retiré après avoir présenté mes sentiments de sympathie à Son Excellence le Ministre de Yougoslavie. »

narines, j'y ai placé haut, sans qu'on les voie, deux tampons d'ouate.

« Il y avait vingt minutes — vingt-cinq peut-être — que le roi était entré dans la préfecture. Je suis parti par une porte, derrière [1]. »

Les deux médecins inconnus du docteur Hérivaux s'appelaient Coste et Camas. Le docteur Henry les a rejoints.

A l'Hôtel-Dieu, d'autres médecins tentent de sauver Barthou. Ils ont décelé une simple fracture de l'avant-bras gauche, mais l'artère humérale a été coupée au-dessus du coude. Sur place, on lui a bien fait un garrot, mais au poignet ! En arrivant à l'hôpital, Barthou était vidé de presque tout son sang.

On décide d'intervenir chirurgicalement. On le porte sur la table d'opération, on l'anesthésie, on lie l'artère sectionnée, on procède à une transfusion. Tout cela se révèle inutile. A 16 h 40, Louis Barthou, ministre des Affaires étrangères, rend le dernier soupir.

La thèse officielle sera que le roi Alexandre et Barthou ont été atteints par le même assassin. C'est faux. Un document inédit révélé par l'historien Jacques de Launay — remarquable découvreur — prouve le contraire. Une balle a en effet été trouvée postérieurement à l'arrière gauche de la Delage, dans les coussins de la voiture. Le laboratoire de police technique de Marseille a enregistré, le 9 octobre 1935, le rapport d'expertise de son directeur, le docteur Béroud, et de l'expert armurier Gatimel. En voici l'extrait décisif : « La balle trouvée dans la voiture royale du côté gauche où était assis le président Barthou constitue le projectile blindé de cuivre d'une cartouche de 8 mm, modèle 1892. Cette balle est du même calibre que celles tirées par les agents de police. Elle n'a pas été tirée par l'un ou l'autre des pistolets trouvés en la possession de Kelemen [2]. Donc cette balle correspond aux balles tirées par les revolvers des agents de police [3]. »

1. Notes communiquées le 27 février 1978 par le docteur Armand Hérivaux.
2. Kelemen est le dernier nom porté par Vlada Kerim. A l'époque, la presse — comme les autorités administratives et judiciaires — parlèrent de Kelemen.
3. Jacques de Launay : *Les Grandes Controverses de l'histoire contemporaine, 1914-1945* (1974).

Il ressort des dossiers de police que Vlada portait deux armes, une dans chaque main. Un parabellum Mauser 7,65, avec quatre chargeurs dont un, contenant dix cartouches, qui a été vidé — et un pistolet Walter 7,65 qui n'a pas servi. Cinq balles ont été tirées par Vlada sur Alexandre, quatre sur le général Georges. Nous en sommes à neuf balles. La dixième a été tirée par l'oustachi sur le policier Galy qui tentait de s'interposer. A ce moment-là, son chargeur était vide. Comment douter ? Ce ne peut être que par une balle française que Louis Barthou a été tué.

Ainsi, le roi Alexandre est mort, Louis Barthou est mort. A l'hôpital militaire, le général Georges agonise. Contre toute attente, il survivra.

A bord de son train spécial, la reine Marie de Yougoslavie a quitté Belfort en direction de Lyon. A Besançon, le train est annoncé pour 18 h 30.

Le convoi stoppe le long du quai. Le préfet du Doubs, M. Peretti della Rocca, demande aussitôt à rencontrer le maréchal de la Cour. Il reçoit l'assurance que la reine ignore tout. Le préfet décide de monter lui-même dans le train et d'y rester afin de pouvoir informer la reine avec les ménagements qui s'imposent. Le convoi quitte Besançon à 19 h 20.

Dès qu'elle comprend que son époux n'est plus, la reine pousse un cri affreux et s'évanouit. Le mécanicien reçoit l'ordre de stopper le train à Lons-le-Saunier. On appelle d'urgence un médecin qui prodigue ses soins à la reine. Dès qu'elle se sent un peu mieux, elle demande aussitôt que l'on dirige le train vers Marseille. On y parviendra le 10 octobre à 4 heures du matin.

L'assassin ? Il a été transféré dans les locaux de la Sûreté. Allongé sur le parquet, il agonise tout l'après-midi. Georges Ravon, jeune journaliste, l'y voit abandonné de tous. On n'entend que sa respiration rauque. De temps en temps, un policier s'approche, lui soulève la tête comme pour le regarder de plus près, puis lâche cette tête qui retombe sur le parquet avec un bruit sourd. Sentencieusement, le policier commente alors :

— Il s'accroche...

Vlada le Tueur meurt à 19 heures.

A Fontainebleau, c'est aussi vers 19 heures que Raitch et Pospichil ont appris la réussite de l'attentat. Soulagement et joie intenses. Reste à se soustraire aux recherches. A l'heure prévue, Raitch et Pospichil prennent le train pour Evian.

Krajli, lui, a gagné Aix par le car comme le prévoyaient ses ordres. Il rejoint l'hôtel Moderne vers 18 h 30, gagne sa chambre, cache son arsenal — ses grenades, son revolver — dans le matelas. On ne les retrouvera que quelques jours plus tard.

Krajli réclame sa note, la règle, appelle un taxi, se fait conduire en gare d'Avignon. Il prend le train pour Paris.

Nous sommes ici en présence d'une défaillance du plan initial, à moins qu'il ne s'agisse d'une initiative malheureuse de Krajli. Pourquoi ne s'est-il pas rendu à Lyon et de là à Evian ? Gagner Paris, c'est se jeter dans la gueule du loup.

A Paris, en effet, l'enquête a commencé à partir d'un minuscule détail, la marque du costume que portait Vlada Kerim : *la Belle Jardinière*. Interrogée, la direction du magasin a livré l'adresse des acheteurs : l'hôtel Regina. L'ordre y règne : on découvre aussitôt les fiches remplies par les conjurés.

Le 10 au matin, à 10 h 30, le train spécial du président de la République Albert Lebrun pénètre dans la gare Saint-Charles, à Marseille. Les témoins voient des larmes couler sur le visage du président qu'accueille François Piétri. Deux ministres l'accompagnent, André Tardieu et Edouard Herriot.

Dans la matinée on apprend les limogeages de Jean Berthouin et du préfet Jouhannaud, ainsi que la démission d'Albert Sarraut, ministre de l'Intérieur. M. Berthouin prendra sa revanche : de 1950 à 1959, il sera cinq fois ministre.

On va porter le cercueil du roi Alexandre sur le *Dubrovnik.* Ce cercueil, la reine Marie l'étreindra longuement avant de partir pour Paris : elle doit y retrouver son fils Pierre, accouru d'un collège anglais — et devenu le roi Pierre II de Yougoslavie.

A travers l'Europe, les chancelleries ont la fièvre. Louis Barthou aura droit à des obsèques nationales, mais que va-t-il advenir de sa politique ?

Krajli est arrivé à Paris, où il n'a pas retrouvé ses amis. Il comprend alors qu'il doit fuir la capitale. Son désarroi ne l'empêche pas de se dire que toutes les gares parisiennes doivent être surveillées. Il revient à la tactique utilisée à l'aller : il prend un taxi et se fait conduire à Fontainebleau. Son trouble reste si grand qu'il paye, au buffet de la gare, une consommation de 0,60 F avec un billet de 100 F et quitte le buffet sans prendre la peine de ramasser la monnaie. Geste qui semble si suspect au gérant qu'il alerte la police en annonçant que probablement l'homme prendra le train d'Evian. La gendarmerie investit la gare. Peu avant le départ du train de 19 h 15, Krajli paraît. Dès que les gendarmes lui demandent ses papiers, il bondit, détale à travers les voies, saute une palissade, se perd dans la nuit.

A Paris, l'inspecteur général Pierre Mondanel supervise l'enquête. Les premiers ordres ont déjà touché les services des frontières. En Haute-Savoie, notamment — département à deux frontières —, tous les postes de police et de gendarmerie ont reçu l'ordre de se mettre sur leurs gardes. De sa propre initiative, dès le 9 octobre au soir, le commissaire divisionnaire Paul Petit, chef de la police d'Annemasse, a prescrit une extrême vigilance à tous les services de police et de gendarmerie de son département.

Or, au soir du 10, Mondanel reçoit de Fontainebleau une information de première importance. L'employé de chemin de fer qui a vendu son billet au terroriste en fuite — celui qui n'avait pas ramassé sa monnaie — a témoigné :

— Il était seul, mais je me souviens qu'hier deux étrangers qui avaient à peu près le même accent que lui sont également partis pour Evian. Eux aussi ont pris des billets de 2e classe, mais des aller et retour. Ils ont embarqué dans le rapide de 0 h 21.

Evian : voilà une indication précieuse. Mondanel appelle aussitôt, à Annemasse, le commissaire Petit. Immense est sa surprise d'entendre son collègue lui répondre :

— Il est possible que nous tenions déjà les deux hommes que vous recherchez.

Il les tient en effet. Il s'agit de Raitch et Pospichil.

Deux heures plus tôt, dans un bar de la rue Vallon, un agent de la police de Thonon a interpellé deux étrangers qui s'inquiétaient de l'heure de départ des bateaux pour Lausanne. On les a fouillés, on a trouvé sur eux un billet de chemin de fer à destination de Fontainebleau.

— Que dois-je faire ? demande le commissaire Petit.

— Ne les laissez pas partir, répond Mondanel. Dès demain matin, je serai à Thonon.

Petit va donc donner l'ordre de placer les étrangers sous surveillance.

Sur cet épisode, M. Paul Marabuto, commissaire divisionnaire honoraire de la Sûreté nationale, m'a fourni les détails que voici : « M. Petit et moi sommes partis à 4 heures du matin pour aller examiner ces deux inconnus dans le petit hôtel situé en face du commissariat de police de la place principale de Thonon. Nos deux individus nous ont exhibé des passeports tchèques, mais je ne me rappelle plus les noms d'emprunt qu'ils avaient pris. L'un, qui avait été identifié comme Raitch, m'a dit connaître la langue portugaise. J'ai alors utilisé l'italien et nous avons pu nous comprendre quelque peu. Avec le second disant connaître l'allemand, j'ai causé un peu en allemand. Nous en savions assez pour les ramener avec nous à Annemasse. Lors de l'interrogatoire dans cette ville, nous avons dû faire appel à un collègue, commissaire dans cette ville, M. Toussaint, qui connaissait très bien l'allemand. » Rapidement, Pospichil et Raitch vont reconnaître la vérité.

Krajli, lui, échappe toujours aux recherches. Il se cache dans la forêt de Fontainebleau. On la quadrille. En vain. Cela dure quarante-huit heures. A bout de forces, l'homme traqué sera pris dans un café près de Melun, commandant un cognac. Il passe aux aveux. Krajli, Pospichil et Raitch livrent les noms d'Ante Pavelitch et de Kvaternik. Ils révèlent que ceux-ci se trouvent en Italie.

Pour la forme, le gouvernement italien les fera arrêter. Mussolini refusera l'extradition.

Le 17 octobre, jour où l'on célèbre, à Belgrade, les obsèques solennelles d'Alexandre de Yougoslavie, il semble que la Yougoslavie ait tout à coup retrouvé son unité. Une foule immense se presse sur le parcours du cortège funèbre. Des opposants incarcérés sollicitent — et obtiennent — leur sortie de prison pour venir rendre hommage au roi défunt. Parmi les chefs d'Etat, les chefs de gouvernement, les dignitaires ou les militaires de haut rang accourus à Belgrade, on remarque, représentant la France, le président Albert Lebrun et le maréchal Pétain, alors ministre de la Guerre. Le général Goering représente l'Allemagne.

On s'attendait à une insurrection en Croatie. Elle ne bouge pas. Ante Pavelitch était *sûr* que la mort d'Alexandre signifierait la fin de la Yougoslavie. Le contraire s'est produit.

C'est à Aix-en-Provence, en novembre 1935, que les assassins seront jugés. Dès le début, Me Desbons, leur avocat, multiplie les incidents. A l'égard du président, il use d'un tel langage, il dépasse à ce point toute mesure que l'Ordre des avocats le radie du barreau. Il faut renvoyer le procès à la session de février 1936.

Long, interminable procès. Cinquante-quatre témoins défilent à la barre. Les oustachis avaient tout avoué, maintenant ils nient presque tout. Krajli affirme qu'il n'a rien su jusqu'au dernier moment. S'il n'a pas lancé ses grenades, c'est par souci humanitaire.

Le verdict reconnaît aux inculpés des circonstances atténuantes. Tous sont condamnés aux travaux forcés à perpétuité. Pospichil s'écrie :

— Vive la France ! Vive la Croatie libre ! Vive le docteur Ante Pavelitch !

En 1941, quand Hitler envahira la Yougoslavie, Ante Pavelitch sera, sur son ordre, placé à la tête de la Croatie proclamée indépendante. Eugène Kvaternik deviendra son digne acolyte, présidant à la liquidation de tous ceux qui refuseront de se rallier à la terreur nazie. Alors commenceront d'affreux massacres, des règlements de comptes si atroces qu'ils épouvanteront les Allemands eux-mêmes.

Le gouvernement de Pavelitch attendra 1942 pour songer aux meurtriers d'Alexandre, toujours prisonniers en France. On les réclame officiellement au gouvernement de Vichy. On apprend alors que Pospichil est mort, en 1940, d'une pneumonie et que Krajli, un an plus tard, est décédé des suites d'une tuberculose. Seul Raitch survit. Libéré, il regagnera la Croatie, participera à la lutte contre les partisans, sera pris par ces derniers — et fusillé.

Après la guerre, Pavelitch et Kvaternik parviendront à gagner l'Amérique du Sud. Kvaternik trouvera la mort dans un accident de la circulation. Pavelitch, après avoir survécu à un attentat, gagnera l'Espagne.

Ses mains étaient couvertes de tant de sang que, si l'on avait proposé un prix aux grands tortionnaires de la dernière guerre, il aurait pu concourir avec avantage. Nul ne l'a puni. Il est mort, en 1959, dans un hôpital espagnol.

VI

Kirov : le crime du siècle

1er décembre 1934

Le samedi 1er décembre 1934, vers 16 heures, un homme d'une trentaine d'années — col relevé et chapka enfoncée sur la tête —, image même, selon un contemporain, du fonctionnaire « insignifiant », court plutôt qu'il ne marche dans les rues de Leningrad. Les passants sont rares. La neige vole. Il fait froid, très froid : moins vingt degrés. La nuit est tombée sur la grande ville du Nord qui pleure secrètement son rang de capitale perdu au profit de Moscou.

Par souci d'économie, les réverbères allumés sont rares : on manque de tout à Leningrad, à commencer par le pain. Les fenêtres illuminées de l'Institut Smolny qui surgissent de la nuit, et dont le reflet se perd sur les glaces de la Neva, n'en apparaissent que plus insolites. Devant l'imposant bâtiment, l'homme pressé vient de s'immobiliser. Il semble fasciné par les fenêtres du troisième étage.

Cet ancien pensionnat de jeunes filles est entré dans l'histoire quand, en 1917, Lénine y a établi son poste de commandement. En 1934, il abrite toujours l'appareil du parti communiste de la

---

En ce temps-là, Staline et Kirov étaient les meilleurs amis du monde. (Usis.)

ville. Là se trouvent les bureaux du personnage le plus redouté de Leningrad : Sergueïev Mironovitch Kirov, à la fois secrétaire du Comité central du parti communiste d'URSS et président du soviet de la ville.

L'homme pressé n'a plus que quelques pas à accomplir. Il franchit la porte principale de l'Institut Smolny. Au planton de service qui l'arrête, il tend son laissez-passer. Le planton constate que le porteur est en règle, qu'il se nomme Leonid Nikolaïev et qu'il est âgé de trente-deux ans.

L'homme s'est engouffré dans les couloirs lugubres. Il passe devant des postes de garde curieusement inoccupés. Personne non plus dans l'escalier dans lequel il s'engage. Le voici au troisième étage. Derrière une colonne, il se fige.

Il attend.

Assis à son bureau, Sergueïev Mironovitch Kirov écrit. Il a quarante-huit ans et ne les paraît pas. Un bel homme, dit-on de lui : le visage aux traits réguliers, surmonté par une épaisse masse de cheveux rangés en arrière, frappe par son énergie et son ardeur. Il achève de rédiger un rapport sur la séance du Comité central qui s'est réuni quelques jours plus tôt. Il doit le présenter à l'*Aktiv* de Leningrad — les cadres supérieurs du Parti — qui attend au même étage dans une salle voisine. Dans la monumentale cheminée en marbre blanc, brûle un grand feu de bois. Au-dessus, deux portraits : ceux de Lénine et de Staline.

Quelques instants plus tôt, Borissov, chef des gardes du corps, est venu s'assurer que le feu ne risquait pas de s'éteindre. Il a fait si peu de bruit que Kirov n'a pas levé la tête ni même entendu la porte qui se refermait.

Très tôt, Sergueïev Mironovitch Kostrikov a changé son nom en celui de Kirov. Dès 1904 — il a dix-huit ans —, il a adhéré au mouvement révolutionnaire. Plusieurs années de prison en ont découlé. Rallié avec enthousiasme à la Révolution de 1917, il a assuré pendant la guerre civile la défense d'Astrakhan et, de 1921 à 1925, secondé Ordjonikidzé, premier secrétaire du parti communiste d'Azerbaïdjan. Membre en 1923 du Comité central du PC de l'URSS et placé par Staline à la tête du parti de Leningrad, il est entré au Politburo en 1930. Lors du XVIIe congrès du Parti, il a été élu secrétaire du Comité central.

Kirov connaît Staline de longue date. Dès le début du siècle, ils ont combattu ensemble pour la révolution dans le Caucase. Depuis que Staline règne en maître sur l'URSS, Kirov est tenu comme l'un de ses rares amis. La deuxième épouse de Staline, Nadia Allilouieva, n'a cessé de lui manifester une vive amitié. Kirov a ressenti le suicide de cette jeune femme avec une sorte d'horreur. Il n'est pas encore remis quand il s'en va passer, à Sotchi, les vacances de l'été 1933 en compagnie de Staline. Svetlana, fille du dictateur, écrira : « Kirov vivait chez nous, dans notre maison, comme un vieil ami et un camarade de toujours auquel mon père était étroitement lié. »

Dans l'entourage stalinien, on considère que cette amitié est sans faille. On n'oublie pas que Kirov a imaginé, pour stigmatiser les opposants, la fameuse formule : « vipère lubrique ». On admire les hyperboles inédites dont Kirov émaille chacun de ses discours :

— Tous les espoirs sont dans Staline, notre chef bien-aimé et notre maître, le grand maître des travailleurs du monde ! Ceux qui lui aboient aux chausses sont d'ignobles canailles, dignes d'un coup de revolver dans la nuque !

Rares sont ceux qui savent que, depuis le XVIIe congrès du Parti, une ombre s'est élevée entre les deux hommes.

Quand, le 26 janvier 1934, le congrès s'est ouvert, il faisait si froid qu'il a semblé aux délégués, déversés à Moscou par trains entiers, que c'était l'histoire qui gelait. Pieusement, ils se sont rendus sur la place Rouge où, veillée par sa garde posthume, les attendait, soigneusement entretenue par l'embaumeur Zbarsky, la momie de Lénine.

La salle de réunion les a ensuite accueillis. On a chanté une fois de plus l'infaillibilité de Staline, célébré l'unité du Parti et confirmé la victoire définitive contre les opposants. Chaque orateur a affirmé son dévouement à l'homme à la grosse moustache. On a admiré que Zinoviev, Kamenev ou Boukharine, vieux compagnons naguère sévèrement mis au pas, aient été autorisés à prendre la parole. Ils ont eux-mêmes juré qu'ils appartenaient désormais à la plus orthodoxe des lignes staliniennes.

D'ailleurs, Staline lui-même s'est montré lénifiant :

— Au XVe congrès du Parti, il était encore nécessaire de prouver le bien-fondé de notre programme et de lutter contre certains groupes antiléninistes. Au XVIe congrès, il a fallu en terminer avec les derniers partisans de ces groupes. Au présent Congrès, nous n'avons plus rien à démontrer et, semble-t-il, plus personne à frapper.

L'enthousiasme était à son comble. Aux esprits naïfs, il a semblé que Staline en subissait la contagion. Erreur : le dictateur n'avait pas manqué de déceler ce que les visages les plus rayonnants dissimulaient de réserves, de critiques et de menaces.

Il a fallu attendre l'ère Khrouchtchev pour que l'inamovible *Pravda* puisse évoquer — dans un article du 7 février 1964 — les coulisses du XVIIe congrès et l'étrange climat qui y avait régné. Spécialiste éminent des questions soviétiques, Robert Conquest a été l'un des premiers, en 1968, à collationner les divers éléments de la vérité [1]. Disposant des sources nouvelles apparues depuis la libéralisation de l'ex-URSS, Jean Ellenstein a pu aller plus loin encore [2].

D'année en année, les militants bolcheviks s'inquiétaient davantage de l'arbitraire avec lequel Staline gouvernait, de l'agressivité de ses foucades, de sa « méfiance maladive » et de ses dispositions à ne tenir aucun compte de la ligne fixée par les représentants élus du Parti.

On sait maintenant que, lors du congrès de 1934, nombreux furent, parmi les 1 966 délégués, ceux qui voyaient Staline « de plus en plus isolé » et « abusant de sa position ». De plus en plus nombreux se sont comptés ceux qui considéraient « le moment venu de retirer à Staline son poste de secrétaire général pour lui confier d'autres fonctions ».

---

1. Robert Conquest : *La Grande Terreur (Les purges staliniennes des années 30)*, traduit de l'anglais par Marie-Alyx Revellat (1970).
2. Jean Ellenstein : *D'une Russie à l'autre, vie et mort de l'URSS* (1992).

Une chose était d'avoir conscience du danger représenté par Staline, une autre était de découvrir le moyen d'ébranler sa toute-puissance. Impossible d'y parvenir si l'on ne disposait pas d'un éventuel remplaçant. Peu à peu, un nom s'était glissé sur quelques lèvres, puis sur beaucoup d'autres : celui de Sergueïev Mironovitch Kirov.

Pourquoi Kirov ? Depuis l'exclusion de Trotski, Kirov est le meilleur orateur du Parti. Son acharnement à obtenir l'amélioration du sort des travailleurs de Leningrad lui vaut une authentique popularité. Ce qui encourage les opposants potentiels, c'est aussi que Kirov tient entre ses mains la plus grande ville du Nord, nid de la Révolution : Leningrad. A son poste, il manifeste une indépendance qui a été plusieurs fois stigmatisée par des hommes tels que Vorochilov ou Mikoyan. Le NKVD (Commissariat du peuple aux affaires intérieures) dénonce régulièrement le fait que des opposants continuent à bénéficier de la protection de Kirov et travaillent librement à Leningrad.

Kirov a-t-il donné son accord pour qu'on le mette en avant comme rival de Staline ? Ce dont nous sommes seulement assurés, c'est qu'une manœuvre a été engagée et s'est trouvée sur le point de réussir. Lors de l'élection des membres du Comité central du PC de l'URSS, c'est Staline qui a obtenu le moins de voix. Cependant que Kirov obtient pratiquement l'unanimité — trois voix seulement contre lui —, deux cent soixante-dix délégués votent contre Staline ! Staline n'a été élu que parce que l'on comptait autant de candidats que de membres à élire. L'embarras s'est révélé si grand que l'on a décidé de garder secrets les résultats du scrutin.

Ce qui, dans l'histoire de ce complot avorté, ne peut manquer de nous toucher, c'est que des bolcheviks de la première heure aient pu, après tant de persécutions et de désillusions, conserver leur foi dans un processus démocratique. Alors que la répression stalinienne a déjà suscité des milliers de victimes, comment ont-ils cru pouvoir renverser Staline *par un vote* ?

La conséquence d'une telle erreur terrifie : sur les 1 966 délégués au XVIIe congrès, 1 108 seront exécutés au cours des années suivantes.

Est-il possible que Staline ait ignoré ce qui s'était tramé dans les couloirs du XVIIe congrès ? Peut-on imaginer qu'il n'en ait pas voulu à Kirov ? Certes, en apparence, rien n'était changé de leurs rapports et les vacances d'été de 1934 ont de nouveau réuni les deux hommes. Souvenons-nous cependant que le pouvoir de dissimulation de Staline a laissé stupéfaits tous ceux qui l'ont approché.

Dourmachkine, qui connaissait bien Kirov, a fait état de divergences entre lui et Staline « déjà sensibles en 1934 [1] ». Nous savons aussi que Staline a insisté pour que le nouveau secrétaire du Comité central quitte Leningrad pour Moscou — ce qui était logique — et qu'il s'est vu opposer un refus catégorique.

Le 1er décembre 1934 à la nuit tombée, ce même Kirov, dans son bureau de l'Institut Smolny, achève de rédiger son rapport sur la séance du Comité central de la fin novembre. Il se lève, range ses papiers, sort de son cabinet de travail et s'engouffre dans le grand couloir en direction de la salle où l'attend l'*Aktiv* du Parti. Il n'a parcouru que quelques mètres quand tout à coup un homme surgit de l'ombre et tire sur lui. Le bruit de la détonation se répercute de loin en loin.

Kirov gît sur le ventre. Sur les carreaux blancs et noirs, s'élargit une mare de sang. L'assassin est resté debout, adossé à un mur ou une colonne, on ne sait. Il a laissé choir son arme. Il regarde le cadavre. Car il s'agit déjà d'un cadavre : la balle, en traversant le dos de Kirov, a transpercé le cœur. Il est mort dans l'instant.

Le « crime du siècle », comme on l'a appelé, vient d'être perpétré.

Dans le couloir, le bruit d'une galopade. A peine la détonation a-t-elle retenti que les portes ont battu et que, de tous les bureaux, on s'est précipité. L'un des premiers à se pencher sur le corps encore chaud est Choudov, second secrétaire du Parti

1. Roy Medvedev : *Le Stalinisme, origines, histoire et conséquences* (1972).

à Leningrad. Il faut un long moment pour que l'on s'aperçoive de la présence de l'assassin, toujours immobile, le regard vide. On s'en empare. Sans ménagement, on le pousse, on le traîne dans un bureau voisin. Les questions pleuvent, furieuses, brutales. Ce n'est que le premier des interrogatoires qu'il subira. Il y en aura beaucoup d'autres.

Peu à peu la personnalité de Nikolaïev se dessine. Il a combattu dans les rangs de l'Armée rouge pendant la guerre civile, il a adhéré au Parti en 1920. Après avoir occupé différentes fonctions subalternes en liaison avec la Guépéou[1], il a été, en mars 1934, exclu du Parti.

Voilà qui d'emblée frappe les interrogateurs : pourquoi exclu ? Il explique que, pour des raisons d'ordre privé, il n'a pas voulu obtempérer à un ordre de mutation qui l'obligeait à quitter Leningrad. Il est allé injurier les responsables, d'où son exclusion. Derechef on s'étonne : on a trouvé sur lui une carte du Parti. C'est donc qu'il a été réintégré. A quelle époque ?

— Il y a deux mois, en octobre.

— Pourquoi ?

Cette tranquillité avec laquelle il répond est-elle naturelle ? Est-elle forcée ? Il explique qu'il a signé une déclaration de repentir que sa femme a présentée aux autorités. On lui demande le nom de jeune fille de sa femme :

— Milda Draule[2].

Stupeur. A l'Institut Smolny, on connaît fort bien Milda Draule, alors âgée de vingt-quatre ans. Elle y est employée au déchiffrement des dépêches pour la région nord-ouest et plus spécialement chargée du chiffre de l'*Aktiv* du Parti[3]. Nikolaïev souligne — il y a tout à coup une lueur intense dans son regard — que la tâche de son épouse oblige celle-ci à travailler souvent le soir. Parfois, elle passe la nuit au Smolny. Un silence, puis :

— C'est ainsi qu'elle a connu Kirov.

---

1. La Guépéou (administration politique de l'Etat) est la police politique soviétique.

2. Cette identité a été exprimée de façons diverses et fantaisistes. Elle a été révélée, en 1986, lors d'une rencontre avec des militants du PC de l'URSS par Sergueïev Lavrine, professeur d'histoire du parti communiste à l'université de Moscou.

3. André Brissaud : *Staline* (1974).

Il hausse le ton et, comme une chose qui va de soi, lance à la face de ces gens soudainement silencieux qu'il a tué Kirov parce qu'il était *doublement bafoué, en tant que mari et en tant que communiste*[1].

On le presse d'expliquer comment il a pu si facilement parvenir jusqu'à Kirov. Il ne se fait pas prier :

— Il y a deux mois, lors de ma réintégration dans le Parti, ma femme m'a fait obtenir un laissez-passer qui me permettait de venir la voir. Aujourd'hui, vers 16 heures, je me suis présenté à l'entrée de l'Institut Smolny. Le planton a examiné mon laissez-passer et constaté qu'il était en règle. Il m'a laissé entrer. A l'intérieur, les postes n'étaient pas gardés et j'ai circulé librement. Arrivé au troisième étage, j'ai reconnu la porte du bureau de Sergueïev Kirov. Il devait être là car j'ai vu un rai de lumière filtrer. Je me suis dissimulé derrière une colonne et, dans l'ombre, j'ai attendu que Kirov sorte.

Les enquêteurs retrouveront le journal personnel de Nikolaïev. L'image s'impose d'un esprit exalté. La *Pravda* du 30 décembre précisera que les écrits de Nikolaïev tendaient à faire croire que son geste était purement individuel et devait être considéré comme une protestation contre « le traitement injuste auquel étaient soumis les individus ».

Nikolaïev seul assassin ? Vraiment ?

Le soir même, un appel téléphonique a averti Staline. Tous les témoignages s'accordent pour montrer qu'il a laissé aussitôt éclater sa fureur et son chagrin. Il se déchaîne contre les traîtres qui ont privé le pays d'un aussi grand homme et d'un aussi bon communiste. Il appelle auprès de lui Molotov, Vorichilov, Jdanov, Kosarev, Agranov et Zakovski, leur crie qu'il va partir sur-le-champ pour Leningrad : il veut mener lui-même l'enquête qui fera découvrir les coupables et payer leur crime abominable. Il lance aux six hommes :

— Vous m'accompagnerez !

C'est par le train de nuit que Staline et ceux qu'il vient de requérir vont accomplir le voyage de Moscou à Leningrad. Ils y

1. L'explication figure dans la première version officielle du meurtre.

parviennent le 2 décembre à l'aube et gagnent aussitôt l'Institut Smolny.

Dans l'une des salles de l'Institut les attend une table derrière laquelle ils s'assoient. Autour d'eux, debout, viennent prendre place des fonctionnaires du Parti de Leningrad avec, à leur tête, Choudov, l'adjoint de Kirov. Plus loin se sont groupés d'anciens membres de la Tcheka, cette police qu'a remplacée la Guépéou.

Un geste de Staline et l'on amène Nikolaïev. Il a tant de mal à marcher que deux gardes doivent le soutenir. D'évidence, l'interrogatoire s'est poursuivi énergiquement durant toute la nuit...

Staline explose :

— Pourquoi as-tu tué un homme aussi irréprochable ?

— Ce n'est pas sur lui que j'ai tiré, mais sur le Parti !

Plus question de « mari bafoué ». Les interrogateurs ont rectifié le tir. L'« aveu » a été proféré dans un cri digne de la plus pure tradition du théâtre russe. Probablement les « metteurs en scène » n'ont-ils pas jugé le ton suffisant car, aussitôt après, Nikolaïev tombe à genoux. Il désigne le groupe d'anciens tchékistes. Il hurle :

— Ils m'ont forcé à le faire !

C'est plus que n'en peuvent supporter ceux qu'il accuse. Plusieurs se jettent sur lui et, à qui mieux mieux, le frappent à coups de crosse de pistolet. Le sang inonde son visage. Il gémit et bientôt s'évanouit. Sur un geste de Staline, on l'emporte. C'est dans un demi-coma qu'il parviendra à l'hôpital de la prison où l'ordre est donné de le ranimer : il faut qu'il soit présentable pour que Staline puisse l'interroger le lendemain. On le plonge alternativement dans de l'eau brûlante et dans de l'eau glacée.

Staline cherche-t-il vraiment à établir les conditions dans lesquelles le crime a été commis et à découvrir si Nikolaïev a disposé ou non de complices ? Nullement. La liste des coupables était dressée avant même qu'il ait quitté Moscou.

C'est seulement par tactique que Staline s'est vu forcé, dès avant le XVIIe congrès, de pardonner à certains opposants. Il ne se remet pas encore d'avoir été contraint de rendre la parole à des hommes comme Kamenev et Zinoviev. Etre obligé de les écouter parler au XVIIe congrès l'a mis hors de lui. Il se sent maintenant assez fort pour prendre une revanche définitive. Les coupables du meurtre de Kirov ? On désignera à la vindicte publique ceux qui doivent définitivement disparaître de la scène politique. On commencera par Trotski : il est en exil et hors d'atteinte mais dénoncer ses crimes est devenu un rite. On continuera par Zinoviev et Kamenev — et beaucoup, beaucoup d'autres. L'avantage de la liste de Staline est qu'elle n'est pas limitative. On pourra, aussi longtemps qu'on le voudra, trouver de nouveaux « complices » de l'assassinat de Kirov et les condamner chacun à leur tour. Peut-on croire au hasard si le terrible décret qui va désormais régir la terreur en URSS est daté du 2 décembre 1934 ? En voici le texte :

« 1. Ordre est donné aux organismes d'instruction d'accélérer l'étude des procès de ceux qui sont accusés de préparation ou d'exécution d'actes terroristes.

« 2. Ordre est donné aux organes juridiques de ne pas suspendre l'exécution des sentences de mort relatives aux crimes de cette catégorie afin d'étudier les possibilités de grâce, du fait que le Présidium du Comité exécutif central de l'URSS ne considère pas possible de recevoir les pétitions de cette nature.

« 3. Ordre est donné aux organismes du commissariat des Affaires intérieures (NKVD) d'exécuter les sentences de mort contre les criminels de la catégorie ci-dessus immédiatement après le prononcé de cette sentence. »

Il faut en outre que « la totalité du travail d'enquête soit achevée dans un délai de dix jours » et que « l'acte d'accusation ne soit révélé à l'accusé qu'un jour seulement avant le procès ». Le procès se déroulera « sans débat contradictoire », comprenons : sans avocat. Enfin tout « accusé politique » sera considéré comme un « terroriste en puissance ».

Rien ne vient plus limiter les moyens de répression que Staline a voulu se donner.

Dans la grande salle de l'Institut Smolny, Staline siège toujours en compagnie de Vorochilov, Molotov et les autres. Un étage entier a dû être réquisitionné pour abriter tous ceux qui, fébrilement, sont censés réunir les éléments de l'enquête. On accumule les informations sur Nikolaïev propres à convaincre l'opinion qu'il s'agit d'un déséquilibré en proie à l'obsession de jouer un rôle politique. Ceux qui feignent d'en découvrir les preuves le savent depuis longtemps puisque c'est à cause de cette prédisposition qu'il a été utilisé. L'historien soviétique Roy Medvedev, qui a écrit après la chute du communisme, nous montre Nikolaïev ayant conçu le meurtre de Kirov « comme un acte politique de grande importance ». Il s'est donc attaché à préparer soigneusement son coup. La difficulté était d'atteindre Kirov qui se promenait souvent à pied dans Leningrad : il était gardé de trop près par ses gardes du corps et leur chef Borissov.

Un jour, cependant, Nikolaïev a pu approcher Kirov de si près que les gardes du corps l'ont empoigné. Ils se sont aperçu que le porte-documents du suspect contenait un revolver chargé et comportait une ouverture sur le côté par laquelle on pouvait tirer sans avoir à l'ouvrir. Nikolaïev a été sur-le-champ conduit au quartier général du NKVD où le directeur adjoint Zaporojets l'a personnellement interrogé. On l'a aussitôt relâché !

Nikolaïev n'a pas renoncé. Par deux fois, on l'appréhende dans le voisinage de l'Institut Smolny. La première fois — un mois et demi avant le meurtre —, on lui ordonne de circuler sans même l'avoir fouillé. Quelques jours avant l'assassinat, il parvient jusqu'au premier poste de garde. On l'interpelle et, quoiqu'il soit cette fois encore porteur d'un revolver, on le relâche de nouveau !

L'incroyable traitement de faveur dont a bénéficié Nikolaïev démontre qu'il a disposé d'importantes protections. Staline a déjà décidé qu'il s'agissait d'opposants. Rien ni personne ne doit venir désormais contredire sa thèse.

Or, malencontreusement, on vient de retrouver Borissov, chef des gardes du corps, dont on était sans nouvelles. Sa déposition promet d'être capitale : lui seul détient tous les éléments qui pourront conduire à la vérité.

On attendra en vain Borissov. La voiture qui conduisait le chef des gardes du corps à l'Institut Smolny a été accidentée et — quel contretemps ! — Borissov a péri.

Pendant des années, la mort de Borissov restera un secret d'Etat. Pour en savoir davantage, il faudra attendre le célèbre discours que Nikita Khrouchtchev prononcera au XXIIe congrès du Parti :

— Lorsque le chef des gardes du corps de Kirov fut emmené en voiture pour son interrogatoire — auquel devaient procéder Staline, Molotov et Vorochilov —, le véhicule, comme le chauffeur le déclara par la suite, eut un accident délibérément organisé par ceux qui accompagnaient l'homme en question sur les lieux de l'interrogatoire. On a prétendu qu'il avait été victime de cet accident alors qu'en réalité il avait été tué par ses compagnons.

Khrouchtchev fait état de la déposition du conducteur de la voiture, toujours vivant au moment où il parle. Curieusement, le véhicule mis à sa disposition n'était pas une automobile classique, mais un camion. Dès le départ, un agent du NKVD est monté à l'avant auprès de lui. Deux autres agents se sont installés à l'arrière du camion afin de garantir la « sécurité » de Borissov. Le chauffeur est sûr que « tout avait été combiné dès le départ ». Alors qu'il roulait vers l'Institut Smolny, l'agent du NKVD assis près de lui s'est tout à coup emparé du volant et a délibérément dirigé le camion vers une maison. Lui, le chauffeur, en luttant pour reprendre le volant, a pu éviter un choc frontal. Le camion a seulement heurté le mur de biais. On l'a alors forcé à descendre du camion et, un peu plus tard, informé que Borissov avait perdu la vie dans l'accident.

A la tribune, Khrouchtchev s'est écrié :

— Pourquoi Borissov est-il mort, alors que personne d'autre n'a été blessé ? Pourquoi les deux fonctionnaires du NKVD qui escortaient le chef des gardes de Kirov furent-ils exécutés par la suite ? Il semble que quelqu'un ait voulu s'en débarrasser et faire disparaître ainsi toute trace. Pourquoi Staline a-t-il éliminé Borissov d'une façon aussi détournée ? Il n'est pas douteux que s'il l'avait fait exécuter comme complice de Nikolaïev, les membres du Parti de Leningrad, qui connaissaient son dévouement pour Kirov, auraient immédiatement émis des doutes quant au bien-fondé d'une telle accusation.

Le sort de Kirov se serait décidé dans le courant de l'été 1934. Yagoda, chef du NKVD, a été désigné comme principale courroie de transmission. Il s'est incliné. Il a cherché, parmi les membres du NKVD de Leningrad, celui qui aurait la charge de « faciliter l'assassinat de Kirov [1] ».

C'est à Zaporojets, chef adjoint du NKVD, qu'il a confié cette charge. Il a suffi à celui-ci de découvrir l'existence, dans les archives de la police de Leningrad, du dossier d'un certain Nikolaïev. N'avait-il pas confié à un ami — qui s'était empressé de le dénoncer — sa décision d'assassiner une personnalité du Parti afin de protester contre les gens en place qui bafouaient le léninisme ?

Dès sa première rencontre avec Nikolaïev, Zaporojets est sûr d'avoir découvert l'oiseau rare. Il s'agit d'un psychopathe prêt à s'attribuer le rôle d'un justicier. Une aubaine ! Zaporojets fait remettre un revolver au jeune homme qui, sans autre directive, se met aussitôt en tête de passer à l'action. D'où ses tentatives d'approcher Kirov et de pénétrer au Smolny. D'où ses successives — et incroyables — remises en liberté : elles sont ordonnées par Zaporojets lui même.

C'est Zaporojets qui, le 1er décembre, donne l'ordre à tous les gardes du corps de Kirov — y compris leur chef Borissov — de disparaître des couloirs de l'Institut Smolny. Encore Zaporojets qui ordonne l'assassinat de Borissov : l'un des accusés des procès de Moscou, Boulanov, l'a affirmé devant ses juges et, au XXIIe congrès, Khrouchtchev a apporté à ses dires la plus imprévisible des confirmations.

L'acte d'accusation contre le « groupe Nikolaïev » est publié le 27 décembre 1934. Quatorze « conspirateurs » sont accusés d'avoir projeté les assassinats de Staline, de Molotov et de Kaganovitch en même temps que celui de Kirov.

Les 28 et 29 décembre, Nikolaïev comparaît à huis clos devant le tribunal. A ses côtés, treize complices présumés. On

---

1. C'est ce que déclarera Yagoda lorsqu'il sera jugé en 1938. Il faut cependant toujours rester vigilant quant au contenu des « aveux » qui furent obtenus des accusés des procès de Moscou.

possède le témoignage d'un juge militaire qui assista au procès. Il est bref mais révélateur : « L'attitude de Nikolaïev fut totalement différente de celle qu'il avait eue quand Staline l'avait interrogé. Il avoua avoir tué Kirov avec préméditation sur l'ordre du Centre de Leningrad et donna les noms des membres de ce centre. Mais la plupart des autres accusés ne passèrent pas aux aveux et beaucoup prétendirent n'avoir jamais vu Nikolaïev avant l'assassinat de Kirov. Tous furent condamnés à mort et exécutés sur-le-champ. »

C'est probablement à l'historien soviétique Roy Medvedev que l'on doit le récit le plus poignant des derniers instants de Nikolaïev. Dans un texte publié à Moscou en 1969, il fait état du témoignage de Katsafa, ancien agent du NKVD, désigné pour demeurer en permanence dans la cellule de Nikolaïev dont on redoutait qu'il ne se suicidât : « Nikolaïev raconta à Katsafa comment l'assassinat avait été organisé et qu'on lui avait promis la vie sauve s'il mettait en cause des zinovievistes de Leningrad. Il demanda à Katsafa s'il pensait que cette promesse serait respectée. Lorsque Nikolaïev entendit prononcer la sentence, il se mit à hurler et à se débattre contre les gardes. »

Les 15 et 16 janvier 1935, Zinoviev, Kamenev et dix-sept autres prévenus de « complicité dans l'assassinat de Kirov par Nikolaïev » sont jugés à Leningrad. Zinoviev est condamné à dix ans d'emprisonnement et Kamenev à cinq ans. Les autres sentences s'échelonnent entre dix et cinq ans de prison. Condamnations toutes théoriques : Staline a fait savoir qu'aucun des condamnés ne saurait être relâché à la fin de sa peine. L'avenir montrera qu'il faut prendre à la lettre l'expression « fin de peine » : en août 1936, Kamenev et Zinoviev seront impliqués dans les procès de Moscou, jugés de nouveau, condamnés à mort, exécutés.

Il restait douze inculpés à juger pour cause de « négligence dans l'exercice de leurs fonctions ». Parmi eux : Zaporojets et Medvedev, chef du NKVD de Leningrad, accusés d'avoir « négligé de prendre les mesures nécessaires pour empêcher l'assassinat bien qu'ils aient eu tous les moyens possibles pour l'éviter ». Comparées aux condamnations précédentes, les peines décernées ont laissé pantois ceux qui en ont eu alors connaissance : trois ans de prison à purger dans un camp de concentration. La suite est plus extraordinaire encore : Medvedev sera conduit dans un camp situé sur la mer Blanche, mais « dans un compartiment spécial ». Le commandant du camp le logera chez lui et donnera même une réception en son honneur. Quant à Zaporojets, envoyé au camp de Kolyma, il deviendra bientôt chef de l'administration des Ponts et Chaussées. Une sollicitude aussi insolite démontre assez bien que les condamnations les concernant n'avaient été prononcées que pour la forme.

Que le lecteur cependant ne se réjouisse pas trop vite, si tant est que telle soit son intention. La vindicte stalinienne allait rattraper l'un et l'autre des deux hommes. Khrouchtchev nous informe à cet égard : « Après l'assassinat de Kirov, les hauts fonctionnaires du NKVD de Leningrad subirent des peines très légères mais, en 1937, ils furent exécutés. Nous pouvons supposer qu'ils ont été tués afin que toutes les traces des promoteurs du meurtre de Kirov soient effacées. » Précisons : Medvedev et tous les autres fonctionnaires du NKVD de Leningrad ont été mis à mort. Zaporojets — pourquoi ? — a été épargné.

Tout conduit à confirmer que c'est bien Staline qui a décidé de faire exécuter Kirov.

Il est cependant impossible de passer sous silence un développement récent de nos connaissances sur cet événement. En 1994, a paru à Boston l'autobiographie de Pavel Soudoplatov, « document unique » selon son préfacier Robert Conquest. Pavel Soudoplatov a dirigé, à l'époque stalinienne, le département des Missions spéciales. Pendant des années, il s'est trouvé au centre de toutes les grandes affaires, parmi lesquelles l'assassinat de Trotski et les opérations d'espionnage qui ont abouti à dérober, au profit de l'URSS, les secrets atomiques américains.

Robert Conquest signale que c'est à tort que l'on a pu attribuer à Soudoplatov un rôle dans l'assassinat de Kirov. Luimême ne l'a jamais prétendu : « Jusqu'en 1938, c'était un petit employé du NKVD qui n'avait guère accès aux sphères les plus élevées. »

En l'occurrence, le témoignage de Soudoplatov ne se rapporte pas à ce qu'il a connu personnellement mais aux confidences de son épouse Emma. Celle-ci a travaillé pour le Département politique secret (culture et idéologie) du NKVD, chargé entre autres de la surveillances du fameux théâtre Bolchoï et des ballets de Leningrad. Après la mort de Kirov, l'équipe d'Emma s'est vu confier une enquête sur les relations qu'avait pu entretenir la victime avec le corps de ballet : « Il s'avéra que Kirov avait une ribambelle de maîtresses au Bolchoï tout comme dans les ballets de Leningrad[1]. »

Voilà ce que s'étaient bien gardé de révéler les innombrables rapports officiels sur le « crime du siècle ». Je cite Soudoplatov : « Staline et, plus tard, Khrouchtchev, Gorbatchev ou Alexandre Kakovlev avaient chacun des raisons personnelles pour sauvegarder la réputation d'héroïsme sans tache dont jouissait Kirov. Le parti communiste, qui exigeait de tous ses membres une conduite personnelle d'une moralité irréprochable, ne pouvait se permettre de révéler que l'une de ses figures vénérées, placée à la tête de la section de Leningrad, était un débauché, mêlé à une série d'infidélités conjugales. »

Selon Soudoplatov, Milda Draule, épouse de Leonid Nikolaïev, « travaillait alors comme serveuse dans le secrétariat de Kirov à l'Institut Smolny ». Rien de plus normal, selon lui, que les gardes en faction aient laissé entrer Nikolaïev, « mari d'une employée et habitué de la maison ». Il affirme qu'« il n'existait alors aucun système spécial de laissez-passer » et qu'il « suffisait à Nikolaïev de présenter sa carte du Parti pour avoir accès aux locaux privés. »

Remarquons que Milda Draule, spécialiste du chiffre, est curieusement devenue une serveuse. « Séduisante petite Juive, ajoute Soudoplatov, elle était, comme d'innombrables danseuses des ballets, entrée elle aussi dans les bonnes grâces de Kirov ».

On se souvient que lors de ses premières déclarations enregistrées après l'assassinat, Nikolaïev s'était écrié qu'il avait agi

1. Pavel et Anatoli Soudoplatov : *Missions spéciales* (1994), traduit de l'américain sous la direction de Marc Saporta.

parce qu'il était « doublement bafoué, *en tant que mari et en tant que communiste* ». La référence à une jalousie conjugale a disparu dans les interrogatoires suivants...

Soudoplatov revient sur la liaison de Milda et de Kirov dans laquelle il voit la raison essentielle du geste de Nikolaïev : « De hauts gradés du NKVD — en particulier ceux qui connaissaient la vie privée de Kirov — savaient que l'assassinat trouvait son origine dans la jalousie d'un mari, mais personne n'aurait jamais accepté d'examiner l'affaire de plus près, car l'histoire du complot contre le Parti avait été accréditée par Staline lui-même et nul ne pouvait la contester impunément ». Celui qu'on a appelé le « maître espion » ajoute : « Les pièces à conviction relatives aux *relations particulières* de Milda Draule et Kirov, dont m'avait parlé ma femme et le général Leonid F. Raïkhman, alors chef du contre-espionnage à Leningrad, sont enterrées dans les rapports d'activités des indicateurs introduits par le NKVD dans les ballets de Leningrad. »

Pouvons-nous croire que Nikolaïev ait agi uniquement parce qu'il était trompé par sa femme ? Voilà qui est difficilement admissible. C'est faire abstraction de tout ce que l'on sait de lui et de l'enchaînement des circonstances qui ont précédé l'assassinat. La mentalité de justicier qu'il s'était peu à peu forgée ne peut être totalement effacée. Ses trois tentatives d'approcher Kirov ne peuvent être rayées de son histoire. Devons-nous tenir pour rien les révélations de Khrouchtchev ? Qui plus est, au moment où Nikolaïev a tué Kirov, Milda et lui étaient sur le point de divorcer.

On ne doit pas douter, en revanche, de cette autre information due à Soudoplatov qui, à elle seule, nous glace : « La famille entière de Nikolaïev, ainsi que Milda Draule et sa mère, furent abattues par un peloton d'exécution deux ou trois mois après la mort de Kirov. Milda Draule et son innocente famille ne furent réhabilitées que le 20 décembre 1990, quand la presse soviétique se fut emparée de l'affaire. »

Venger Kirov : tel est le leitmotiv qui, sur l'ordre de Staline, sera désormais répandu partout en URSS. Pour se débarrasser de ceux qu'il redoute ou plus simplement qu'il hait, la voie est libre devant lui. Largement. La grande terreur stalinienne va commencer. Au cours des quatre années qui vont suivre, les chefs politiques les plus prestigieux de la Révolution bolchevique seront accusés les uns après les autres d'avoir été les instigateurs du meurtre de Kirov. Ils seront exécutés. On cherchera partout les complices de ces prétendus criminels et on les trouvera : par milliers d'abord, centaines de milliers ensuite, millions enfin.

L'esprit humain a peine à imaginer que tant d'innocents aient pu payer de leur vie un crime auquel aucun lien, même ténu, ne les rattachait. Pour s'en faire une idée claire, j'aimerais que le lecteur se transporte à Moscou, en janvier 1934, lorsque le XVIIe congrès vient d'élire son bureau.

Les nouveaux élus se réunissent pour la première fois. La plupart de ceux qui viennent y prendre place se connaissent : embrassades, congratulations. Voici pourtant un « nouveau » que la plupart découvrent : le jeune Nikita Khrouchtchev qui fait ses débuts dans la grande politique.

Comment Nikita ne dévisagerait-il pas avidement ses voisins dont un grand nombre sont à ses yeux des vedettes qu'il admire et sans doute envie ? Qui voit-il ? Sergueïev Mironovitch Kirov, si puissant et si populaire : avant la fin de l'année, il sera assassiné. Autour de la table, voici Ordjonikizé : il se suicidera en 1935. Voici Kouïbychev : il mourra dans des conditions mystérieuses en 1935. Voici Roukzoutak : exécuté en 1938. Kissior : exécuté en 1938. Tchoubar : fusillé en 1938. Eikhé : fusillé en 1940.

De 1928 à 1936, plus de quatre millions de Soviétiques mourront dans les camps et les prisons. Un million seront exécutés par fusillade ou balle dans la nuque.

Du 1er janvier 1937 au 31 décembre 1938, trois millions mourront dans les camps et les prisons, deux millions seront exécutés.

Bien plus tard, n'ayant plus que peu de temps à vivre, Staline se laissera aller à une de ses rares confidences :

— Voyez-vous, nous vivons à une époque de démence...

Il n'aurait su mieux dire.

VII

Guernica

BILBAO
LEQUEITIO

26 avril 1937

Soudain, à 4 heures et demie de l'après-midi, toutes les cloches de Guernica se mettent à sonner. Les entendre à une heure qui n'est celle ni d'une messe, ni des vêpres ou d'un salut, les habitants de cette petite ville basque savent ce que cela signifie : une alerte aérienne. Guernica ne dispose d'aucune sirène. En 1937, au Pays basque, rares sont les localités assez riches pour s'équiper d'un système d'alerte.

Depuis neuf mois qu'elle se poursuit, la guerre civile d'Espagne a relativement épargné Guernica. Pas un des sept mille habitants de la ville n'ignore cependant qu'elle se rapproche et que les nationalistes — les Basques les appellent des rebelles — se sont jurés de venir à bout de l'irrédentisme de leur province.

Ce jour-là, 26 avril 1937, un marché se tient comme chaque lundi à Guernica. Aux paysans venus pour vendre et acheter, s'ajoutent les nombreux réfugiés : cela fait bien trois mille personnes supplémentaires accueillies dans la petite ville. Trois mille qui, dès les premières volées de cloches, se sont avec les autochtones acheminées en bon ordre vers les caves et les abris

---

Guernica brûle. (Keystone.)

aménagés dans la ville depuis le bombardement qui, un mois plus tôt, a écrasé Durango, autre ville basque. Un prêtre énergique canalise la foule vers les refuges. De tels réflexes, en temps de guerre, les civils les acquièrent très vite.

Les imprudents, les négligents, les curieux vont bientôt — très bientôt — regretter de n'avoir pas suivi le mouvement.

Cinq minutes se sont à peine écoulées que, dans le ciel, on entend le grondement d'un avion. D'évidence, un avion lourd. Ceux qui sont restés dehors le voient, à basse altitude, s'approcher. Il est seul. Apparemment sûr de l'impunité, le pilote ne prend aucune précaution. Il se met à décrire un cercle autour de la ville. Il vole si bas que, pour un peu, on distinguerait l'équipage casqué de cuir. Tout à coup, l'enfer se déchaîne. On voit distinctement la soute du bombardier s'ouvrir et un chapelet de bombes glisser vers le sol. Certains les comptent : six. « Elles étaient grosses », diront les survivants. Des grenades viennent « compléter » le travail.

On a cru d'abord que le bombardier viserait la gare. Or, les bombes s'écrasent sur le lycée, sur les maisons et les rues voisines. Les murs s'abattent, des cratères se creusent. Les flammes, en quelques secondes, se tordent. Le bombardier a rempli sa mission. Il s'éloigne.

Ceux qui n'ont pas été touchés s'élancent vers les rues et les maisons bombardées. Des gens se trouvent peut-être emmurés ! Ce geste secourable est brisé sur-le-champ. Dans le ciel, gronde déjà un autre moteur. Le second bombardier ne vole pas plus haut que le premier. A quoi bon, puisqu'il n'y a pas de DCA à Guernica. De nouveau, la soute s'ouvre. De nouveau, des bombes descendent vers le sol. Le même nombre : six. Des grenades, une fois encore, sèment la mort et l'épouvante. Le bombardier, comme son prédécesseur, s'éloigne. Cinq minutes s'écoulent : on attend. Dix minutes : on espère. Un quart d'heure : on se rassure. A la recherche des emmurés, on entame des fouilles hâtives. On tente d'éteindre les brasiers.

Alors, trois nouveaux avions surgissent dans le ciel. Les premiers, on les avait aussitôt reconnus : c'étaient des bombardiers Heinkel 111, des allemands. Ceux-ci, à n'en pas douter, sont des Junkers 52, d'autres allemands. Les hommes qui se sont battus en Espagne les connaissent bien. Les civils aussi. Quelles routes n'ont pas vu piquer ces Junkers 52, si habiles au mitraillage ? Avec leur museau noir, leur train sorti, leur allure trapue, la croix sur le fuselage, leurs quatre ailes, tout le monde les reconnaît.

Dès lors, Heinkel et Junkers vont alterner. Le bombardement ne s'interrompra plus, cependant que son intensité augmentera sans cesse. Il a commencé à 16 h 40. Il ne cessera qu'à 19 h 45.

Quand les derniers appareils allemands disparaissent, Guernica n'existe plus.

L'exposition internationale de 1937 doit drainer le monde à Paris, chaque pays y édifie son pavillon. Une génération entière se souviendra du saisissant face-à-face — sous les terrasses du nouveau palais de Chaillot — des pavillons allemand et soviétique : croix gammée contre faucille et marteau.

Pour assurer le succès du pavillon espagnol, le gouvernement de Madrid a frappé très haut — et très fort : il a demandé une toile à Pablo Picasso. Quoique vivant depuis de longues années en France — où il a trouvé la gloire —, Picasso demeure profondément espagnol. Parmi ceux qui se battent dans son pays, il a choisi le camp républicain. Sans hésitation. Il accepte donc aussitôt l'offre qui lui est faite. Sa seule préoccupation vient de ce qu'il ne sait quel sujet traiter. Il cherche et ne trouve pas. Cela dure.

Un matin, ouvrant son journal, il découvre le massacre impitoyable d'une petite ville de son pays, l'anéantissement délibéré d'une population dans le seul but de terroriser. A l'instant, l'Espagnol Pablo Picasso a saisi ses pinceaux. En peignant, il s'est lui-même senti soulevé d'épouvante. Sa toile va en devenir l'admirable reflet. Nul, depuis Goya, n'a si puissamment, si douloureusement évoqué les horreurs de la guerre.

Comment aurait-il pu croire, cependant qu'il s'investissait aussi impérieusement dans son œuvre, qu'une polémique s'était engagée à travers l'Europe ? Le débat se résumait en une seule phrase : les nationalistes avaient-ils *vraiment* bombardé Guernica ?

Cependant que les foules défileront devant son chef-d'œuvre, Picasso verra le doute s'amplifier peu à peu. Le bombardement ne serait-il pas une légende montée — bien montée — par des républicains espagnols ? Aussi surprenant que cela puisse paraître, la polémique durera des années. En 1978 encore, une agence de presse soutiendra cette thèse si abondamment répandue de 1937 à 1939.

A aucun moment Picasso ne s'y est montré sensible. La vérité, il l'avait inscrite sur une toile blanche. Son œuvre témoignait et il savait qu'elle témoignerait à jamais.

L'histoire de la destruction de Guernica n'est autre que le signe terrifiant de la nouvelle rupture instaurée sur notre continent. De l'Atlantique à l'Oural, on confirme ses choix. Six ans plus tôt, les Espagnols avaient entamé le processus qui devait fixer le leur. C'est parce qu'ils n'y sont pas parvenus que l'on a détruit Guernica.

Le dimanche 12 avril 1931, les Espagnols votent. Rien de plus que des élections municipales, mais nul ne méconnaît l'importance de l'enjeu. Durant plusieurs années, l'Espagne du roi Alphonse XIII a vécu sous l'emprise d'une semi-dictature, celle du général Primo de Rivera. L'expérience a échoué : le roi a dû renvoyer le général. Pourquoi ne pas revenir à la démocratie ? Ces élections municipales, Alphonse les regarde comme le test de sa popularité dans le pays.

Or les résultats sont accablants pour le régime. Dans presque toutes les grandes villes, les candidats républicains triomphent. Sur cinquante capitales de province, quarante-cinq se prononcent, à d'écrasantes majorités, contre Alphonse XIII.

Un journaliste anglais voit à Barcelone « les gens s'embrasser dans la rue, chanter *La Marseillaise*, sortir des drapeaux républicains ». Même spectacle à Madrid. A Barcelone, on proclame la république catalane. Le lendemain, l'agitation redouble. Des cortèges enfiévrés scandent : « Vive la République ! »

C'est alors qu'Alphonse XIII décide d'abdiquer : « Les élections de dimanche montrent que je n'ai plus l'amour de mon peuple. Sans doute pourrais-je trouver le moyen de me maintenir mais au risque d'une guerre civile, et je ne veux pas prendre la responsabilité d'une guerre civile. »

Le soir même, il quitte Madrid pour Carthagène où un bateau de guerre va le conduire à Marseille. C'en est fait, l'Espagne est devenue une république. Un témoin raconte : « L'ingénuité de la foule est touchante. Elle croit que tout, immédiatement, doit s'arranger. Civils, soldats, policiers s'embrassent en public. Dans les auberges, on consomme gratis. Les boutiques et les usines ferment. Les sirènes mugissent sans arrêt[1]. » A toutes les fenêtres flottent des drapeaux républicains.

Bref, une révolution en forme de kermesse. Les lampions et les feux de joie vont s'éteindre très vite.

Le gouvernement républicain qui prend le pouvoir est plein de bonnes intentions. Avec détermination, il veut s'attaquer à trois problèmes prioritaires : la réforme agraire, les revendications autonomistes, la question religieuse. On va donc exproprier les grands propriétaires, concéder l'autonomie à la Catalogne et séparer radicalement l'Eglise de l'Etat. Sur aucun de ces points, la réussite ne sera au bout de la route. Les critiques abondent qui, trop vite, se transforment en haine. Des clans se créent. La majorité gouvernementale se révèle peu cohérente, d'où une instabilité dangereuse. Les syndicats rivaux entretiennent l'agitation. La droite supporte de moins en moins le désordre qui s'accroît. La gauche s'exaspère à constater que les réformes restent inopérantes. De plus en plus impuissant, le gouvernement décide, en 1936, de procéder à de nouvelles élections législatives. Ce qui va en sortir, c'est le *Frente popular*.

Pour la première fois, la gauche espagnole, traditionnellement divisée en d'innombrables courants et tendances, s'est unie. Au sein de la nouvelle majorité, on trouve la gauche républicaine de Manuel Azaña, l'Union républicaine de Martinez Barrio, l'Esquerra catalane de Companys, les socialistes de Largo Caballero et Prieto, les communistes de Diaz, le POUM

1. Témoignage de Victor Alba, cité par Georges-Roux : *La Guerre civile d'Espagne* (1963).

— parti ouvrier d'unification marxiste —, sans compter les groupes isolés, notamment catalans. Les anarchistes et la Confédération générale du travail soutiennent également l'alliance.

Logiquement, le gouvernement du *Frente popular* devrait faire aboutir ces réformes profondes, toujours promises et toujours remises. En fait, si la gauche a obtenu la majorité des sièges au Parlement — une forte majorité —, le décompte des voix montre que, dans l'Espagne de 1936, la gauche et la droite s'équilibrent. La crise économique, partie en 1929 des Etats-Unis, a atteint profondément l'Espagne. Le désordre ajoute au marasme de la production. Au sein du gouvernement, certains estiment que la priorité doit être donnée à la remise en ordre de l'économie. Cependant que d'autres proclament que le moment est enfin arrivé d'une véritable révolution.

D'abord président du Conseil, Manuel Azaña va devenir, le 10 mai, président de la République. Le gouvernement que préside l'un de ses amis, Casares Quiroga, paraît plutôt modéré. Va-t-il mettre fin au désordre dont commencent à s'effrayer, dans les rangs mêmes de la majorité, des radicaux comme Alexandre Lerroux ? N'a-t-on pas vu les manifestants, en certaines villes comme Oviedo, ouvrir les prisons pour en faire sortir les détenus politiques — et libérer du même coup les condamnés de droit commun ? A Alicante, certains enthousiastes n'ont-ils pas forcé la porte de l'hospice pour « libérer les lépreux » ? Ceux-ci, d'ailleurs, soucieux d'être soignés, ont catégoriquement refusé de quitter l'hospice. Les campagnes s'agitent, en pleine anarchie. Les troubles vont partout croissant. De part et d'autre, les exactions individuelles se multiplient. A Madrid, à la suite d'un attentat commis contre un chef socialiste, des extrémistes de gauche incendient deux églises et le siège d'un journal. Un sous-lieutenant de la garde civile est assassiné. Lors de son enterrement, on tire sur le cortège : des morts et des blessés.

A la tribune de la Chambre, Calvo Sotelo, leader incontesté de la droite, va dresser le bilan de ces violences. D'abord, il énumère les pillages : cinquante-huit concernent des monuments publics, soixante-douze des établissements privés, trente-trois des domiciles de particuliers, trente-six des églises. Il passe aux incendies, cent soixante-dix-huit, dont cent huit d'églises. Il dénombre cent soixante-neuf émeutes, trente-neuf fusillades, quatre-vingt-cinq agressions, ayant fait soixante-quatorze morts et trois cent quarante-cinq blessés.

Ce qui déferle partout, du nord au sud, de l'est à l'ouest, c'est une vague d'anticléricalisme sans limite. Tel est le paradoxe de cette Espagne qui a été celle des Rois Catholiques et où le clergé, conduisant la lutte contre Napoléon, s'est acquis une popularité que l'on avait pu croire éternelle. Malheureusement, le même clergé, tout au long du XIXe siècle et au début du XXe, a trop ouvertement lié son destin au conservatisme le plus rétrograde. On s'est accoutumé à assimiler Eglise et réaction.

Dans ce courant exalté mais sincère où se jettent les Espagnols les plus déshérités, l'Eglise apparaît, au même titre que le grand capital, comme un obstacle majeur à la réussite de l'expérience socialiste. Avec cette différence que le grand capital reste par définition invisible. L'Eglise, elle, a ses édifices, ses prêtres, ses religieuses. C'est à eux que l'on s'en prend avec une fureur qu'il faut naturellement condamner mais qu'explique en partie le caractère espagnol, où foi, croyance, conviction s'accompagnent presque toujours d'un déchaînement exacerbé. Au long des siècles, rien en Espagne ne s'est jamais accompli à demi. Dans la paix comme dans la guerre.

Elle vient, la guerre. Depuis les élections, la droite n'a rien fait pour faciliter un quelconque apaisement. La Phalange, créée par José Antonio Primo de Rivera — fils de l'ex-dictateur —, mène le branle. C'est par un phalangiste qu'une bombe est déposée dans la maison de Largo Caballero. Un magistrat qui a condamné un phalangiste à trente ans de prison pour le meurtre d'un vendeur de journaux socialistes est lui-même assassiné. Une bombe est lancée sur la tribune présidentielle [1].

1. Hugh Thomas : *La Guerre d'Espagne* (1961).

On a beau arrêter José Primo de Rivera, il continue, du fond de sa prison, à tenir ses troupes bien en main.

Surtout, la droite jusque-là désunie — tout comme l'était la gauche — va se rassembler. L'Espagne conservatrice conspire. On a trouvé la solution : on se débarrassera du *Frente popular* par l'un de ces *pronunciamientos* ancrés de si longue date dans la tradition péninsulaire.

Cela, le gouvernement républicain ne peut l'ignorer. Il ressent cruellement son impuissance. Sa seule décision positive : éloigner les généraux suspects. C'est ainsi que le général Francisco Franco, sur qui les dirigeants de droite ont choisi de parier, est expédié aux Canaries.

Le 11 juillet 1936, les conjurés décident de passer à l'action. Un avion anglais quitte l'Angleterre pour les Canaries. Il a été affrété par le journal monarchiste *ABC*. Le but du voyage : transporter secrètement Franco au Maroc où il prendra le commandement de l'armée espagnole d'Afrique. Après, on verra.

Cependant, le 12 juillet, la Phalange tue le lieutenant José Castillo qui, au service du gouvernement républicain, avait, quelque temps plus tôt, mis à mort le marquis de Heredia, phalangiste et cousin germain de José Antonio. A peine connue la nouvelle de sa mort, ses camarades jurent de le venger : on abattra un phalangiste, le premier que l'on rencontrera dans la rue ! Après quoi ils changent d'avis : le 16 juin, Calvo Sotelo a prononcé à la Chambre un discours en forme de réquisitoire, criant sa haine non seulement de la gauche, mais de la république. Voilà l'homme qui doit payer pour Castillo.

Ce soir-là, un commando quitte la caserne de Pontejos. Il se compose d'un véhicule des troupes d'assaut et d'une voiture de tourisme. Dans l'un et l'autre sont montés non seulement des *asaltos*, troupes supplétives républicaines, mais des civils membres des partis de gauche et d'extrême gauche. A 3 heures du matin, ils sonnent à la porte de Calvo Sotelo et informent le leader monarchiste qu'il doit les suivre pour interrogatoire. Comme plusieurs sont en uniforme, il obtempère. Dans la voiture qui l'emporte, il est abattu de deux balles dans la nuque.

Ce meurtre est un signal.

Ce qui se lève le lendemain, c'est un climat insurrectionnel. Pour parer à toute émeute droitière, le gouvernement, en même temps qu'il fait arrêter l'un des assassins — le seul sur qui l'on ait pu mettre la main —, ordonne la fermeture, à Madrid, des sièges des mouvements monarchistes. Les socialistes, les communistes, l'UGT demandent, eux, au chef de gouvernement de faire distribuer des armes aux travailleurs. Casares Quiroga refuse.

C'est ce jour-là, semble-t-il, que les chefs de la droite ont fixé la date définitive du soulèvement. Elle commencera au Maroc, le 17 juillet à 17 heures.

Dès lors, l'affaire se déroule à toute allure. Au jour dit, le général Francisco Franco se proclame solennellement l'ennemi du gouvernement républicain. Il s'envole de Ténériffe à destination de Tétouan. Le 18 juillet, il lance un manifeste annonçant le déclenchement du « Mouvement national ». Le 19, un transport de troupes traverse le détroit de Gibraltar et débarque les premiers soldats « nationalistes » à Algésiras.

C'en est fait. La guerre civile a commencé.

Voilà donc, face à face, farouchement affrontées, deux Espagne. Deux camps dont les buts de guerre paraissent aussi disparates les uns que les autres. Du côté des républicains, l'extrême gauche préconise une guerre qui sera en fait la préface de la révolution. Ce qu'elle exige, c'est une armée ouvrière appuyée par le prolétariat international. Telle est la position des anarchistes, des trotskistes du POUM et de certaines tendances syndicales. En revanche, les républicains libéraux, l'aile droite du parti socialiste, le parti communiste, les autonomistes catalans et basques répètent qu'il faut d'abord gagner la guerre. Après — après seulement — on fera la révolution.

A la tête des nationalistes, on découvre des généraux — Franco, Sanjurjo, Mola, Varela — qui ne sont nullement d'accord entre eux. Les uns proposent une dictature, les autres le recours à la monarchie. Encore les royalistes sont-ils eux-mêmes divisés, certains réclamant le retour d'Alphonse XIII, d'autres la proclamation de son fils don Juan, d'autres encore tenant pour Alfonso Carlos.

Quant aux forces en présence, elles incarnent un autre paradoxe. Les républicains disposent de la totalité de la marine et de la quasi-totalité de l'aviation. Plusieurs généraux restent fidèles au régime mais les officiers subalternes sont rares. La troupe, elle, se révèle nombreuse mais inexpérimentée : on a mobilisé en quelques jours, dans les régions industrielles, des ouvriers qui n'avaient reçu aucune instruction militaire. Rien de plus difficile que de s'en faire obéir. Pour eux, on créera le mythe du milicien. « Miliciens oui, soldats non ! » Cependant, les masses ouvrières comprendront que l'enjeu n'est autre que leurs libertés. Elles vont peu à peu s'organiser, accepter un semblant d'instruction et finiront par composer une armée redoutable[1].

A l'inverse, Franco ne disposera pas de la supériorité numérique mais du meilleur de l'armée : les régiments marocains, ou *regulares*, la garde civile et le *tercio* (la Légion étrangère). Cela signifie « des officiers entraînés et instruits, des sous-officiers disciplinés et une troupe aguerrie ».

Comme toutes les guerres civiles, celle-ci recouvre à la fois des idéaux et des intérêts. La gauche se bat pour un monde meilleur, plus juste, où l'on découvrirait moins de gens trop riches et moins de gens trop pauvres, mais aussi pour ou contre le partage des terres.

Dans la « croisade » nationaliste — Franco aime à répéter ce mot —, les défenseurs du droit de propriété retrouveront ceux qui aspirent à faire revivre, sous la bannière du Christ, la grandeur du Siècle d'or. La Phalange cultive le mythe de la chevalerie.

Ce qui croît sans cesse, c'est une passion sans limite d'imposer à l'adversaire sa propre vérité. Chez les républicains autant que parmi les nationalistes, on répète les mêmes mots avec la même fureur :

— *Hay que acabar con esa gente* (il faut en finir avec ces gens-là).

---

1. Jean Descola : *Histoire d'Espagne* (1959-1979).

Ne commettons pas l'erreur de croire que, seul, un changement de régime soit en cause. La vérité, l'un des meilleurs connaisseurs de l'Espagne, Jean Descola, l'a cernée : « On règle un vieux compte qui date du Moyen Age. C'est un défoulement social et religieux. En mettant le feu aux couvents, on se venge de l'Inquisition. L'Espagne noire et l'Espagne rouge répètent le combat de l'Archange. Guerre féodale, guerre de religion, la guerre civile espagnole sera une atroce querelle de famille. »

Le destin va faire de Franco le chef incontesté de la rébellion. Qui d'autre en effet ? José Antonio Primo de Rivera est prisonnier et les républicains le fusilleront en novembre. Calvo Sotelo est mort. Le général Goded, qui a débarqué à Barcelone, a été fait prisonnier par des républicains et conduit devant le peloton d'exécution. Le général Sanjurjo va disparaître dans un accident d'avion. Le général Mola le suivra dans la tombe. Tous les espoirs de la droite convergent donc vers le général Franco qui vient d'entrer dans Burgos. La Junte de Défense nationale le proclame « chef suprême de l'Etat espagnol ».

D'emblée, les forces « franquistes » — le mot est nouveau et il fera fortune — vont s'implanter dans le Sud, autour de Cordoue et de Séville et, au nord de Madrid, dans une région qui va de l'Atlantique à la frontière française et qui comprend Burgos, Valladolid, Salamanque et Vigo. Deux régions qui ne communiquent pas entre elles et où, par conséquent, la prise de pouvoir se révèle fragile. Il faut impérativement à Franco obtenir une jonction entre le nord et le sud et avant tout faire passer en Espagne des renforts venus du Maroc. Comme la marine, fidèle au gouvernement de Madrid, fait bonne garde, Franco va mettre en place un pont aérien à l'aide d'avions achetés en Angleterre par un grand ami de la Phalange, le milliardaire Juan March, roi du tabac. Délibérément, pour la protection de ce pont, il va introduire les étrangers en Espagne : il s'adresse aux Italiens de Mussolini puis aux Allemands de Hitler. Parmi les diverses idéologies européennes, il a choisi celle qu'il considérait comme la plus proche de la sienne : le fascisme.

Les républicains — eux — en appelleront aux Soviétiques, aux Français du Front populaire, ainsi qu'à ces volontaires de tous pays qui formeront les Brigades internationales.

Les forces rebelles implantées au sud foncent vers le nord. Ruée en apparence irrésistible qui va néanmoins être stoppée à Badajoz. Là, les républicains résistent. Combat inégal. La ville doit se rendre. Terrorisés, les habitants se sont réfugiés dans les arènes. On les mitraille. Un ordre formel : pas de prisonniers ! Des rapports dignes de foi permettent de penser que 2 000 à 3 000 hommes, femmes et enfants ont été ainsi abattus. Un journal catholique s'indignera : « Nous nous élevons contre le meurtre ; contre l'incendie des églises et contre l'extermination de leurs serviteurs. Mais nous repoussons aussi avec violence les atrocités de Badajoz. On y a assassiné au nom de Jésus-Christ et de la Sainte Vierge. »

A la radio franquiste, le général Queipo de Llano déclare allégrement : « J'ai donné l'ordre de fusiller trois membres de la famille de chacun des marins du garde-côte qui a bombardé La Linea. Pour terminer, je veux dire à ma fille que nous sommes en excellente santé et que nous espérons avoir de ses nouvelles. » Dans un autre de ses messages : « Les femmes des rouges ont appris elles aussi que nos soldats sont de vrais hommes et non des miliciens castrés. Donner des coups de pied et braire n'arrivera pas à les sauver. » Il faut dire que les représailles des républicains rivalisent souvent en horreur avec les crimes franquistes.

A Tolède, encore aux mains des républicains, de jeunes nationalistes, les fameux cadets, se sont retranchés dans la citadelle de l'Alcazar. Le colonel Moscardo et ses hommes tiennent bon et refusent de se rendre. Les républicains ont fait prisonnier Luis Moscardo, fils de l'assiégé. Ils le conduisent près du téléphone et le mettent en communication avec son père. Alors s'échange ce dialogue :

— Papa !

— Qu'y a-t-il, mon fils ?

— Rien. Ils disent qu'on va me fusiller si l'Alcazar ne se rend pas, mais ne te fais pas de souci pour moi.

— Si c'est sûr, recommande ton âme à Dieu, crie : « Vive l'Espagne » et tu seras un héros qui meurt pour elle. Adieu, mon fils. Je t'embrasse très fort.

— Adieu, papa. Je t'embrasse très fort.

L'Alcazar ne se rend pas. Luis est fusillé.

Les forces franquistes délivreront Moscardo et ses cadets. Devant le général Yagüe, le colonel se mettra au garde-à-vous et se bornera à dire :

— Rien de nouveau à l'Alcazar, mon général.

A la fin d'octobre, l'armée franquiste est devant Madrid. Nul ne doute que la ville ne tombe en peu de jours.

Incroyable retournement : Madrid se bat avec un tel élan, une telle rage que tous les assauts des franquistes se révèlent impuissants. Madrid tient. Madrid, symbole de la république, reste républicaine.

C'est que les *guérilleros* sont devenus une armée. Les Brigades internationales se sont considérablement renforcées : quarante mille étrangers, dont dix mille Français, se battent dans les rangs républicains. D'innombrables collectes dans les pays démocratiques — notamment aux Etats-Unis — ont permis d'acquérir du matériel. La France du Front populaire a cédé cent avions. L'URSS enverra des appareils de chasse et de bombardement.

Franco ne supporte pas cet échec. Il bat le rappel de ses amis italiens et allemands. Hitler met à sa disposition des avions Junkers et Heinkel. Ils seront regroupés dans cette légion Condor dont Berlin a décidé que les pilotes seraient souvent relevés : ainsi une partie notable des aviateurs qui seront jetés dans la Deuxième Guerre mondiale se seront-ils initiés aux réalités de la guerre aérienne. Pour le matériel, ce sera également un véritable banc d'essai On pourra très vite constater que les Junkers surpassent, de très loin, les vieux Breguet français dont disposent les républicains.

L'aide allemande, pour extraordinairement efficace qu'elle se révèle, ne peut — et de loin — se comparer à l'assistance italienne. Il n'y aura, pendant toute la guerre d'Espagne, que quelques milliers d'Allemands au service de Franco. Mussolini enverra 50 000 hommes, sans compter un matériel militaire considérable : 2 000 canons, 10 000 armes automatiques, 200 000 fusils, 800 avions, 1 700 tonnes de bombes, 10 000 000 de cartouches, etc.

La guerre d'Espagne, pour les puissances européennes ? Un champ de manœuvre et une répétition générale.

Franco a compris que, pour le moment, il ne prendrait pas Madrid. Il va donc regarder ailleurs. Du côté des Basques.

Les libertés basques sont nées de la nuit de temps. Forts de leurs *fueros* — autrement dit privilèges —, les Basques se sont toujours voulus, même au temps de la monarchie absolue, relativement autonomes. Il s'y est ajouté, au XXe siècle encore, une foi catholique exemplaire. Si les statistiques, dans toute l'Espagne, confirment une déchristianisation des milieux populaires, elles permettent aussi de découvrir, en Pays basque, une quasi-unanimité de pratiquants.

Le paradoxe est que ces catholiques ardents ont choisi la république et veulent lui demeurer fidèles. Les soldats de Franco s'avancent en brandissant des crucifix. Les républicains massacrent des prêtres et des religieuses. Peu importe aux Basques catholiques. A leurs yeux, seul le gouvernement de Madrid est légitime.

Ces Basques, dont nul ne connaît l'origine, qui parlent une langue qui ne ressemble à aucune autre, ont résisté aux envahisseurs d'où qu'ils vinssent. Au temps où l'Islam occupait l'Espagne, les disciples de Mahomet ne sont jamais parvenus à les asservir. Dans l'affirmation de leur fidélité, ils mêlent terre et foi.

Regardons une carte d'Espagne. Cherchons le pays des Basques. Ce qui saute aux yeux, c'est l'étroitesse et la longueur du territoire qu'ils occupent, borné au nord par l'océan et demeuré jusque-là hors d'atteinte des coups de boutoir franquistes.

Dès le 19 juillet 1936, la radio de Bilbao a diffusé une proclamation du parti nationaliste basque : « En face des événements qui ont eu lieu dans l'Etat espagnol et qui pourraient avoir une répercussion directe et douloureuse sur l'Euzkadi et sur son destin, le parti nationaliste basque déclare — en dehors de tout ce à quoi son idéologie l'oblige et qu'il ratifie aujourd'hui solennellement — qu'en vue de la lutte entre les citoyens et les fascistes, entre la République et la monarchie, ses principes le placent inévitablement aux côtés des citoyens et de la République, en accord avec le régime républicain et démocratique qui fut une des caractéristiques distinctives de notre peuple durant des siècles de liberté. »

A la fin du mois d'août 1936, les franquistes avancent vers Irún. Après avoir été incendiée par ses défenseurs anarchistes, la ville tombe le 3 septembre. Dix jours plus tard, Saint-Sébastien succombe à son tour. L'armée basque doit se retirer jusqu'à la limite de la province de Biscaye. Les franquistes, qui digèrent leurs conquêtes, ne tentent rien pour les poursuivre. Pendant plus de six mois, le front se stabilise. On ne se bat plus guère.

Le 1er octobre, le gouvernement de Madrid accorde aux Basques l'autonomie tant souhaitée. Ils forment un gouvernement présidé par José Antonio de Aguirre.

En Pays basque, on en est presque venu à oublier la guerre. Le 31 mars 1937, tout change. Franco a décidé d'en finir. La campagne commence. Il s'agit de prendre Bilbao, siège du gouvernement basque. L'armée engagée est composée de soldats de la Légion étrangère, de Maures, de troupes italiennes. Elle dispose d'avions et de pilotes italiens, des avions et des pilotes allemands de la légion Condor.

A un tel déferlement, que peuvent opposer les Basques ? La faiblesse de leur armement est connue de tous. Leur aviation est quasi inexistante.

D'abord, les nationalistes bombardent Durango. Puis ils attaquent à l'est et au sud de la province d'Alava. Pour affamer Bilbao, ils proclament le blocus par la mer. Le 20 avril, les forces franquistes, retardées par les pluies, attaquent de nouveau avec vigueur sur l'ensemble du front. Le 24 avril, les collines d'Inchorta, où l'essentiel des troupes basques a pris position, tombent aux mains du général nationaliste Garcia Valiño.

Ecrasés de toutes parts, les Basques vont se replier en désordre. Est-ce la fin ?

Pas encore. Auparavant, il y aura eu l'anéantissement de Guernica.

La petite ville est située à environ dix kilomètres de la mer, près du fond de la ria de Mundaca qui rejoint elle-même la baie de Biscaye. Entre Bilbao et Guernica, on ne découvre guère que de la montagne. Edifiée dans le plus pur style basque, la vieille cité s'enfouit dans un vallon que cernent de molles et basses collines.

Devant la façade de sa *Casa de Juntas*, l'hôtel de ville, on montre un vieux chêne, célèbre dans tout le pays. Dès le haut Moyen Age, des assemblées se réunissaient tous les deux ans sous son ombre. Composées de tous les hommes âgés de plus de vingt et un ans, elles veillaient sur les traditions, proposaient et donnaient des lois. Sous ce même chêne, en contrepartie de l'allégeance que les Basques leur avaient consentie, les rois d'Espagne vinrent plus tard s'engager à respecter les *fueros*. Le président basque Aguirre vient de prêter là son premier serment.

En 1937, Guernica se veut toujours la ville sacrée des Basques.

A 19 h 45, le 26 avril 1937, le bombardement de Guernica, ville ouverte, a pris fin. La nuit est largement tombée quand les correspondants de presse étrangère présents à Bilbao apprennent la nouvelle. Ils ne sont que quatre, ce qui s'explique par l'importance toute relative que l'on attribue ailleurs au front basque. Sont en poste trois Britanniques : George Lowther Steer du *Times*, Noël Monks du *Daily Express*, Christopher Holme de l'agence Reuter et un Belge, Mathieu Corman, du quotidien français *Ce soir*.

Tous les quatre se précipitent à Guernica. Chacun, selon sa sensibilité ou son style, racontera ce qu'il a vu. Le récit de Steer — le plus complet, le plus précis — paraîtra non seulement dans le *Times*, mais dans le *New York Times*. Etant donné le prestige indiscuté des deux journaux, on peut estimer que c'est l'article de Steer qui a — plus que tout autre — déclenché la réaction horrifiée de l'opinion mondiale.

Il faut en lire l'esssentiel :

« Guernica, la plus ancienne ville des Basques et centre de leur tradition culturelle, a été complètement détruite hier après-midi par les avions des insurgés.

« Le bombardement de cette ville ouverte, loin derrière le front, a duré exactement trois heures un quart, au cours desquelles une escadrille puissante d'avions allemands de trois types, bombardiers Junkers, Heinkel et chasseurs Heinkel, n'a cessé de déverser sur la ville des bombes de mille livres maximum et, d'après certaines estimations, plus de trois mille projectiles incendiaires en aluminium pesant deux livres. Les chasseurs, entre-temps, s'éloignaient du centre de la ville vers la campagne pour mitrailler ceux qui se réfugiaient dans les champs.

« Tout la cité fut bientôt en flammes, sauf la *Casa de Juntas* historique, avec ses riches archives de la race basque, où siégeait jadis l'ancien Parlement basque. Le fameux chêne de Guernica, vieux tronc desséché âgé de six cents ans et orné de jeunes pousses de ce siècle, fut épargné... La noble église paroissiale de Santa Maria fut, elle aussi, épargnée, sauf sa belle salle du chapitre qui fut touchée par une bombe incendiaire.

« A 2 heures du matin, quand j'ai visité la ville, le spectacle était terrifiant. Guernica brûlait d'un bout à l'autre. Les reflets de l'incendie pouvaient être vus sur les nuages au-dessus des montagnes à seize kilomètres de distance. Pendant toute la nuit, des maisons s'écroulèrent au point que les rues étaient encombrées d'importants débris rougeoyants infranchissables. De nombreux survivants civils partirent de Guernica vers Bilbao dans d'anciennes charrettes basques à roues pleines, tirées par des bœufs...

« Par son exécution et le degré de destruction perpétrée, autant que par le choix de son objectif, le bombardement de Guernica est sans exemple dans l'histoire militaire. Guernica n'était pas un objectif militaire. Une usine qui produisait du matériel de guerre, située hors de la ville, ne fut pas touchée. Ce fut aussi le cas des deux casernes qui se trouvaient à quelque distance de Guernica. Celles-ci étaient loin derrière les lignes de combat. Le but du bombardement était apparemment de démoraliser la population civile et de détruire le berceau de la race basque. »

Ici, George Steer décrit le déroulement du bombardement tel que le lecteur a pu le découvrir au début de ce chapitre. Il y ajoute de terribles détails : « La ville de 7 000 habitants, auxquels il faut ajouter 3 000 réfugiés, avait été lentement, systématiquement détruite et, dans un rayon de huit kilomètres, d'autres avions incendiaient l'une après l'autre les fermes de la région.

« Dans la nuit, les fermes brûlaient comme de petites bougies sur les flancs de la montagne. Tous les villages autour de Guernica furent bombardés avec la même intensité que la ville et, à Múgica, un petit groupe de maisons à la pointe de la crique de Guernica, la population fut mitraillée pendant quinze minutes. Il est encore impossible de connaître le nombre des victimes. La presse de Bilbao déclarait ce matin que le nombre des victimes était heureusement peu élevé. Mais on craint qu'il ne s'agisse d'une sous-estimation pour ne pas alarmer la grande masse des réfugiés qui se trouvent à Bilbao.

« Dans l'hôpital Josefinas par exemple, l'un des premiers objectifs touchés, les quarante-deux miliciens blessés qui y étaient hébergés furent tous tués. Dans une rue descendant de la *Casa de Juntas*, j'ai vu un endroit où cinquante personnes — pour la plupart des femmes et des enfants — sont, dit-on, emprisonnées dans un abri sous des monceaux de décombres embrasés. Beaucoup furent tués dans les champs et, dans l'ensemble, le nombre des morts peut être de plusieurs centaines... »

En journaliste qui sait voir, sentir et comprendre, George Steer estime que l'entreprise a été scientifiquement préparée et exécutée : « Le système employé par les appareils de bombardement allemands peut intéresser ceux qui étudient la nouvelle science militaire. Tout d'abord, de petits groupes d'avions lancèrent de lourdes bombes et des grenades à main sur toute la ville, en attaquant un quartier après l'autre selon un plan bien ordonné. Puis des avions de combat volèrent très bas et fauchèrent à la mitrailleuse les gens que la panique avait fait sortir de leurs abris. Certains de ces souterrains avaient d'ailleurs été défoncés jusqu'à des profondeurs de sept à huit mètres par des obus d'une demi-tonne. Nombre de ces malheureux furent tués, comme le furent aussi les moutons qui avaient été amenés au marché et que les aviateurs allemands massacrèrent dans leur soif apparente d'assassinat. Le but de cette manœuvre était visiblement de forcer la population à chercher une nouvelle fois un refuge souterrain, car alors une escadrille d'au moins douze bombardiers est apparue, laissant tomber sur les ruines de lourdes bombes incendiaires.

« Le processus du bombardement d'une ville ouverte était logique. Il s'agissait d'abord d'employer des grenades à main et d'énormes bombes pour semer la panique dans la population, puis de mitrailler les gens pour les obliger à se réfugier sous terre et, enfin, de déverser de grosses bombes et des bombes incendiaires pour démolir les maisons et les brûler sur les victimes. »

Steer parle ensuite de « l'héroïsme du clergé local » : « Les prêtres récitèrent des prières et bénirent, dans les abris effondrés, les foules agenouillées composées de socialistes, d'anarchistes, de communistes aussi bien que de fidèles déclarés. »

Quelques lignes encore — combien éloquentes : « Quand je suis entré dans Guernica après minuit, des maisons s'écroulaient des deux côtés de la route. Il était absolument impossible, même pour les pompiers, de pénétrer dans le centre de la ville. Les hôpitaux de Josefinas et le couvent de Santa Clara étaient devenus des masses de cendres incandescentes. Toutes les églises, sauf celle de Santa Maria, étaient détruites, et les quelques maisons qui restaient encore debout était condamnées. Quand j'ai visité à nouveau Guernica cet après-midi (27 avril), la majeure partie de la ville brûlait encore et de nouveaux foyers d'incendie s'allumaient. Une trentaine de morts étaient alignés dans un hôpital en ruine. »

Un tel article nous apparaît comme un modèle de compétence journalistique. Rien n'est laissé au hasard : les noms des quartiers, ceux des monuments, le nombre des habitants, le type des avions, la référence au passé historique de la ville, la description de la ronde infernale des bombardiers et des chasseurs. On entrevoit le reporter courant la ville en flammes, interrogeant les témoins, les harcelant de questions, recomposant peu à peu, en toute certitude, l'accablante chronologie et l'effrayante réalité du bombardement.

Le matin même du 27 avril, le président basque Aguirre, horrifié, va publier la déclaration que voici : « Les aviateurs allemands au service des rebelles espagnols ont bombardé Guernica, brûlant la ville historique vénérée par tous les Basques. Ils ont essayé de nous blesser au plus sensible de nos sentiments patriotiques, rendant une fois de plus évident qu'Euzkadi ne peut rien espérer de ceux qui n'hésitent pas à détruire le pays jusqu'à la porte du sanctuaire de nos siècles de liberté et de démocratie. Devant cet outrage, tous les Basques doivent réagir avec violence, en jurant du fond du cœur de défendre les principes de notre peuple avec un acharnement inouï et avec héroïsme, s'il le faut. Nous ne pouvons cacher la gravité de l'heure, mais l'envahisseur ne pourra jamais remporter la victoire si, en élevant nos âmes avec force et détermination, nous jurons de le battre. Auparavant, l'ennemi avançait sur plusieurs points pour être repoussé plus tard. Nous n'hésitons pas à affirmer que la même chose se produira ici. Que l'outrage d'aujourd'hui soit un aiguillon de plus pour nous pousser rapidement vers la victoire. »

Steer a fait son métier, les autres correspondants ont fait le leur. Leurs télégrammes courent sur les fils. Le 28 avril, la presse britannique tout entière, celle du Canada et celle d'Argentine, relatent l'événement. Curieusement, la presse française prend un retard considérable. Si *Ce soir* — journal de gauche récemment fondé pour concurrencer le conservateur *Paris-Soir* — a publié une dépêche de son correspondant Mathieu Corman annonçant que huit cents personnes avaient été tuées dans le bombardement de la ville basque de « Quirnica », le reste de la presse française, à l'exception de *Paris-Soir* qui lui consacre quelques lignes le 27 au soir, n'annoncera la nouvelle que le 29, voire le 30 avril.

Aucun organe de presse n'a mis en doute, au cours des premières heures, la *réalité* du bombardement de Guernica. Ce qui diffère, c'est la façon de présenter la nouvelle. *L'Echo de Paris*, partisan avoué de Franco : « De nombreux objectifs militaires ont été bombardés par les pilotes nationalistes, notamment le village de Guernica, berceau du séparatisme basque. A Guernica, les rouges avaient établi d'importants dépôts de matériel de guerre qui ont été détruits. » *L'Action française* : « Toute la presse rouge, rose, franc-maçonne ou puritaine des deux hémisphères pousse, depuis hier, des cris d'horreur... » Pour le rédacteur maurrassien, si la ville a été bombardée, c'est parce que « la guerre est la guerre ».

Paris-Midi, tout en ne paraissant pas douter de la matérialité des faits, sera le premier — le 29 avril — à poser une question sous forme d'un gros titre : « QUI EST RESPONSABLE DES BOMBARDEMENTS SANGLANTS DE GUERNICA ? »

La source de ce doute se trouve à Salamanque, siège du gouvernement du général Franco.

Les auditeurs de l'émetteur nationaliste *Radio Requeté* ont été les premiers à entendre la thèse franquiste concernant Guernica. Il n'aura pas fallu longtemps pour l'établir puisque l'émission a été diffusée le 27 avril, dès 21 heures. Pour le speaker franquiste, pas la moindre ambiguïté :

« Sont complètement fausses les nouvelles transmises par le ridicule président de la République d'Euzkadi, relatives à l'incendie provoqué par les bombes de nos avions à Guernica. Nos aviateurs n'ont reçu aucun ordre pour bombarder cette population. Les incendiaires sont ceux qui, l'été dernier, ont incendié Irún et hier Eibar. Dans l'impossibilité de contenir l'avance de nos troupes, les rouges ont tout détruit et ils accusent les nationalistes de faits qui ne sont que la mise en application de leurs intentions criminelles. »

La même nuit, à Salamanque, *Radio Nacional* revient avec colère sur le sujet : « Mensonges ! Mensonges ! Mensonges ! » Le communiqué se poursuit par une diatribe : « Aguirre ment ! Il ment bassement. Tout d'abord, il n'y a pas d'aviation allemande ou étrangère en Espagne nationaliste. Il y a l'aviation espagnole. L'aviation espagnole héroïque et noble qui ne cesse de combattre contre les avions rouges, qui sont russes et français, pilotés par des étrangers. En second lieu, nous n'avons pas brûlé Guernica. L'Espagne de Franco n'incendie pas. La torche incendiaire est le monopole des incendiaires d'Irún, de ceux qui ont brûlé Eibar, de ceux qui ont essayé de brûler vifs les défenseurs de l'Alcazar de Tolède. »

Déjà, la thèse officielle est en place. Bien en place. Celui qui l'a conçue, lui a donné sa forme, l'a diffusée, c'est Luis Bolin, chef de cette censure militaire franquiste qui contrôlait « tout ce qui était transmis d'Espagne au monde extérieur par les représentants de la presse étrangère[1] ». Les jours suivants, les communiqués continueront à pleuvoir. Ils ne seront que glose autour de deux idées-forces : 1) L'aviation nationale n'a pas bombardé Guernica parce qu'elle n'a pas pu voler durant ces derniers jours à cause du brouillard et de la bruine qui s'étendaient partout ; 2) ce sont les rouges eux-mêmes qui, voyant paraître leurs ennemis et se sentant irrémédiablement battus, ont incendié leur ville.

Le 29 avril, vers midi, les nationalistes entrent dans Guernica. La presse officielle franquiste écrit le lendemain : « Guernica a été détruite par les rouges au service des séparatistes basques. Cela est déjà prouvé — et la preuve sera mieux établie par des déclarations de ceux qui furent témoins, dans Guernica même, de l'incendie de la ville, consciencieusement projeté le 27 avril, par ceux qui se préparaient à s'enfuir. »

Ainsi, selon les nationalistes, les « rouges » projetaient, *le 27*, d'incendier la ville avant l'entrée des franquistes. Ils l'auraient donc incendiée le 28. Que deviennent alors les témoignages des journalistes qui sont entrés dans Guernica le 26 avant minuit, alors que la ville n'était déjà qu'un immense brasier ?

La propagande nationaliste va non seulement s'accrocher obstinément à cette thèse, mais tout entreprendre pour l'imposer au monde. Un communiqué précise : « Aujourd'hui, les correspondants étrangers qui vivent et travaillent dans notre zone ont

1. Herbert R. Southworth : *La Destruction de Guernica. Journalisme, diplomatie, propagande et histoire* (1975).

été invités à entrer dans Guernica avec les troupes d'occupation, pour s'entretenir librement avec les habitants et s'informer de la vérité face aux mensonges stupides et répugnants d'Aguirre. »

Les grandes manœuvres de séduction commencent.

Le 29 avril à midi, les premiers journalistes étrangers, un Français et trois Italiens, pénètrent dans Guernica. Un peu plus tard dans la journée, un Anglais et un Allemand les suivent. A 16 heures, cinq Français les rejoignent. Le 1er mai, deux Américains et un Français. Le 3 mai, un Anglais et un Américain.

Il faut que le lecteur prenne conscience des conditions très particulières dans lesquelles travaillent ces journalistes. Ils sont constamment sous le contrôle d'officiers de presse nationalistes. Ils n'ont le droit de voir que ce qu'on leur montre. Tout ce qu'ils écrivent et transmettent est soumis au contrôle d'une censure qui coupe impitoyablement les paragraphes qui ne lui conviennent pas. Si un correspondant étranger s'entête à soutenir des thèses hors de saison, il est rapidement renvoyé dans son pays d'origine. Rien de plus dangereux que de se singulariser. Le reporter photographe français Georges Berniard, de *la Petite Gironde*, entré l'un des premiers, le 29 avril à midi, dans Guernica aux mains des nationalistes, va en faire la triste expérience. Pour s'être montré trop curieux — c'est son métier qui le veut —, il est arrêté comme espion. Pendant plusieurs heures, sa vie ne tient qu'à un fil. Il n'est libéré que sur les pressantes démarches de ses confrères de la presse étrangère. On l'expulse sur-le-champ d'Espagne.

Ce qui importe essentiellement aux propagandistes nationalistes, c'est de persuader les correspondants étrangers de l'exactitude de leur thèse. Apparemment, ils réussissent. Dans l'ensemble, les correspondants étrangers vont admettre la thèse de l'incendie volontaire de Guernica par les « rouges ». Une dépêche résume toutes les autres, celle qu'a transmise, le 1er mai à 19 heures, l'envoyé spécial de l'agence Havas, le Français Georges Botto. Il s'agit d'un télégramme qui sera distribué le 2 à Paris :« Vitoria, 2 mai. Les officiers de l'état-major du général Mola ont conduit, hier, les journalistes étrangers à Guernica pour leur faire visiter en détail les décombres de la ville et pour leur faire constater *de visu* que, contrairement aux nouvelles diffusées de source gouvernementale, la destruction de la ville n'était pas l'œuvre des nationalistes.

« Les journalistes étrangers ont parcouru la ville en tous sens et ils ont pu se renseigner, en toute liberté, auprès de quelques civils qui ont attendu l'arrivée des troupes du général Franco. Ils ont pu constater que tous les pans de mur restés debout ne portent aucune trace d'éclats de bombes et que, en revanche, toutes les fenêtres sont ceinturées de traces de flammes. Les poutres des maisons achèvent de se consumer trois jours après l'occupation.

« Les officiers nationalistes ont attiré l'attention des journalistes sur le fait que nulle part on ne trouve d'éclats de bombes et que l'absence de traces de projectiles ainsi que les constatations faites d'autre part démontrent que l'incendie volontaire de la ville était évident. Hier encore, on pouvait suivre les ravages causés par le feu qui a dû prendre naissance dans le sud de la ville et qui, poussé par la brise, s'est propagé vers le nord.

« L'attention des journalistes a également été attirée sur le fait que les endroits où le feu n'a pas trouvé de prise, spécialement les maisons construites en béton armé, ont été inondés d'essence, et ils ont pu voir à l'intérieur des traces de flammes qui ont dû être provoquées par du pétrole, car la fumée a déposé sur les murs une suie très épaisse.

« Malgré des recherches méticuleuses, les journalistes n'ont trouvé aucun trou de bombe. Ils en ont relevé quelques-uns seulement aux environs de la ville, particulièrement près des routes desservant la ville.

« Les civils restant dans la ville après le départ des gouvernementaux ont déclaré nettement que les “rouges” ont commencé leur œuvre néfaste lundi soir.

« En outre, on a montré aux journalistes, en pleine ville, quatre entonnoirs produits par des mines. Ces entonnoirs n'ont pu encore être comblés et gênent considérablement le trafic. »

En 1937, l'agence Havas est considérée comme l'une des plus importantes du monde. Si ses capitaux sont privés, on sait qu'elle reflète officieusement le point de vue du gouvernement français. Tout organe de presse qui se respecte est abonné à Havas. Sur le marché international, affrontant les agences américaines ou britanniques, Havas marque souvent des points dans la compétition pour la priorité des nouvelles.

Néanmoins, dans l'affaire de Guernica, Havas s'est laissée totalement « doubler » par ses concurrents anglo-saxons. Ce n'est que tardivement qu'elle a publié, sur le bombardement, quelques lignes de seconde main. Il semble, cette fois, qu'elle ait pris sa revanche : elle est l'une des premières à diffuser, sous la plume de son envoyé spécial Botto, des informations qui confirment, sans réticence apparente, la version franquiste de l'anéantissement de Guernica.

Certes, si on lit attentivement le texte, on constate l'insistance avec laquelle le journaliste a souligné que la visite s'était déroulée sous la conduite d'officiers de l'état-major nationaliste. A trois reprises, on trouve mention du fait que ce sont les officiers nationalistes qui ont « attiré l'attention » des journalistes sur tel ou tel point. Dans la rédaction définitive qui en sera donnée à Paris, la dépêche va-t-elle souligner que Botto n'a pas écrit librement et que son texte a été nécessairement censuré ? Havas ne semble pas y avoir pensé. C'est sans aucun commentaire que la dépêche est diffusée. Et qu'elle va, à travers le monde, semer le trouble.

Car elle va être abondamment reprise. D'abord par ceux que gênait fort ce bombardement, *le Figaro*, par exemple, qui titre sur trois colonnes : UNE ENQUÊTE À GUERNICA DES JOURNALISTES ÉTRANGERS RÉVÈLE QUE LA VILLE N'A PAS ÉTÉ BOMBARDÉE. Le quotidien précise dans un sous-titre : « Les maisons avaient été arrosées d'essence et incendiées par les gouvernementaux. »

A Berlin, on est ravi. Bruyamment, la presse allemande répète que les imputations injurieuses et injustes formulées contre l'aviation allemande sont catégoriquement rejetées par la célèbre agence de presse française.

Parmi ceux-là mêmes qui avaient admis et stigmatisé le bombardement de Guernica, le doute se fera jour. Les premières informations reçues étaient-elles entièrement exactes ? Tout en faisant la part de ce qui peut revenir à la propagande, la thèse franquiste ne doit-elle pas être prise en considération ? Les deux explications ne peuvent-elles pas se conjuguer ?

Un chemin identique est parcouru par la presse et l'opinion britanniques. Le *Times* publie un nouvel article d'un autre de ses envoyés spéciaux, Holburn. Il produit les mêmes arguments que Botto : « Les marques distinctives d'un bombardement aérien ne sont pas nombreuses. » Des bombes ont pu être lâchées, mais elles n'ont pu déclencher l'incendie : « Il est difficile d'admettre que Guernica fut la cible d'un bombardement d'une exceptionnelle intensité ou qu'elle fut choisie par les nationalistes pour expérimenter des bombes incendiaires, comme les Basques l'ont prétendu. Les habitants qui ont survécu au bombardement et à l'incendie sont, pour la plupart, incapables d'apporter beaucoup d'aide aux enquêteurs. Ils disent qu'ils étaient dans les refuges ou dans la campagne quand l'incendie commença et que, par la suite, on leur a dit que c'étaient les avions qui étaient la cause de ces feux. Selon l'opinion des enquêteurs, il sera difficile de déterminer comment l'incendie s'est déclaré. »

D'évidence, le Britannique Holburn se veut plus prudent dans l'affirmation que le Français Botto. L'impression n'en demeure pas moins qu'il donne raison, au moins en partie, à la thèse nationaliste.

Les hommes du général Franco voulaient transformer une certitude en doute. Ils y sont parvenus.

Pour comprendre le degré de réussite auquel est parvenue la propagande nationaliste, il faut évoquer ici un brave homme de prêtre espagnol basque, le père Alberto de Onaindia. Il a bien voulu évoquer ses souvenirs au cours de l'émission de télévision que j'ai consacrée à Guernica [1]. A trente-quatre ans, il était chanoine à la cathédrale de Valladolid, mais travaillait en Pays basque. Le 26 avril, constatant que la situation s'aggravait pour les Basques, il a décidé d'aller retrouver sa mère à Aulestia pour l'emmener, avec d'autres membres de sa famille, en dehors de la zone menacée. Parti en voiture avec un ami, le sort

1. Antenne 2, 16 juin 1983.

a voulu que Guernica se trouvât sur leur route et qu'ils parvinrent à l'entrée de la ville à *4 heures et demie* de l'après-midi. Tout commentaire affaiblirait un tel témoignage :

« C'était lundi et jour de marché. Nous passions près de la gare de chemin de fer quand nous entendîmes l'explosion d'une bombe ; elle fut immédiatement suivie de deux autres. Un avion qui volait très bas jeta sa charge et il partit, tout cela en quelques secondes. C'était la première expérience de guerre à Guernica. La panique des premiers moments secoua les habitants et les paysans venus au marché. Nous remarquâmes une excitation considérable. Nous sortîmes alors de voiture, pour essayer de découvrir ce qui était arrivé et calmer de nombreuses femmes qui étaient de plus en plus nerveuses et agitées. Quelques minutes plus tard, d'autres bombes tombèrent près du couvent des *Madres mercedarias* et les gens commencèrent à abandonner les rues et à se cacher dans les caves et dans les abris. Presque aussitôt apparurent, comme s'ils venaient de la mer, quelque huit avions lourds qui jetèrent de nombreuses bombes et, derrière eux, suivit une véritable pluie de bombes incendiaires. Durant plus de trois heures se succédèrent des vagues de bombardiers, ainsi que des avions avec des bombes incendiaires et des appareils isolés qui descendaient à 200 mètres pour mitrailler les pauvres gens qui fuyaient épouvantés. Je ne connaissais pas la marque des avions car je ne comprends rien à ces sortes de choses.

« Nous restâmes un long moment à la sortie de la ville vers Munitibar et Marquina. L'explosion des bombes, les feux qui commençaient à s'allumer et le harcèlement des avions mitrailleurs nous forcèrent à chercher refuge sous les arbres, sous les entrées des maisons et à nous jeter par terre dans les champs quand nous voyions s'approcher un avion. Il n'y avait pas de défense antiaérienne, pas de défense d'aucune sorte, nous nous trouvions encerclés et enfermés par des forces diaboliques qui poursuivaient les habitants sans défense. Le long des rues erraient les animaux amenés au marché, des ânes, des porcs, des poulets. Dans ce bouleversement général, nous vîmes des gens qui fuyaient en hurlant, en priant ou en gesticulant contre les agresseurs. Nous quittâmes finalement la ville en flammes, mais quand nous vîmes s'approcher des avions qui allaient passer au-dessus de nous, nous courûmes nous cacher sous quelques arbres. Près de là, il y avait un ruisseau traversé par un petit pont de pierre, sous lequel nous nous abritâmes, tandis qu'à quelques mètres trois bombes explosaient, faisant s'élever un nuage de poussière aveuglante. Quelqu'un quitta la grand-route et grimpa dans le bois. Quand le calme revint, nous trouvâmes une femme morte, mitraillée, et un jeune *gudari* victime de l'explosion d'une bombe. Il ne portait pas de blessure visible, mais des flots de sang s'échappaient de sa bouche et de son nez. Je leur ai donné à chacun l'absolution. On nous a dit que le nom du *gudari* était Gotzon. Tous les caniveaux et les fossés étaient pleins de gens qui cherchaient à se cacher ou à trouver une protection contre les lâches attaques de la force aérienne ennemie. La Providence nous sauva ce jour-là. Des branches d'arbre et des mottes de terre tombaient sur nos têtes chaque fois que des bombes explosaient autour de nous. A 7 h 45 de cette radieuse soirée d'avril, la destruction systématique de notre ville sainte toucha à sa fin. C'étaient des avions allemands envoyés sur Guernica pour faire une expérience de guerre totalitaire. C'était le premier exemple de cette sorte de guerre : d'abord quelques bombes pour effrayer la population, puis des vagues de bombardiers avec des explosifs, suivis immédiatement par des bombes incendiaires et, finalement, des avions légers mitraillant les pauvre gens qui cherchaient à s'enfuir pour sauver leur vie...

« Guernica brûlait. Nous ne vîmes pas beaucoup de flammes pendant les deux premières heures parce qu'il faisait jour et que la fumée cachait les feux. Mais quand nous voulûmes rentrer dans la ville, nous ne pûmes faire un seul pas tellement nous étions suffoqués par la fumée et les flammes qui commençaient à consumer toutes les demeures. Beaucoup de gens s'étaient rassemblés hors de l'agglomération. Certains pleuraient, d'autres priaient et tous regardaient le spectacle, pétrifiés d'horreur et de peur. Je partis en marchant vers Munitibar[1]. »

---

1. Ce récit inédit a été publié par Herbert R. Southworth.

Le père Onaindia a pu retrouver sa mère, assise sur le bord d'une route. Il l'a ramenée à Bilbao. Au matin, il a couru narrer ce qu'il avait vu au président Aguirre. Nul doute que ce récit ait été à la base du communiqué, brûlant et désespéré, qu'a publié Aguirre au cours de la matinée.

La réaction d'Aguirre au récit de l'ecclésiastique va comporter une autre conséquence : le père Onaindia accepte-t-il de se rendre à Paris pour raconter ce qu'il a vu ? Puis à Rome pour témoigner auprès du pape ? Voilà ce que demande Aguirre. Le père part sur-le-champ. A peine arrivé à Biarritz, il raconte le calvaire qu'il a traversé en compagnie des infortunés habitants de Guernica. Plusieurs agences de presse anglo-saxonnes diffusent son interview.

Une nouvelle fois, Havas demeure absente de la compétition. Les journaux qui ne sont abonnés qu'à elle ignoreront tout du témoignage essentiel du père Onaindia.

De Biarritz, le père prend le train pour Paris. Sur le quai, une nuée de journalistes l'attendent : « Je fus encerclé par des journalistes qui me demandaient si j'avais vraiment été à Guernica, car les militaires démentaient ce fait. » Furieux, il écrit sur-le-champ à Mgr Múgica, évêque exilé de Vitoria qui réside à Rome : « Cette calomnie m'apparut presque pire que l'incendie de la ville : tuer de pauvres et d'innocentes personnes et leur attribuer ensuite le crime le plus horrible de cette guerre ! »

Sans le savoir, le père Onaindia vient de définir très exactement la portée de l'affaire de Guernica. Les hommes de Franco ont crié si fort leur négation de la vérité, ils l'ont répétée si souvent que l'évidence a fini par être mise en doute. Grande leçon qui, naturellement, sera entendue. Hitler et Goebbels joueront avec un art consommé de la dénégation. Staline ne sera pas en reste : quelle réussite d'avoir fait croire que le massacre de Katyn, crime soviétique par excellence, était un crime nazi !

Le père Onaindia ne sera pas convié à Rome et ne pourra donc jamais raconter au pape ce qu'il avait vu, mais un groupe de vingt-deux prêtres basques fera en secret le voyage de Rome.

Ils y rencontreront Mgr Múgica. Celui-ci tentera vainement d'organiser une entrevue avec Pie XI. Tout juste pourra-t-il obtenir un entretien avec le cardinal Pacelli. Celui-ci les recevra « avec une courtoisie réservée ». Dès qu'ils voudront aborder le sujet brûlant, « l'interview fut interrompue ».

Près d'un demi-siècle s'est écoulé et la *négation* des hommes de Franco produit toujours son effet. Cependant que je préparais mon émission sur Guernica, j'ai entendu plusieurs fois dire autour de moi :

— Guernica ? Au fait, il paraît qu'il n'y a jamais eu de bombardement.

Cinquante ans après !

Une fois de plus, l'Histoire va se révéler un tribunal d'appel. Franco tenait encore solidement le pouvoir lorsque des documents décisifs sont sortis des archives où l'on avait voulu si longtemps les ensevelir.

Il me faut rendre hommage ici à un admirable chercheur. Il n'est pas européen, ce qui le rend moins perméable aux débats nés souvent de nos passions. Professeur à l'université de San Diego en Californie, Herbert R. Southworth a été conduit à se pencher sur l'anéantissement de Guernica alors qu'il avait entrepris une étude plus générale sur la guerre civile espagnole. Très vite, il s'est demandé comment, sur une affaire aussi récente à propos de laquelle on pouvait penser que nous devions être parfaitement informés, deux thèses radicalement opposées avaient pu si longtemps coexister — et même coexistaient encore.

Herbert R. Southworth est de ceux qui se veulent assurés qu'un problème d'histoire peut toujours être résolu par une enquête exhaustive. La sienne a duré des années. Il a pu interroger ou faire interroger les survivants, consulter ou faire consulter les archives espagnoles, britanniques, françaises, allemandes. Rien n'a échappé à sa curiosité, aussi noble qu'avide.

Quand il entreprend son enquête, Havas, en tant que diffuseur de nouvelles, n'existe plus. Longtemps, on affirme à

Southworth que ses archives ont définitivement disparu. Il s'obstine. Un jour, une personne « informée » lui laisse entendre qu'il se pourrait qu'une partie des archives d'Havas — très faible — eût été déposée aux Archives nationales. Dans ce cas, comment espérer que le dossier de Guernica ait été conservé ? Southworth ne désespère jamais. Il s'adresse aux Archives nationales. Le renseignement était bon. Quelques bribes, en effet, des archives d'Havas ont abouti à l'hôtel de Rohan. Le dossier Guernica s'y trouve inclus !

C'est ainsi que Southworth pourra expliquer — enfin — l'incompréhensible comportement de l'agence Havas. Un accord avec le ministère des Affaires étrangères prévoyait le paiement à Havas — affaire privée —, à concurrence de 800 000 francs par mois, des « dépenses encourues par l'agence pour le renforcement de ses postes et de ses services étrangers en Europe, en Amérique et en Asie ». Une telle subvention comportait fatalement une réciprocité : pour tout épisode un peu délicat, Havas prenait langue avec le Quai d'Orsay.

C'est ce qui s'est produit pour Guernica. Une note retrouvée par Southworth est cruellement éclairante. Havas demande à son représentant à Bilbao, Fontecha, d'envoyer d'urgence *autres témoignages très précis sur destruction Guernica*. Fontecha expédie un télégramme contenant les propos révélateurs tenus par le maire de Guernica et par un ecclésiastique basque à la radio de Bilbao. Le télégramme qui arrive à Paris est rédigé en espagnol. On le traduit. Le rédacteur d'Havas auquel il est soumis pour rédaction définitive le juge *trop favorable aux Basques*. Il s'arrange donc pour qu'il le soit moins. Voici l'extrait de la note qui dit tout : « Ce texte modifié a été soumis par M. Bassé au Quai. Celui-ci, après quelques retouches et après avoir supprimé la dernière phrase que j'avais laissé subsister, attribuant la responsabilité de la destruction aux Allemands, a fait publier la dépêche. »

La preuve est là : si Havas, après avoir largement fait connaître le récit qui attribuait la destruction aux incendies des « rouges », n'a à peu près rien diffusé de la version attribuant l'anéantissement à un bombardement nationaliste, c'est qu'on l'a voulu en haut lieu. Le gouvernement de Léon Blum avait choisi le principe de non-intervention et un diplomate trop zélé aura voulu l'appliquer au-delà de ce qui lui était demandé.

Dans le dossier Havas des Archives nationales figurent également des rapports sur le comportement en Espagne du journaliste Botto. Les auteurs se demandent où Botto trouve les ressources nécessaires à la vie dispendieuse qu'il mène. Une autre correspondance démontre que Botto, en une occasion au moins, s'est engagé délibérément dans une politique de soutien au gouvernement nationaliste et qu'il a tenté de faire diffuser une dépêche dans ce sens. Dépêche que Havas, cette fois, a refusée. Une enquête a été prescrite qui a eu pour résultat le rappel de Botto.

Rien n'arrête un universitaire américain en chasse de vérité : Southworth s'est demandé ce qu'avait pu devenir Botto pendant l'Occupation. Il a été comblé : il travaillait au poste allemand *Radio-Paris*. En particulier, il a été chargé d'acheter, en 1944, pour une somme rondelette, les voitures destinées à permettre au personnel du poste de fuir en Allemagne. Las ! ces voitures se sont révélées à peu près incapables de rouler. L'éditorialiste de *Radio-Paris* Jean-Hérold Paquis, rapportant l'épisode, laissera clairement entendre que M. Botto n'y avait rien perdu.

Suivre l'évolution des thèses nationalistes jusqu'à la fin de la guerre civile et au cours des premières années de la Deuxième Guerre mondiale ne manque pas d'intérêt. L'explication officielle ne change pas : ce sont toujours les « rouges » qui ont incendié la ville. En 1943, paraît le huitième volume de la monumentale *Historia de la cruzada española*, par Joaquin Arraràs. On constate une première évolution : il n'est fait mention ni d'un bombardement par les nationalistes ni d'un incendie par les républicains. Seulement une photo des ruines, avec cette seule légende : « Une vue imposante de la ville détruite. »

En 1949, dans une revue militaire espagnole, le général Martinez Esparza admet, pour la première fois, la réalité d'un bombardement. Selon lui, il y a eu d'abord bombardement, puis incendie volontaire. Il faudra attendre dix-sept ans pour que la censure madrilène, en 1966, laisse publier ce passage traduit d'un texte allemand : « Les bombardements dévastateurs à la bombe de la légion Condor (Sperrle) atteignirent Guernica, Durango et Amorebieta, faisant souffrir cruellement la population civile. » Les Espagnols peuvent donc lire enfin qu'il y a eu *bombardement* à Guernica.

Que l'on ne croie pas que l'arrière-garde nationaliste ait renoncé à sa thèse. En 1967, Luis Bolin — l'ex-censeur et délégué à la propagande de 1937 — persiste et signe : « Le récit de la totale destruction de Guernica par les bombes nationalistes durant la guerre civile d'Espagne est un mythe. » En 1967 encore, paraît la *Cronica de la guerra de España*, par Ricardo de La Cierva, histoire officielle de la guerre civile commandée par le régime. On y lit : « Naturellement, personne ne peut nier le bombardement par la légion Condor, bien qu'il soit vrai également qu'il n'ait pas eu le caractère d'un bombardement stratégique, mais simplement celui d'un bombardement tactique. » En 1968, Gil Mugarza publie *España en llamas* avec ce passage : « En réalité, il n'existe aucune preuve que Guernica ait été endommagée après le bombardement du 26 avril. »

Constatons que La Cierva reviendra sur le sujet avec une réelle honnêteté dès qu'il aura connaissance d'un témoignage du célèbre aviateur allemand Galland. Celui-ci avait appartenu à la légion Condor mais ne l'avait rejointe que deux semaines après la tragédie. Ses camarades se montraient là-dessus parfaitement explicites : on avait donné l'ordre aux pilotes allemands de « détruire l'ennemi à tout prix, mais d'épargner autant que possible la population civile ». Or c'est le contraire qui s'était produit : « C'est pourquoi le moral de la légion était très bas à mon arrivée en Espagne. Personne ne parlait de bon gré de Guernica. » Galland dira encore : « En réalité, Guernica, qui n'était ni une ville ouverte ni un objectif militaire fut une erreur lamentable, telle qu'il s'en produisit au cours de la Seconde Guerre mondiale. Cette erreur allait devenir le symbole même de l'iniquité et de la barbarie allemandes. »

L'étape finale sera franchie par le journaliste Vicente Talón dans son livre *Arde Guernica* (1970). Pour Talón, il ne saurait exister le moindre doute : les avions employés pour le bombardement étaient allemands et pilotés par des Allemands de la légion Condor. Lorsque paraît le livre de Talón, le général

Franco est toujours en vie et la censure reste vigilante. On peut légitimement en déduire que, du vivant même du Caudillo, le régime a abandonné sa thèse primitive.

En septembre 1945, deux Américains s'entretiennent avec Goering dans sa prison de Nuremberg. Ils se nomment Maier et Sander. Ils lui parlent de Guernica. Réponse du *Reichsmarschall* : la ville a été utilisée comme « banc d'essai ». Il ajoute : « Lamentable événement ! Mais nous ne pouvions pas faire autrement. A l'époque, de telles expériences ne pouvaient pas être menées ailleurs. »

Le chef d'état-major de la légion Condor, von Richthofen, écrira : « Il fut possible de disloquer les mouvements rouges sur une large échelle, par des attaques combinées, dont celle de Guernica *fut la plus réussie.* »

Serait-ce donc que la responsabilité de l'anéantissement de la ville doive être attribuée à la légion Condor *exclusivement* ? Non point. Un document, révélé en 1970, apporte la preuve d'une connivence totale entre Allemands et franquistes. Il montre que le raid du 26 avril 1937 a été engagé à la demande du commandement nationaliste [1].

Daté du 7 mai 1937, ce document n'est autre qu'un télégramme que le GQG de Franco adressa à la légion Condor afin que celle-ci informât Berlin de l'« incident ». En voici les termes : « Je prie Sander [2] d'informer Berlin que Guernica, ville de moins de cinq mille habitants, située à 6 kilomètres de la ligne du front, carrefour de communications très important, dotée d'une fabrique de munitions, de bombes et de revolvers, était le 26 avril un lieu de passage d'unités en fuite et de stationnement de réserves. Les unités de la ligne du front ont demandé directement à l'aviation de bombarder le carrefour ; cela fut exécuté par les forces aériennes allemandes et italiennes et, à cause du manque de visibilité, de la fumée et des nuages de poussière, des bombes jetées par les avions ont atteint la ville. »

Que pourrait-on ajouter ?

---

1. Georges Soria : *Guerre et Révolution en Espagne*, tome 3 (1976).
2. Pseudonyme de l'Allemand Sperrle.

VIII

L'affaire Toukhatchevski

12 juin 1937

La nouvelle éclata avec la brutalité qui était désormais de règle sous le règne de Staline. Elle plongea dans la stupeur quelques millions de Soviétiques : on venait d'arrêter le maréchal Toukhatchevski et, avec lui, plusieurs militaires de très haut rang.

La consternation s'accrut quand on découvrit dans la presse l'explication officielle de ces arrestations. De quoi les accusait-on, ces personnages prestigieux ? D'avoir, en accord avec les agents d'un Etat étranger, conspiré contre le régime. Après quoi, les choses allèrent incroyablement vite. Le 11 juin, on annonçait que Toukhatchevski et ses complices comparaîtraient le même jour devant un tribunal militaire siégeant à huis clos. Le 12 juin, on apprenait que tous les accusés — Toukhatchevski et sept autres — avaient été exécutés.

Nous savons, par quantité de témoignages parus après l'ère stalinienne, ce que fut l'accablement des Soviétiques moyens. Toukhatchevski, un espion ? Toukhatchevski, un conspirateur ? Cet homme-là, on s'était habitué à l'admirer, la presse et la radio en chantaient les louanges. Et maintenant...

Tué sur l'ordre de Staline : le maréchal Toukhatchevski. (Keystone.)

L'époque n'était pas aux commentaires. Ceux qui doutèrent publiquement, et même en privé, payèrent ce doute de leur vie ou d'une longue captivité. Pour être édifié à cet égard, il suffit de lire les *Mémoires* du général Gorbatov qui connut les camps d'extermination staliniens pour avoir refusé de croire que d'aussi bons révolutionnaires aient pu tout à coup se muer en traîtres.

Qui aurait pu deviner que Toukhatchevski avait été arrêté à la suite du plus incroyable enchevêtrement de complots qu'ait connu l'Histoire ? Qui aurait osé supposer que Toukhatchevski était mort parce que Staline l'avait voulu, certes, mais aussi parce que Reinhard Heydrich, le plus fanatique des zélateurs de Hitler, avait paradoxalement secondé le dictateur soviétique ?

Toukhatchevski est né en 1893, près de Smolensk, d'une famille de petite noblesse. Son père, bohème passionné de musique, a épousé une paysanne illettrée. On vit, plutôt mal que bien, des revenus d'un petit domaine. Mikhaïl Nikaloïevitch Toukhatchevski grandit, au milieu de huit frères et sœurs, dans une atmosphère à la Tchekhov. On ne songe guère au lendemain. On vit pour la musique, la littérature, la peinture. Mikhaïl, seul des siens, va préférer aux jeux de l'esprit le sport et les activités physiques. En 1905, il ressent comme une atteinte personnelle la défaite de son pays dans la guerre russo-japonaise. De là naît une vocation : il sera militaire. Alors que ses frères et sœurs choisissent le Conservatoire ou l'Ecole des beaux-arts, Mikhaïl entrera à l'Ecole des cadets, puis à l'école militaire Alexandre.

A la veille de la guerre de 1914, il est sous-lieutenant, fort différent pourtant de la plupart des jeunes officiers qui portent au tsar un véritable culte. Comme son père, il se veut libéral. Il n'a pas, à l'instar de ses camarades, le goût du vin, du jeu, mais celui du travail. Quand la guerre éclate, il se bat non seulement courageusement mais intelligemment sur le front de Galicie. En février 1915, les Allemands le font prisonnier. Plusieurs fois, il tente de s'évader. Après une marche de trois semaines en plein pays ennemi, une de ses tentatives le conduit jusqu'à la frontière de la Hollande. Repris, on le jette derrière les murs du fort d'Ingolstadt. C'est là que rongent leur frein des officiers de toute nationalité dont le dénominateur commun est d'avoir tenté de s'évader. Toukhatchevski va y rencontrer Roland Garros et le capitaine de Gaulle. Il tente une dernière évasion. Elle réussit. Il rejoint Petrograd en pleine révolution.

Ce qui se présente à lui, comme à tous les officiers de même origine, c'est un choix. Acceptera-t-il le nouveau régime ou s'opposera-t-il violemment à ce Lénine qui vient d'infléchir si profondément le destin de la Russie ? Non seulement il adhère à la révolution, mais il la servira de son mieux. Quand, au début de 1918, le gouvernement est transféré à Moscou, il l'accompagne et reçoit un poste à la section militaire du Comité exécutif panrusse des Soviets. En avril, il s'inscrit au parti communiste. Les harangues fougueuses et les écrits enflammés de Lénine ont balayé toutes ses hésitations, si du moins il en a ressenti. Il dira que son ralliement a été l'aboutissement de ces idées « avancées » que, dès l'école, il partageait avec de rares camarades.

La Russie plonge dans la guerre civile. Pour faire face à la contre-offensive blanche menée par l'amiral Koltchak, le général Miller, le général Denikine et le général Wrangel, Trotski vient de créer l'*Armée rouge des ouvriers et des paysans*. Pendant quatre ans, Toukhatchevski ne cessera de combattre en son sein. Le 26 juin 1918, à l'âge de vingt-cinq ans, il prend le commandement de la Ire armée, première grande unité opérationnelle de l'Armée rouge. On le verra commander la Ire armée du front oriental, la VIIIe armée du front sud, la Ve armée du front oriental, la XIIIe armée du front du Caucase, puis continuer le combat sur le front occidental. En mars 1921, il réprime la révolte qui a éclaté dans l'île de Kronstadt. En mai-juin de la même année, il liquide les bandes contre-révolutionnaires d'Antonov. Nul, peut-être, parmi les chefs de l'Armée rouge, n'a dû faire face à tant de situations aussi difficiles, aussi riches d'enseignement de toutes sortes. Se battre dans cette Russie déchirée, c'est apprendre en même temps à mieux connaître le peuple russe. L'expérience acquise au cours de ces années par Toukhatchevski est incomparable.

La paix revenue ne freine en rien son ascension. Après avoir assuré le commandement de l'Académie militaire de l'Armée rouge, il est promu chef d'état-major de l'armée. En 1931, il est ministre adjoint de la Défense nationale et chef des armements de l'Armée rouge. A peine la dignité de maréchal est-elle rétablie et elle lui est décernée.

La tâche qu'il a accomplie à la tête de l'armée est universellement admirée en Russie et en Occident. M. Benoist-Méchin l'a souligné : « En 1936, l'Armée rouge est devenue une des plus fortes armées du continent. Elle est dotée d'un équipement très moderne, et ses effectifs sont remarquablement aguerris. » Toukhatchevski y est pour beaucoup.

En Allemagne, on le sait.

Dans son salon de l'hôtel Adlon, un athlète revêtu de l'uniforme de général SS se dresse pour accueillir un visiteur. Il a de peu dépassé la trentaine. Il est grand, mince, blond. Dans le visage triangulaire, ce qui domine, c'est le regard bleu d'une incroyable dureté. Curieusement, sa voix est presque féminine, très haut perchée. Un autre détail surprend : les mains trop fines. Son nom ? Reinhard Heydrich.

Il s'agit du second de Himmler, chef tout-puissant de la Gestapo. Nous sommes en décembre 1936. Il y a trois ans que Hitler est au pouvoir. Toutes les oppositions intérieures ont été liquidées. A l'exception de celle de certains militaires de haut grade.

Le visiteur affiche la quarantaine. Il est mince, élégant, avec une petite moustache et des cheveux courts séparés en leur milieu par une raie. Ce Russe est connu à Paris comme l'adjoint du général Miller, président de l'Organisation mondiale des militaires russes en émigration : c'est le général de l'armée blanche Skobline.

Pourquoi cette rencontre ? Parce que l'émigré est, depuis quelques mois, un espion à la solde du SD qui paie richement les renseignements livrés par lui. S'il s'est mis au service de l'Allemagne de Hitler, c'est avant toute chose parce qu'il est anticommuniste. Tous ses efforts tendent à voir chasser de sa chère Russie l'homme qui polarise sa haine : Staline. Son alliance avec les SS s'inscrit selon lui dans ce droit fil.

Reinhard Heydrich accueille toujours Skobline avec intérêt. Que va donc lui vendre cette fois l'émigré ?

Aux premières paroles de Skobline, le chef du SD dresse l'oreille. Jamais il ne se serait attendu à une révélation aussi fantastique. Skobline affirme que le maréchal soviétique Toukhatchevski entretient des relations secrètes avec des membres du Grand Etat-Major allemand, obsession et hantise de Heydrich. Celui-ci est sûr que des généraux allemands, par mépris de Hitler, sont dangereux mais il n'a jamais pu obtenir de preuves palpables à cet égard. Merveille : Skobline les lui apporte.

Littéralement, Heydrich boit les paroles du Russe qui expose avec une lenteur teintée d'humour les raisons de ce complot contre nature. C'est tout simple : les militaires allemands veulent se débarrasser de Hitler. Toukhatchevski veut se débarrasser de Staline [1].

Le lendemain de son entretien, Heydrich convoque ses adjoints, leur résume les accusations de Skobline et en tire les conséquences :

— Correctement utilisée, cette information pourrait porter au haut commandement de l'Armée rouge un coup dont il ne se remettrait sans doute pas avant de longues années. En ce qui concerne le Grand Etat-Major allemand, elle nous aiderait à éliminer des éléments qui, en son sein, demeurent hostiles au national-socialisme.

L'un des adjoints de Heydrich, le capitaine SS Erich Jahnke, se permet d'observer que Skobline n'est pas sûr. Il a de gros besoins. Sa femme, une ex-danseuse étoile de l'Opéra de Petrograd, la superbe Nadeja Vassilievna Plevitskaïa, lui coûte beaucoup d'argent. Et si l'information était téléguidée de Moscou, dans on ne sait quel dessein ? Heydrich se fâche : il a toute confiance en Skobline. D'ailleurs, le renseignement cadre

1. André Brissaud, *Histoire du service secret nazi* (1972).

essentiellement avec sa propre perception de la situation européenne. L'intervention intempestive de Jahnke vaudra à celui-ci trois mois d'arrêts de rigueur à son domicile.

Le 24 décembre 1936, Heydrich et son chef Himmler se rendent chez Hitler. Présents à l'entrevue : Rudolf Hess et Martin Bormann. Heydrich expose son plan. Il s'agit de prendre la balle au bond et de fabriquer un dossier prouvant la culpabilité de Toukhatchevski. On s'arrangera pour faire parvenir ce dossier à Staline. Ainsi mènera-t-on à sa perte Toukhatchevski, le plus dangereux des grands soldats soviétiques.

Hitler hésite : va-t-il jouer Toukhatchevski contre Staline, ou Staline contre Toukhatchevski ? Finalement, il s'arrête à la seconde solution. Il s'agit, a dit Walter Schellenberg, chef du contre-espionnage nazi, de « l'une des décisions les plus fatales de notre temps [1] ».

Le 1er janvier 1937, c'est précisément Schellenberg que Heydrich convoque. Avec lui, il réunit dans son cabinet le colonel SS Hermann Behrends, chef du service Est du SD et Alfred Naujocks, l'un des hommes de confiance du SD. Etroit, d'apparence effacée, avec des lunettes d'intellectuel, Naujocks se révélera, dans les années qui suivront, le plus redoutable et le plus efficace des agents hitlériens.

Avec stupeur, avec passion ensuite, les trois hommes l'entendent décrire l'opération capitale pour laquelle le Führer a donné le feu vert. Il les met en garde : un certain nombre de chefs de l'armée allemande ne dissimulent pas leurs sympathies pour la Russie. Il ne faut à aucun prix qu'ils puissent alerter Toukhatchevski.

Des généraux de Hitler russophiles ? Les SS présents dans le cabinet de Heydrich ne s'en étonnent pas. Ils se souviennent que le traité de Versailles a interdit à l'Allemagne de disposer d'une aviation et d'une force blindée. Postérieurement au traité de Rapallo, les Allemands ont été autorisés à s'exercer en Russie. Cet entraînement s'est poursuivi de 1923 à 1933.

---

1. Walter Schellenberg, *Le Chef du contre-espionnage nazi parle* (1957).

Selon l'Allemand Sébastien Haffner, « le miracle apparent de la remilitarisation allemande sous Hitler n'a été rendu possible que par le travail de base patient, assidu, opiniâtre, accompli pendant onze années en Russie ». Au cours de ces exercices permanents, cependant que manœuvraient les tanks allemands et que la Luftwaffe s'élançait à la conquête de records nouveaux, une véritable camaraderie s'était instaurée entre les militaires allemands et leurs hôtes soviétiques.

A l'avènement de Hitler, lorsque les Allemands sont rentrés chez eux, des contacts ont été conservés entre les deux partenaires. Toukhatchevski, comme beaucoup d'autres, a échangé des lettres avec des camarades allemands.

Ces lettres, le SD en connaît l'existence. Elles doivent constituer la pierre angulaire du plan machiavélique que Heydrich commence à ourdir. Il s'adresse à Schellenberg :

— Les lettres de Toukhatchevski sont en possession de l'état-major. Il faut que vous demandiez à Canaris de nous communiquer les dossiers où elles se trouvent.

Rappelons que l'amiral Canaris est alors le chef du contre-espionnage de l'armée. Il existe en Allemagne deux services secrets : celui de l'armée avec Canaris, celui des SS avec Heydrich. Le moins que l'on puisse dire est qu'ils ne manifestent entre eux qu'un très faible désir de coopération.

Heydrich se tourne vers Naujocks :

— Je veux que d'ici à demain vous me dénichiez le meilleur graveur d'Allemagne afin de contrefaire des lettres et des documents.

Il explique :

— Notre plan consiste à produire suffisamment de documents prouvant que Toukhatchevski et certains de ses collègues de l'Armée rouge conspirent avec les généraux de l'OKW [1] pour prendre le pouvoir dans leurs pays respectifs. Nous aurons besoin d'un dossier bien fourni de lettres que Behrends rédigera et portant des signatures auxquelles votre graveur aura su donner un parfait caractère d'authenticité. Des photographies de

1. *Oberkommando der Wehrmacht*, commandement suprême de l'armée allemande.

ces documents seront vendues aux Russes et nous ferons en sorte de les convaincre que les originaux paraissent avoir été volés dans les dossiers du SD. Nous devons également donner l'impression que nous menons une enquête sur la trahison de nos propres militaires. Si Staline obtient ce dossier par l'entreprise de son propre service secret et s'il se persuade qu'il est authentique, il brisera Toukhatchevski comme ça...

Heydrich fait claquer ses doigts.

— Si nous réussissons, dit Naujocks, ce sera la plus grande catastrophe qui se soit abattue sur la Russie depuis leur révolution.

— Pourquoi ne réussirions-nous pas ? s'exclame Heydrich. Tout dépend du graveur. A vous de trouver le meilleur[1].

Schellenberg comprend qu'il n'a pas intérêt à faire traîner l'affaire. Il prie Canaris de lui communiquer d'urgence les dossiers qui intéressent tant son chef. Refus très sec qu'il transmet avec une certaine inquiétude. Furieux, Heydrich se voit forcé de s'adresser personnellement à l'amiral dont l'habituelle courtoisie se nuance cette fois de sécheresse pour confirmer que l'armée ne saurait se dessaisir de tels documents. En se retirant, Heydrich lance :

— Très bien, j'en référerai au Führer !

A quelques jours de là, un certain Gert Gröthe est convoqué par Heydrich. Mission lui est donnée de pénétrer dans les locaux du ministère de l'Armée, d'y ouvrir les coffres qui lui sont désignés et de dérober les documents qui lui sont décrits. Une fois l'opération réussie, il lui faudra mettre le feu afin de simuler un début d'incendie.

Tout se passe à la satisfaction de Heydrich. A une exception près : le « début d'incendie » se communique à tous les étages du ministère. Une grande partie des précieuses archives sont détruites et l'immeuble restera lézardé.

Qu'importe à Heydrich. Il a son dossier.

Un graveur à cheveux blancs se courbe sur son établi. Devant lui, des bouteilles d'encre, des plumes, des pinceaux. Il ne s'arrête que de temps en temps pour essuyer ses lunettes. Non loin

1. Gunter Peis, *Naujocks, l'homme qui déclencha la guerre.*

de lui, Naujocks, installé sur une chaise, fume des cigarettes en lisant distraitement un journal. Le graveur s'appelle Franz Putzig. Naujocks l'a déniché dans le quartier de Zehlendorf. Membre du parti, il a trente ans d'expérience professionnelle. Quand Naujocks lui a révélé ce que l'on attendait de lui, Putzig a seulement souhaité obtenir une garantie du supérieur local du parti et une autre d'un officier supérieur du SD. Ce qu'ils ont fait.

Comme prévu, les textes des faux ont été préparés par Behrends. C'est à recopier ces signatures sur les pièces volées au ministère de l'Armée que s'acharne le vieux Putzig. Les heures passent. La nuit s'avance. Putzig travaille toujours.

A 4 heures du matin, Putzig écarte ses plumes et ses bouteilles d'encre.

— C'est fini, dit-il.

Naujocks se précipite. Il n'en croit pas ses yeux. Chaque signature est un chef-d'œuvre de précision, d'exactitude.

— Vous êtes un génie ! s'exclame-t-il.

Ce qui émerveille le plus Heydrich, c'est une lettre de Toukhatchevski forgée de toutes pièces. Tout y est : même le filigrane du papier est russe. Le style est celui, caractéristique, de Toukhatchevski. On fait écrire au maréchal que l'Armée rouge et la Wehrmacht se trouveront considérablement renforcées si elles concluent un accord les libérant toutes deux des lourdes bureaucraties qui les coiffent. Dans les marges, des notes au crayon censées avoir été rédigées par les services de Canaris renforcent la véracité du faux.

Au dossier, on a joint une lettre de Canaris à Hitler, résumant le complot : imaginaire, bien sûr. On a même fabriqué une prétendue réponse de Hitler. A ce point de l'opération, va-t-on aller jusqu'à fabriquer une fausse signature du Führer ? Personne ne l'ose. C'est au Führer lui-même que l'on demandera de signer ce document forgé. Il signe.

De jour en jour, le dossier se gonfle : voici les ordres de Bormann à Heydrich — faux mais criants de vérité — de faire surveiller sur-le-champ les officiers allemands suspects. En définitive, le dossier contiendra trente-deux pages, auxquelles — cerise sur le gâteau — est jointe une photographie de Trotski entouré de fonctionnaires allemands[1]. Ces feuillets, Heydrich les garde longtemps entre les mains :

— Absolument remarquable !

Il se tourne vers Naujocks et lance :

— Maintenant, photographiez tout cela. Ménagez une lumière suffisamment mauvaise pour bien montrer que vous étiez pressé.

Naujocks va utiliser un Leica et en éclairera les documents au magnésium. Le résultat ? Un travail d'amateur. Exactement ce que l'on cherchait.

Le dossier est prêt.

Ici, un nouveau personnage va surgir au sein de cet imbroglio. A son insu. Il s'agit du président de la République tchécoslovaque, Eduard Beneš. Il va devenir l'un des pions majeurs du jeu qui a commencé de se jouer entre services secrets. Avec des dés pipés.

On connaît parfaitement à Berlin l'obsession du président Beneš. Profondément démocrate, étroitement lié à la France qui a porté son pays sur les fonts baptismaux, la carte de l'Europe lui rappelle chaque jour l'existence d'un trop puissant voisin : la Russie soviétique. D'où sa préoccupation de ne faire à Staline aucune peine, même légère. Heydrich l'a compris très tôt : pour perdre définitivement Toukhatchevski, il faut intoxiquer Beneš. Si l'on convainc le président tchécoslovaque de la culpabilité du maréchal, il s'empressera d'en avertir Staline.

C'est ce à quoi va s'employer maintenant le SD. Aucun problème : n'a-t-on pas sous la main le précieux Skobline ?

A peine le Russe blanc est-il mis au courant qu'il s'enthousiasme et affirme qu'il sait à quelle porte frapper. On lui laisse carte blanche. Il part pour Genève où fonctionne un service de renseignements privés auquel Beneš accorde toute sa confiance. Un Tchèque du nom de Nemanov le dirige. Skobline le rencontre, aborde naturellement un autre sujet et, incidemment, fait allusion aux rapports secrets qui existent entre Toukhatchevski

1. Information de John Erickson, citée par Robert Conquest : *La Grande Terreur* (1970).

et l'état-major allemand. La réaction de son interlocuteur convainc Skobline que sa tactique est bonne. Il informe aussitôt Berlin que Beneš ne tardera pas à mordre à l'hameçon. Heydrich exulte.

Il a tort. C'est Jahnke qui avait raison : Skobline, patriote nationaliste russe blanc passé au service de Hitler, est aussi un agent soviétique !

Ici, le lecteur est prié de ne pas se récrier sur le caractère invraisemblable, voire extravagant, de cette histoire.

Première surprise : la découverte de la triple appartenance du général Skobline. Le lecteur doute : c'est trop. Qu'il se souvienne que Skobline a épousé la Plevitskaïa et qu'il en est fou. Or, avant de devenir sa femme, celle-ci a travaillé pour la Tcheka, puis pour la Guépéou, enfin pour le NKVD. La preuve en sera apportée par les documents que la police française saisira en 1937 au domicile parisien des Skobline. Peu à peu, la danseuse est parvenue à modifier sinon les opinions, du moins le comportement de son mari. Vers 1930, Skobline lui-même est passé à la solde de la Guépéou. Lorsque l'on suit le couple à la trace, on s'aperçoit que son train de vie se modifie du tout au tout. Finies les petites pensions de famille de la Côte d'Azur où l'on compte les morceaux de pain attribués à chaque client. Le couple revient dans la région parisienne et achète une propriété en Seine-et-Marne. Il mène désormais une brillante existence mondaine. L'homme qui a combattu avec héroïsme au sein des armées blanches, ce patriote exemplaire s'est « moralement désintégré [1] ».

Aussi effarant que cela puisse paraître, il existe une logique dans le comportement de Skobline. Son dessein ultime est toujours de venir à bout des bolcheviks détestés. Il ne s'est jamais résigné à la victoire des rouges. Il hait en particulier Toukhatchevski qui a porté tant de coups décisifs aux blancs. Skobline rêve du jour où une croisade contre le bolchevisme chassera du Kremlin Staline et sa clique. Skobline a espéré que les Français et les Anglais s'uniraient pour mener à bien la

1. André Brissaud : *Staline* (1974).

besogne. Il a compris qu'il faisait fausse route. C'est alors que, voyant grandir la puissance du pouvoir nazi, il s'y est rallié tout en continuant à fournir au NKVD les informations qui lui sont demandées. Jouer entre Hitler et Staline représente un pari que personne d'autre n'aurait osé risquer. Skobline l'a pris.

Le lecteur doit savoir aussi que son orgueil est sans limite. Il n'éprouve que du dédain pour le général Miller, son chef à la tête de l'Organisation mondiale des militaires russes en émigration. A ses yeux, ce qui caractérise surtout Miller, c'est la mollesse. Il en a aussitôt tiré conséquence. Un seul homme peut mener à bien la croisade : lui, Skobline.

A la fin de novembre 1936, il rencontre, dans un hôtel de Seine-et-Marne, deux agents du NKVD. Un marché est conclu : il livrera Miller au NKVD qui se chargera de son élimination définitive [1]. Quant à Skobline, il contribuera à faire abattre le maréchal Toukhatchevski dont Staline a d'ores et déjà décidé la condamnation.

C'est selon le scénario arrêté d'un commun accord avec le NKVD que Skobline s'est rendu à Berlin pour « révéler » à Heydrich que Toukhatchevski entretenait des relations secrètes avec le Grand Etat-Major allemand. C'est à partir de là qu'a été fabriqué le dossier dont Heydrich pense qu'il constitue un piège génial dans lequel Staline ne va pas manquer de s'enferrer.

Or, à l'origine de ce plan, se trouve *Staline lui-même*. Le NKVD a littéralement téléguidé toute l'entreprise en dictant son rôle à Skobline. De sorte que les SS sont simplement devenus les exécutants de la volonté stalinienne !

L'encerclement du président Beneš suit son cours. A Paris, un certain Nikola Alexeïev, membre de l'Organisation mondiale des militaires russes en émigration — et lui aussi agent

1. Selon Pavel Soudoplatov *(op. cit.)*, le général Miller a été enlevé par Skobline lui-même (nom de code « fermier ») qui opérait sous la direction de Sergueï Spieglass. Skobline avait entraîné le général Miller dans une planque du NKVD sous prétexte de lui présenter des officiers du renseignement allemand. Miller fut transporté au Havre sur un cargo soviétique. Arrivé à Moscou, Miller « fut interrogé, jugé et abattu ».

du NKVD ! — est capturé par la police au moment où il tentait de dérober les plans secrets d'un sous-marin français. On l'écroue à la prison militaire du Cherche-Midi. L'affaire paraît bizarre car les plans du sous-marin ont été depuis longtemps abandonnés.

En vérité, Alexeïev a tout fait pour être pris. Les instructions qu'il a reçues de Skobline portent qu'il doit laisser échapper, devant le juge d'instruction, des confidences soigneusement préparées. Au cours de l'un de ses interrogatoires, il « lâche » le nom de Toukhatchevski : à l'en croire, celui-ci complote avec les nazis. Les services secrets français, avertis aussitôt, en informent le gouvernement.

Il semble bien que Léon Blum se soit montré très impressionné par ces accusations. Postérieurement à l'émission que j'ai présentée à la télévision[1], M. Edouard Depreux, ancien ministre, a bien voulu me le confirmer : « Alors président du Groupe des avocats socialistes, j'ai envoyé un télégramme à Staline pour protester contre les conditions dans lesquelles était intervenue la condamnation [de Toukhatchevski]. Léon Blum, alerté par Beneš, tout en comprenant parfaitement l'esprit de mon intervention, m'a mis en garde contre des illusions touchant l'innocence du maréchal[2]. » Après les « aveux » d'Alexeïev, l'attaché militaire tchécoslovaque à Paris, alerté le premier, a averti le président Beneš qui a tout naturellement interrogé Blum sur le sérieux des informations venues à sa connaissance.

Il reste au SD à acheminer le fameux dossier jusqu'à Moscou. Par l'intermédiaire d'un agent diplomatique en poste à Prague — et correspondant du SD —, on avertit Beneš de son existence. Selon Schellenberg, le président Beneš aurait adressé immédiatement une lettre personnelle à Staline.

Ce qui nous confirme que la mise en condition de Beneš, à cette époque, atteint une véritable perfection. Le président tchécoslovaque, convaincu par tant d'informations venues à lui

1. Antenne 2, 2 juillet 1973.
2. Lettre du 6 juillet 1973.

par des voies si différentes, convoque l'ambassadeur d'URSS Alexandrovski et lui livre, en bloc, tout ce qu'il croit savoir. Alexandrovski adresse aussitôt un long rapport à Staline. Victoire absolue du NKVD.

Un peu plus tard, Naujocks reçoit la visite d'un agent très évidemment soviétique qui, informé par la filière tchèque, croit savoir qu'il serait possible d'avoir accès à un dossier intéressant. Il explique que, s'il prend contact avec Naujocks, c'est parce qu'on lui a laissé croire que l'on pourrait s'entendre avec lui. Immédiate, la réponse de Naujocks. Il va jouer à merveille le rôle du traître.

— Le dossier est en ce moment dans mon bureau, mais je ne puis le garder que jusqu'à demain matin... Vous voyez donc que je suis pressé. Je pense pouvoir photographier les documents cette nuit mais, si j'y parviens, il ne faut pas que les photos traînent ici pendant des jours. Aucune cachette n'est suffisamment sûre pour ce genre de papiers. Je veux en finir au plus vite. Trop de personnes sont déjà au courant de cette affaire à mon gré. Je ne puis attendre votre réponse que jusqu'à demain.

— Combien ? demande l'agent soviétique.

— 50 000 marks.

— C'est ridicule ! Nous ne paierons jamais ce prix.

Naujocks hausse les épaules.

— Croyez-vous que je vais m'exposer pour moins que cela ? Pas d'argent, pas de dossier.

Déjà, il prend congé.

— Un instant, intervient l'agent soviétique. Comment puis-je reprendre contact avec vous ?

Naujocks réfléchit un court moment puis tend à son interlocuteur un carré de papier sur lequel il a noté un numéro de téléphone.

— Si vous avez décidé de conclure l'affaire, appelez-moi demain à 18 heures. Autrement, ne prenez pas la peine de me téléphoner.

Le lendemain, l'agent soviétique donne son accord. Rendez-vous est pris à la station de métro de Kurfürstendamm. En échange du dossier, l'agent verse les 50 000 marks.

S'il faut en croire Schellenberg, ce ne sont pas des marks, mais 3 millions de roubles-or qui ont été remis. Il a dû détruire personnellement « la majeure partie des trois millions de roubles payés par les Russes, car ils se composaient de grosses coupures dont les numéros avaient évidemment été relevés par la Guépéou. Chaque fois que l'un de nos agents essaya de s'en servir à l'intérieur de l'Union soviétique, il fut arrêté en un temps record ».

Une certitude en tout cas : le dossier est bien parvenu à Moscou.

Pourquoi Staline a-t-il voulu perdre Toukhatchevski ? En 1937, l'ère des grands procès est commencée. La terreur va frapper successivement la plupart des vieux compagnons qui avaient été à l'origine de la révolution d'Octobre. Qu'il y ait eu d'autres « fondateurs » que lui, voilà une idée que Staline en est venu à ne plus supporter. Mégalomane et sanguinaire, il se rapproche de ces anciens tsars satisfaits lorsqu'ils avaient éliminé successivement les membres de leur famille et de leur entourage.

Qui plus est, Toukhatchevski évoque pour Staline un souvenir amer. En 1920, pendant la guerre russo-polonaise, Toukhatchevski était allé de victoire en victoire, il avait pris Minsk, puis Wilno. Alors qu'il marchait sur la Vistule, il avait dû faire face à une contre-offensive polonaise, conduite par le maréchal Pilsudski. Sous les coups de boutoir polonais, les Russes avaient dû se replier.

Certain qu'une aide venue du front sud-ouest en direction de Lublin éviterait l'effondrement, Toukhatchevski l'avait demandée avec insistance. Or, à cette époque, le président du Comité militaire révolutionnaire sur le front sud-ouest n'était autre que Staline. Jaloux des succès de Toukhatchevski, il voulait s'emparer de Lemberg. Ainsi pourrait-il arguer d'un triomphe personnel. Il avait refusé l'aide réclamée par Toukhatchevski et préconisée par le GQG. Il ne s'était décidé à marcher qu'après en avoir reçu l'ordre formel du Soviet suprême. Trop tard.

Toukhatchevski avait été battu[1].

Gardons-nous de négliger en l'occurrence la méfiance maladive de Staline contre tout ce qui pouvait ressembler à une atteinte à son propre pouvoir. Pour renforcer la cohésion de l'armée soviétique, il a dû laisser les coudées franches aux chefs militaires. Maintenant, le but est atteint : l'armée est devenue redoutable. A ce point que certains de ses chefs se permettent de discuter les décisions de Staline. Quand le dictateur a donné l'impulsion à la « chasse aux sorcières » qui aboutira aux procès de Moscou, tous les chefs militaires ne se sont pas montrés d'accord. Lors de l'arrestation de Boukharine, en 1936, Iakir, Gamarnik, Toukhatchevski, Blioukher, Yégorov, Ouborévitch et Bouline ont protesté. Une telle opposition a paru intolérable à Staline.

Y aurait-il eu malgré tout une conspiration militaire contre Staline ? Tous les travaux effectués depuis démontrent le contraire. Les réhabilitations effectuées en Union soviétique depuis la mort de Staline prouvent qu'il n'y a pas eu complot. Les archives nazies ne contiennent aucun document confirmant l'existence de relations secrètes entre les chefs militaires soviétiques et les autorités allemandes. Comment Iakir et Feldmann, juifs tous les deux, auraient-ils pu travailler pour l'Allemagne nazie ?

Peut-être est-ce une autre explication encore qu'il faudrait retenir. En 1937, Staline commence à envisager la possibilité d'un rapprochement avec l'Allemagne, politique qui aboutira au pacte germano-soviétique de 1939. Or les chefs militaires russes y sont farouchement opposés. Ils doivent donc disparaître.

Le 19 janvier 1936, à Londres, quand Toukhatchevski a représenté Staline aux obsèques du roi George V, il a tenté de convaincre les chefs de l'état-major britannique qu'il fallait entreprendre une guerre préventive contre l'Allemagne hitlérienne. Pour y parvenir, il a été jusqu'à révéler le chiffre des

---

1. *Le Maréchal Toukhatchevski*, par le général André Nolde. Préface de l'ouvrage du maréchal Toukhatchevski : *Ecrits sur la guerre* (1967).

effectifs, le volume des armements de l'Armée rouge et même le plan offensif défini, à Moscou, par le Conseil supérieur de la guerre. Abasourdis, les Britanniques ont refusé de l'entendre. Le 9 février, repassant par Paris, Toukhatchevski rencontre le général Gamelin, chef d'état-major général de l'armée française. Il tente de le persuader, lui aussi. Là encore, il échoue : la politique officielle de la France est la défensive. Informé par les Britanniques des conversations que Toukhatchevski a eues à Londres, Gamelin doit se montrer circonspect. Les Français ne veulent pas s'engager plus loin que leurs alliés d'outre-Manche. Ils ne tireront pas les marrons du feu pour la Russie.

Toukhatchevski rentre en Russie profondément déçu. Là, il commet une erreur capitale. A la réunion suivante du Soviet suprême, il monte à la tribune et met en garde les dirigeants et les citoyens soviétiques contre le risque allemand. Il cite *Mein Kampf.* Il affirme que « la guerre est devenue inévitable » et que « le plus sage serait de s'y préparer immédiatement ». Pour un Staline qui a donné à Molotov et à Litvinov l'ordre de ménager Hitler, il s'agit d'une véritable provocation. Renforcée, sa méfiance à l'égard des chefs militaires en général et de Toukhatchevski en particulier.

C'est alors que Staline a donné l'ordre de passer à l'action. Que la machination s'est mise en marche. Que Skobline s'est rendu auprès de Heydrich et a dénoncé Toukhatchevski[1]. Que l'on s'est arrangé pour informer les autorités françaises et tchécoslovaques. Il y a fallu des mois mais tout est prêt. La lettre de Beneš, les faux de Heydrich sont sur le bureau de Staline.

Déjà des bruits ont filtré. Toukhatchevski a senti la nasse se refermer lentement autour de lui. Le 20 mars, il rentre de vacances. Le 5 avril, on l'informe qu'il n'ira pas assister au sacre de George VI. Le 12 avril, convoqué par Vorochilov, il apprend qu'il est relevé de ses fonctions de ministre adjoint de

1. Une fois démasqué, Skobline réussira à s'enfuir en Espagne où il a péri à Barcelone, pendant la guerre civile, sous un bombardement aérien. Son épouse, la Plevitskaïa, a été traduite devant les tribunaux français et condamnée à vingt ans de travaux forcés pour complicité dans la disparition de Miller. Elle est morte en prison en 1944.

la Défense et qu'on l'a muté dans le secteur militaire de la Volga. Le 1er mai, lors de la revue traditionnelle, personne ne lui adresse la parole. Il est seul. Tragiquement seul.

Le 20 mai, on commence à parler en URSS de la découverte d'un complot militaire. Le 26 mai, Toukhatchevski arrive au siège de son nouveau commandement. Ses subordonnés constatent que ses cheveux ont blanchi. Le lendemain, on l'arrête.

Le héros de la guerre civile a été ramené à Moscou et écroué à la prison militaire de Lefortovo. Interrogé par les méthodes habituelles — et l'on sait aujourd'hui ce qu'elles étaient —, il semble bien que Toukhatchevski n'ait pas avoué.

Les autres grands chefs militaires soviétiques sont également sous les verrous. Gamarnik a préféré mettre fin à ses jours mais Iakir, Ouborévitch, Kord, Eidemann, Primakov, Feldmann et Boutna sont arrêtés. Le 11 juin 1937, la radio de Moscou annonce : « Ces détenus sont accusés d'infraction au devoir militaire (serment), de trahison envers la patrie, de trahison envers les peuples de l'URSS, de trahison envers l'Armée rouge ouvrière et paysanne. Les éléments recueillis au cours de l'instruction ont permis d'établir la participation des accusés, ainsi que celle de Gamarnik qui s'est suicidé récemment, à une entreprise contre l'Etat, en liaison avec les milieux militaires dirigeants d'un des Etats étrangers qui mènent une politique inamicale envers l'URSS. Se trouvant au service de l'espionnage militaire de cet Etat, les accusés remettaient systématiquement des renseignements secrets sur l'état de l'Armée rouge et accomplissaient un travail de sabotage pour l'affaiblissement de la puissance militaire soviétique. Ils tentaient ainsi de préparer, en cas d'agression militaire contre l'URSS, la défaite de l'Armée rouge, dans le dessein final de contribuer à un rétablissement, en URSS, d'un pouvoir de grands propriétaires terriens et de capitalistes. Tous les inculpés se sont reconnus entièrement coupables des accusations relevées contre eux. L'examen de cette affaire aura lieu aujourd'hui, 11 juin, à huis clos, par le tribunal judiciaire spécial de la Cour suprême de l'URSS sous l'autorité du président du tribunal militaire de ladite cour, Ulrich... »

Le 12 juin, on apprend que Toukhatchevski, Iakir, Ouborévitch, Kork, Eidemann, Primakov et Boutna ont été passés par les armes. Les accusés ont été fusillés en plein jour, dans la cour du bâtiment du NKVD que l'on avait entourée de camions, afin que les moteurs étouffent le bruit des coups de feu.

La mère de Toukhatchevski, sa femme, l'une de ses sœurs, ses deux frères seront exécutés. Ses trois autres sœurs et sa fille seront envoyées dans des camps de concentration. Toukhatchevski avait été marié trois fois : ses deux premières épouses seront, elles aussi, envoyées dans des camps de concentration. La femme, le frère et plusieurs membres de la famille de Iakir seront exécutés. Une de ses cousines sera condamnée à douze ans d'emprisonnement. Son fils, âgé de quatorze ans, sera emprisonné pendant plusieurs années.

On a réhabilité, en 1963, le maréchal Toukhatchevski. Une de ses filles et trois de ses sœurs assistaient à la cérémonie. Comment ne pas penser à ce grand soldat, à celui qui avait cent fois risqué sa vie pour la cause de la révolution et qui, devant ses « juges » demandait : « Vous n'avez pas rêvé cela, par hasard ? » Comment ne pas penser au général Iakir qui, avant de mourir, écrivait à Staline : « Je suis un loyal soldat, dévoué au parti, à l'Etat, au peuple. Toute ma vie consciente s'est écoulée dans un travail honnête, plein d'abnégation, sous les yeux du parti et de ses dirigeants. Je suis honnête dans chacune de mes paroles. Je mourrai en prononçant des paroles d'amour pour vous, pour le parti et pour le pays, avec une foi inébranlable en la victoire du communisme » ? De sa propre main, Staline a écrit sur cette lettre : « Scélérat et prostitué ». Vorochilov a cru devoir y ajouter : « Définition parfaitement exacte ». Molotov a approuvé en signant rageusement. Kaganovitch est allé plus loin : « Pour le traître, la crapule et l'... *(ici, un mot obscène)*, un seul châtiment : la mort ».

Les exécutions de 1937 marquent le début d'une purge militaire sans exemple dans l'histoire. Seront fusillés : trois maréchaux sur cinq ; soixante-quinze des quatre-vingts membres du

Conseil supérieur de la guerre ; treize sur quinze des commandants d'armée. Trente-cinq mille officiers seront éliminés physiquement. La moitié des cadres supérieurs de l'armée soviétique !

Dans ses souvenirs, le général Gorbatov évoque son arrivée au front en 1941 et sa stupeur devant la débâcle de l'Armée rouge : « La confirmation de ce que j'avais craint me glaçait d'effroi : comment nous battre, privés de tant d'officiers et de chefs expérimentés dès avant la guerre ? Incontestablement, c'était là l'une des principales causes de nos échecs, bien qu'on n'en parlât pas, ou qu'on représentât la chose comme si “ayant chassé les traîtres de l'armée” en 1937-1938, on avait accru sa puissance [1]... »

La mégalomanie de Joseph Staline avait failli conduire l'URSS à sa perte.

1. A.V. Gorbatov : *Les Années de ma vie* (1966).

IX

Opération Himmler

31 août 1939

— Vous êtes l'homme qu'il me faut.

Ces mots décisifs viennent d'être prononcés par un homme que nous connaissons bien : Reinhard Heydrich, second de Himmler. Ils s'adressent à un SS dont nous n'avons pas oublié le rôle dans l'affaire Toukhatchevski : Alfred Naujocks.

Que faut-il, le 5 août 1939, à Reinhard Heydrich ?

Le 15 juin précédent, le général von Brauchitsch a fait tenir au Führer son plan confidentiel concernant une campagne militaire contre la Pologne. « Le but de l'opération, déclarait le commandant en chef de l'armée allemande, est d'anéantir les forces armées polonaises. Les dirigeants politiques exigent que la guerre commence par des attaques violentes et inopinées. L'intention du haut commandement de l'armée est d'entraver la mobilisation régulière et la concentration des troupes polonaises au moyen d'une invasion surprise du territoire, et de

---

A la tête du service secret nazi : Walter Schellenberg. (Tallandier.)

détruire ensuite le gros de l'armée polonaise supposée stationnée à l'ouest de la ligne Vistule-Narev, par une attaque concentrique partant de Silésie, d'une part, et de Poméranie-Prusse-Orientale, d'autre part. »

Le monde vit donc ses dernières semaines de paix. Quelques mois plus tôt, rentrant de Munich, le Premier ministre britannique Neville Chamberlain, brandissant son parapluie symbolique, s'était écrié :

— *Peace for our time !*

Prédiction dérisoire. A Berlin, à la chancellerie du Reich, c'est une guerre totale que Hitler se prépare à déclencher. Elle nécessitera « non seulement la mobilisation militaire, mais une mobilisation totale de toutes les ressources de la nation [1] ».

Le 23 juin, sous la présidence de Goering, le Conseil de la Défense du Reich a été convoqué. Le Reichsmarschall l'a informé que le Führer venait de décider d'incorporer sept millions d'hommes. Pour faire face à une guerre, on a jeté les bases d'un effort industriel colossal. Il a été décidé que les militaires prisonniers ainsi que les détenus des prisons et des camps de concentration seraient mis au travail dès que l'on se battrait. Himmler a précisé que l'on ferait « davantage appel aux camps de concentration ». Goering a également informé le Conseil que des « centaines de milliers de travailleurs originaires du Protectorat de Tchécoslovaquie seraient employés sous surveillance en Allemagne, particulièrement dans l'agriculture, et logés dans des baraquements ».

Sous les ors, les lustres et les marbres de la grande salle officielle, autour de la longue table classique, les têtes attentives se penchent pour écouter le Reichsmarschall. Il semble qu'il annonce seulement les modalités de prochaines grandes manœuvres. Un seul de ces militaires a-t-il pu imaginer que le verdict qui tombait des lèvres méprisantes de l'obèse Goering signifiait la mort de millions d'hommes ? Un seul, oui, peut-être — et c'est Goering. Il ne veut être que l'interprète de la volonté de Hitler. En secret, il espère encore que l'on pourra éviter le recours aux armes.

---

1. William L. Shirer : *Le Troisième Reich, des origines à la chute,* I (1961).

On s'est séparé sur des sourires et de chaleureuses poignées de main. Pendant tout le mois de juillet, le Conseil de la Défense nationale s'est réuni plusieurs fois. A vrai dire, les problèmes ne manquent pas. Si la majeure partie de l'armée allemande doit foncer sur la Pologne, il faut nécessairement envisager la possibilité d'une attaque française à l'ouest. Il n'est nullement certain que le « bluff » sans précédent qui, lors de l'invasion de l'Autriche et de la Tchécoslovaquie, a si bien réussi à Hitler, remporte le même succès. Le Conseil doit donc prendre « toutes dispositions pour que, le 25 août au plus tard, le *Westwall* (la ligne Siegfried) se trouve dans les meilleures conditions de préparation et doté du matériel qu'au prix d'un effort extrême on aura pu rassembler à cette date ».

Depuis le 5 août 1939, les missions militaires anglaise et française chargées de discuter, à Moscou, d'une alliance entre la Russie soviétique, l'Angleterre et la France, naviguent en mer du Nord et en Baltique sur un cargo mixte pour gagner Leningrad. De là, rejoignant par chemin de fer Moscou, elles n'y parviennent que le 11. Ce voyage de six jours — alors qu'une journée d'avion aurait suffi — s'est révélé définitivement fatal à la paix. Adolf Hitler en a profité pour jeter les bases du plus incroyable retournement de l'Histoire : le pacte germano-soviétique.

Inexorablement, le monde glisse vers la guerre. Etrangement, seul parmi les dirigeants allemands, Hermann Goering poursuit d'ultimes efforts pour éviter le cataclysme. Un petit groupe d'opposants cherche en vain à s'assurer des appuis au Grand Quartier Général. Le général Thomas, chef des Services économiques et de l'Armement de l'OKW *(Oberkommando der Wehrmacht)*, présente au général Keitel, son chef, un mémorandum affirmant qu'une guerre rapide et une paix rapide ne sont qu'illusion : « Une action contre la Pologne déclencherait une guerre mondiale à laquelle l'Allemagne, qui manque des matières premières et des ressources alimentaires indispensables, serait incapable de faire face. » Keitel, qui n'admet d'autre évangile que la pensée de Hitler, se récrie : « La

Grande-Bretagne est trop décadente, la France trop dégénérée et l'Amérique trop indifférente pour se battre pour la Pologne. »

Le 17 août, le général Franz Halder, chef de l'état-major général allemand, note dans son journal : *« Canaris contresigné Section I (Opération). Himmler, Heydrich, Obersalzberg : 150 uniformes polonais avec accessoires, Haute Silésie. »* Pour comprendre ces lignes, il faudrait un nouveau Champollion. Seul le général Halder en connaît le sens. Il s'agit des préparatifs d'une opération destinée, au cas où l'Allemagne attaquerait la Pologne, à rejeter la responsabilité de cette attaque sur les Polonais.

Ce genre de machination, les dirigeants nazis ont toujours su en user avec une sorte de génie. Faut-il rappeler l'incendie du Reichstag ? L'affaire Toukhatchevski ? Lors de l'invasion de l'Autriche et de la Tchécoslovaquie, on est allé jusqu'à prévoir l'assassinat d'un ministre allemand en exercice. On l'aurait imputé aux Autrichiens ou aux Tchèques pour soulever l'horreur du monde et justifier une opération punitive. Dans l'un et l'autre cas, on n'a pu aller jusqu'au bout, la difficulté étant de choisir la victime expiatoire.

Le nom de code du nouveau projet est : *Opération Himmler*. Telle est la raison pour laquelle l'amiral Canaris, chef de la section Abwehr de l'OKW, a reçu, de Hitler en personne, l'ordre de fournir à Himmler et à Heydrich cent cinquante uniformes polonais ainsi que quelques armes légères de même origine. Ordre incompréhensible à ses yeux. Le 17 août, Canaris demande des éclaircissements au général Keitel. Le chef de l'OKW répond que, l'ordre ayant été donné par le Führer, l'amiral n'a en conséquence qu'à obéir sans discuter. Canaris livre donc les uniformes à Heydrich.

Dans son bureau de la Prinz-Albrechtstrasse, Reinhard Heydrich adresse à Naujocks un de ces sourires dont il est si avare. Il y a longtemps que le chef du SD connaît Alfred Helmut Naujocks. Il sait tout de lui. Que Naujocks est né à Kiel et qu'il est fils d'un épicier. Qu'il s'est inscrit aux SS en 1931 et qu'il est entré dans le SD (service de sécurité) dès sa création.

Que Naujoks est à l'origine du faux complot qui a perdu Toukhatchevski. Qu'il a installé dans la Dellbrueckstrasse une officine de fabrication de faux papiers et de faux passeports qui est un modèle du genre. Heydrich sait aussi que Naujocks tempère son fanatisme nazi par une lucidité qui s'exerce notamment à son propre détriment. L'intellectuel que veut être Naujocks réprouve chez Heydrich les beuveries et les orgies auxquelles celui-ci se complaît trop souvent. Donc, Heydrich n'aime pas Naujocks. Ce matin-là moins que jamais car, pour l'opération qu'il envisage, Alfred Helmut Naujocks est l'homme indispensable.

Au sourire de Reinhard Heydrich, Naujocks répond également par un sourire, mais réservé. Que signifie cette cordialité inattendue ?

— Alfred, dit Heydrich de sa voix de tête — c'est la première fois qu'il appelle son subordonné par son prénom —, Alfred, j'ai ici quelque chose qui semble avoir été conçu exprès pour vous.

Heydrich tourne la clef d'un des tiroirs de son bureau, l'ouvre, en tire un dossier. Sur le carton, on peut lire les deux mots : *Opération Himmler.* Cette fois, le sourire a disparu. Le débit haché de Heydrich s'est accéléré :

— L'importance de cette mission dépasse tout ce que notre département a entrepris jusqu'ici, bien que, en substance, il s'agisse d'un raid de commando. Tant d'intérêts politiques et militaires sont attachés à son résultat qu'un échec est entièrement hors de question. J'en assume la responsabilité et, franchement, je me sens quelque peu nerveux [1].

Sans que Heydrich ait pris la peine de l'y inviter, Naujocks s'assied. Pas de doute, l'entretien va durer un bon moment.

— Le Führer accorde à cette affaire la plus haute priorité, poursuit Heydrich, et il ne tolérerait ni discussion ni modification du plan. Je suis entre vos mains et je ne peux pas vous cacher que je déteste cela.

---

1. Je suis ici le propre récit que Naujocks fit à Gunter Peiss et que celui-ci a reproduit dans son ouvrage : *The Man who Started the War*, dont nous devons la traduction française à Gérard Mézières.

Naujocks se tait. Il attend.

— Il s'agit de la Pologne, dit Heydrich. Nous serons en guerre la semaine prochaine.

Un silence voulu. Il faut que Naujocks comprenne. Qu'il comprenne bien.

— Nous devons avoir un motif, une excuse, pour entrer en guerre. Et c'est là que vous intervenez.

Pourquoi Naujocks interromprait-il l'élan pris par Heydrich en posant une question inutile ?

— Vous savez, reprend Heydrich, qu'il y a eu au cours de ces derniers mois des dizaines d'incidents irritants le long de la frontière... Rien de sérieux, un coup de feu çà et là, les protestations diplomatiques habituelles. Rien de suffisamment important... Pour tout dire, rien qui puisse mettre le feu aux poudres. Voilà : nous allons entreprendre de mettre nous-mêmes le feu à la mèche.

Heydrich s'est levé. A grands pas, il s'est dirigé vers une carte fixée au mur. D'un crayon vigoureux, il désigne un point de la frontière :

— Là se trouve une petite localité appelée Gleiwitz. Peut-être en avez-vous entendu parler : en tout cas, vous avez dû lire ce nom sur le cadran de votre radio. Une petite station sans grande importance, à quelque distance de la ville. Gleiwitz est en Allemagne, bien entendu, mais exactement sur la frontière polonaise. Supposons maintenant que des troupes polonaises attaquent cette station et l'occupent juste le temps de diffuser un message dénonçant Hitler comme fauteur de guerre. Ce serait une sérieuse, très sérieuse provocation, n'est-ce pas ?

Devant une interrogation aussi directe, Naujocks a simplement hoché la tête. Heydrich n'en a pas fini.

— Il deviendrait parfaitement clair que les Polonais cherchent la bagarre, surtout si, par la suite, on trouve un ou deux cadavres sur les lieux et plus spécialement si, par hasard, le réseau radiophonique allemand relaye le message polonais et le transmet à l'ensemble du pays.

Heydrich regarde Naujocks bien en face :

— Pensez-vous pouvoir organiser un tel incident ?

Au procès de Nuremberg, le 20 novembre 1945, Naujocks confirmera cet étrange entretien : « Vers le 10 août, le chef du SD, Heydrich, m'ordonna personnellement de simuler une attaque contre la station-radio de Gleiwitz, près de la frontière polonaise, en faisant croire que le groupe d'agresseurs était formé de Polonais. "Il nous faut faire la preuve matérielle que ces attaques sont l'œuvre de Polonais, ceci à l'usage de la presse étrangère aussi bien que pour la propagande intérieure ", m'a dit Heydrich. J'avais reçu l'instruction de m'emparer de la station-radio et de m'y maintenir assez longtemps pour permettre à un Germano-Polonais mis à ma disposition de lancer une proclamation sur les ondes. Heydrich m'a dit aussi qu'il s'attendait à ce que l'Allemagne attaque la Pologne dans les quelques jours à venir. »

Cette fois, c'est Heydrich qui attend. Quant à Naujocks — il l'a confié lui-même —, il est littéralement « pétrifié ».

— Eh bien ? finit par demander Heydrich.

— J'aimerais vous garantir le succès mais, avant d'examiner plus attentivement ce projet, je puis vous dire tout de suite que les risques d'échec sont considérables. Si vous me faites confiance, je ferai bien entendu de mon mieux.

— Si vous échouez, vous mourrez, bien que je ne veuille pas vous faire de mal. Peut-être mourrai-je aussi et plusieurs autres encore. Mais notre mort n'aurait pas la moindre importance étant donné ce que l'on attend de nous. Un échec anéantirait les efforts accomplis, depuis des années, par des milliers de personnes. En outre, ce serait une honte pour l'Allemagne. Je crois comprendre que vous n'avez pas d'objection d'ordre moral ?

La grimace de Naujocks est imperceptible.

— Non, bien entendu.

— Vous voyez que j'ai été absolument franc avec vous. Je crois que vous comprenez le problème. Il n'est pas question pour vous de refuser. Vous devez aller jusqu'au bout. Réglons maintenant les détails.

Il reste, en effet, quelques « détails » à régler.

Là, soigneusement rangés dans des armoires, s'étalent devant Alfred Naujocks les uniformes polonais envoyés par Canaris. Au moins de quoi vêtir une compagnie ! Là, aussi, entassés dans des boîtes, des paquets de cigarettes et d'allumettes polonaises, des lettres et des papiers d'identité rédigés en langue polonaise et qui devront être glissés dans les poches des uniformes. Les hommes qui devront endosser ces uniformes, qu'ils soient allemands ou qu'ils bénéficient de la double nationalité, devront parler couramment polonais. Déjà, Naujocks sait qu'il n'aura pas besoin de tous les hommes prévus par le plan initial. Si l'on veut garder le secret, il faut que l'expédition ne soit confiée qu'à un très petit nombre d'exécutants. A son avis, pas plus de sept, lui y compris. C'est ce chiffre qu'il va proposer à Heydrich — et que celui-ci finira par accepter.

Les quatre premiers, Naujocks les choisit lui-même. Des hommes sûrs. Des SS. Les deux autres lui sont envoyés par Heydrich ; ils seront chargés plus spécialement de la radiodiffusion du faux message. Le premier est un expert en radio, le second un speaker s'exprimant parfaitement en polonais. Ces deux-là offrent-ils les mêmes garanties que ceux qu'il a lui-même sélectionnés ? Naujocks n'en est pas certain. Les choix opérés par Heydrich le sont souvent en dépit du bon sens.

Avant le grand départ, Naujocks se rend dans le bureau de son chef. Solennellement il prononce le serment de garder le silence sur l'*Opération Himmler* : à toutes les personnes mises dans le secret du projet — une trentaine —, on a demandé le même serment. Heydrich serre la main de Naujocks. Une poignée de main « froide et molle », dira Naujocks à Gunter Peiss.

Le 23 août, le roi des Belges, parlant au nom des chefs d'Etat des puissances du groupe d'Oslo (Belgique, Pays-Bas, Luxembourg, Finlande et les trois Etats scandinaves), exprime par radio le souhait ardent « que les hommes dont dépend le cours des événements acceptent de soumettre leurs différends et leurs revendications à une négociation ouverte ».

Le 24 août, le pape Pie XII lance sur les ondes un appel en faveur de la paix. Le même jour, le président Roosevelt adresse un message à Hitler et au président de la République polonaise, les suppliant de régler leurs conflits sans recourir aux armes. Le 28 août, le roi des Belges et la reine des Pays-Bas offrent leur médiation « dans l'espoir d'éviter la guerre ». Le 31 août, dans l'après-midi, le pape fait tenir des notes aux gouvernements d'Allemagne, de Pologne, d'Italie et des deux puissances occidentales, « suppliant au nom de Dieu... les gouvernements allemand et polonais... d'éviter tout incident », et conjurant les gouvernements anglais, français et italien d'appuyer son appel : « Le pape, ajoute-t-il, répugne à abandonner l'espoir que les négociations en cours puissent mener à une solution juste et pacifique. »

Le journaliste américain William L. Shirer, qui a passé ces jours historiques à Berlin, commente avec amertume : « Aussi nobles d'expression et d'intention que fussent ces appels de la part des neutres, ils ont quelque chose d'irréel et de pathétique lorsque nous les lisons aujourd'hui. Ils donnent l'impression que le président des Etats-Unis, le pape et les chefs d'Etat des petites démocraties du nord de l'Europe vivaient sur une autre planète, et qu'ils ne comprenaient pas mieux ce qui se passait que si les événement s'étaient déroulés dans Mars. »

Le 27 août, le gouvernement allemand a annoncé que « le rationnement des produits alimentaires, du savon, des chaussures, des textiles et du charbon entrerait en vigueur dès le lendemain ». Le week-end du dimanche 28 a été chaud, étouffant. La guerre ? Les Berlinois semblent ne pas vouloir y penser : ils se rendent en foule sur les bords des lacs et dans les bois qui entourent la capitale.

Sept hommes, des civils, viennent de descendre de deux Ford noires V8. Portant une valise, chacun pénètre dans le hall de l'*Oberchlesischer Hof*, le meilleur hôtel de Gleiwitz : une belle bâtisse blanche toute neuve. Sur les fiches qu'on leur tend, ils inscrivent tous qu'ils sont ingénieurs des Mines. A l'hôtelier venu les accueillir, ils expliquent qu'ils sont à Gleiwitz pour procéder à des recherches géologiques. De fait, pendant tout leur séjour à Gleiwitz, les « ingénieurs » recueilleront des roches et des échantillons de terre. Toutes leurs fouilles s'opéreront autour de la maison de la radio.

« A Gleiwitz, dira encore Naujocks à Nuremberg, je demeurai quatorze jours en attente... Entre le 25 et le 31 août, j'allai voir Heinrich Muller, le chef de la Gestapo, qui se trouvait dans les environs à Oppeln. »

A Heydrich, Naujocks a posé une seule question :

— Et les cadavres ?

— On s'en occupe, a répondu Heydrich plus sèchement que jamais. Un seul suffira, et il vous sera fourni sur les lieux au moment voulu par Muller.

Muller. Des années après la guerre, Naujocks le dépeindra comme l'« un des personnages les plus horribles qu'il eût jamais connu ». L'historien de la Gestapo, Jacques Delarue, le décrit comme « une brute administrative telle qu'il en existe un peu partout. *Fonctionnaire* jusqu'au fond de l'âme, il ne vivait que pour ses "paperasses", ses statistiques, ses rapports. Il ne se mouvait à l'aise que dans un monde de notes, d'organigrammes et de règlements. Son souci majeur, l'avancement. Que l'arrière-plan de sa vie fût composé de délations sordides, de lettres anonymes, de tortures moyenâgeuses et d'exécutions secrètes lui importait peu. Ces horreurs n'arrivaient chez lui que totalement déshumanisées, réduites à l'état de rapports ou de notes, transformées en nourriture administrative [1] ».

A Oppeln, ce n'est pas seulement Muller que Naujocks a rencontré. Un certain Mehlhorn se trouve là également. Devant Naujocks, les deux hommes mettent la dernière main au déroulement de l'incident de frontière destiné à simuler une action des soldats polonais contre les troupes allemandes. *Naujocks à Nuremberg* : « Après l'incident, des journalistes et d'autres personnes seraient amenés sur les lieux. Muller m'avertit qu'il avait reçu de Heydrich l'ordre de me fournir, pour l'opération de Gleiwitz, l'un des condamnés de droit commun choisi pour l'occasion. Il porterait le nom convenu de *conserve en boîte.* »

1. Jacques Delarue : *Histoire de la Gestapo* (1962).

Rentré à Berlin, le même Mehlhorn rencontre son ami Walter Schellenberg, le jeune chef du département de l'espionnage étranger. Une chaleur accablante pèse sur la capitale. Schellenberg et Mehlhorn dînent dans un petit restaurant discret et, pour fuir l'air brûlant de la ville, se dirigent ensuite vers le Wannsee, lac situé entre Berlin et Potsdam. Schellenberg se souviendra longtemps de ces dernières heures de la paix : « A cette époque, Berlin était une ville magnifique, à l'apogée de sa puissance et de sa richesse. Les vitrines élégantes, inondées de lumière, le scintillement des enseignes multicolores, les files ininterrompues de voitures, la foule affairée, en un mot la vie gaie et active du temps de paix [1] ! »

Stupéfait, Schellenberg écoute le récit de l'*Opération Himmler* telle qu'elle se prépare. Il ne peut s'empêcher de demander à Mehlhorn où il compte découvrir les faux Polonais qui porteraient les fameux uniformes. La réponse ne tarde pas :

— Voilà le hic. C'est le point diabolique du plan : les « Polonais » sortiront des camps de concentration. Ils seront munis d'armes polonaises authentiques. Ceux qui s'en tireront seront immédiatement libérés. On me l'a promis.

Schellenberg réagit brutalement :

— C'est de la folie ! On ne peut pas faire de l'histoire mondiale avec des procédés de ce genre. L'affaire ne pourra jamais être gardée secrète. Pas longtemps en tout cas. Quelque part, d'une manière ou d'une autre, elle sera dévoilée. Il faut absolument vous tirer de là ! Inventez une excuse. Faites-vous porter malade. Ou refusez tout simplement. Quoi qu'il puisse en résulter, un refus sera préférable aux conséquences d'une acceptation !

Dès le lendemain, Mehlhorn refuse la mission qu'on voulait lui confier. Une violente crise d'estomac le rend impropre à l'action directe... Heydrich accepte sans commentaire cette dérobade de Mehlhorn mais « dix minutes après, il lui assigna un poste inférieur et plein de difficultés dans l'Est ». William L. Shirer précise que l'estomac de Mehlhorn se rétablit par la

1. Walter Schellenberg : *op. cit.*

suite : « Pendant la guerre, il fut l'un des principaux organisateurs de la terreur en Pologne. »

Naujocks médite les paroles de Muller. Muller a précisé que sa collaboration se bornerait à lui procurer un cadavre. Avec un gros rire, il a déclaré :

— En ce qui me concerne, je vous fournirai le corps du délit.

Et il a ajouté :

— On aurait une bien piètre opinion de notre police si les Polonais pouvaient exécuter une attaque comme celle-ci sans avoir une seule victime !

Naujocks a naturellement opiné.

— Je vais vous dire ce que je ferai pour vous, a poursuivi Muller. Deux minutes après le déclenchement de l'opération, le 31 août à 19 h 30, je passerai devant la station-radio de Gleiwitz dans une Opel noire — que vous ferez bien de décrire à vos hommes — et je déposerai devant l'entrée un cadavre, fraîchement tué, vêtu bien entendu d'un uniforme de l'armée polonaise ; je ne me mêlerai pas de votre besogne et disparaîtrai aussitôt après.

En prenant congé, Muller est revenu sur le « corps du délit » :

— Ne vous inquiétez pas au sujet de la victime. Elle a déjà été choisie dans un camp juif.

31 août 1939. 16 heures. Dans la chambre numéro 7 du Oberchlesischer Hof, Alfred Naujocks vient de rassembler les six hommes de son commando. Ils ont pris place où ils ont pu : deux sur le lit, trois sur des chaises, le dernier debout contre la cheminée. Naujocks s'est assis sur le rebord de la fenêtre.

Des années plus tard, il se souviendra mot pour mot de ce qu'il leur a dit :

— Nous y sommes. Les deux malles se trouvent dans ma voiture. La première contient sept uniformes de l'armée polonaise. Ce soir, à 19 heures, nous serons dans le bois de Ratibor, à quelques kilomètres de notre objectif. Là, nous nous changerons.

Il se tourne vers l'expert en TSF désigné par Heydrich :

— Karl, vous mettrez en marche la radio qui se trouve dans l'autre malle et vous attendrez le signal qui, un peu avant 19 h 30, nous permettra d'entrer en action. À 19 h 30 précises, laissant derrière nous nos vêtements et toute trace de notre identité, nous nous rendrons à la station et nous maîtriserons son personnel — il n'y aura pas plus de cinq ou six personnes en service. Vous ne prononcerez pas un mot et vous leur laisserez penser que nous sommes des Polonais. Une fois à l'intérieur, Karl et Heinrich demeureront avec moi.

Heinrich est le speaker parlant polonais. Naujoks continue :

— Karl, vous devrez connecter la ligne de Breslau, vous le savez. Heinrich, j'ai là pour vous le texte d'un petit discours que vous prononcerez au micro. En même temps, je tirerai un coup de feu en l'air : je vous en avertis afin que vous ne vous alarmiez pas.

Dans la chambre, un silence pesant, une attention qui ressemble à de l'angoisse.

— L'Opel noire arrivera devant l'entrée principale de la station quelques minutes après nous et un cadavre sera jeté sur les marches. Ne vous mêlez pas de cela. C'est un autre département qui s'en occupe. Nous ne devrions pas rester plus de cinq minutes en tout et je ne m'attends pas à rencontrer d'opposition. Si la police surgit, n'hésitez pas à tirer.

Cette police, c'est évidemment la police allemande. Ainsi l'on est prêt à tuer des Allemands pour que triomphe la grande Allemagne.

— Quoi qu'il arrive, nous devons fuir. Si l'un de vous est capturé, il doit prétendre qu'il est polonais. Le QG à Berlin a prévu une telle éventualité et demandera que le prisonnier lui soit remis. Nebe, le commissaire du département spécial, l'enverra chercher immédiatement en avion. Souvenez-vous : à 19 h 30, ce soir, vous devenez des Polonais et vous tirez sur quiconque essaiera de vous barrer le chemin. Même si vous tuez quelqu'un, il n'y aura ni poursuite ni enquête. Tels sont les ordres !

La conférence a pris fin. Le rendez-vous est fixé à 18 h 30, à l'hôtel.

Les deux grosses voitures noires viennent de s'arrêter dans une clairière du bois de Ratibor. En silence, les hommes sortent les deux malles des voitures. La première contient sept Luger 9 posés sur une pile de sept uniformes de l'armée polonaise. Toujours en silence, les sept hommes se changent. « Aucun uniforme n'allait parfaitement, racontera Naujocks à Gunter Peiss, mais personne n'était ridicule dans son accoutrement. » Dans l'autre malle se trouve le poste de radio. Karl met le contact et, les écouteurs sur les oreilles, attend le signal. Soudain, il sursaute : le voici, ce signal. Il est exactement 19 h 27.

Naujocks se dirige aussitôt vers la Ford. Karl se demande ce qu'il doit faire de son poste de radio. Les instructions sont muettes à ce sujet. Karl le laisse où il est et rejoint ses camarades. Les deux voitures démarrent.

Dans la nuit qui tombe, la station-radio de Gleiwitz surgit devant eux. Les deux voitures stoppent. Une grande porte vitrée à laquelle on accède par six marches. Sur la droite, une fenêtre éclairée : c'est là que doit se trouver le personnel que l'on mettra hors d'état de nuire. Naujocks grimpe les six marches, ouvre la porte vitrée. Immédiatement derrière lui, Karl et Heinrich.

Dans le hall, un homme portant un uniforme bleu marine s'avance et reste bouche bée devant ces soldats polonais. Heinrich se rue sur lui, le saisit par les épaules et lui « sonne » à deux reprises la tête contre le mur. Sans un mot, l'homme glisse sur le sol, inconscient.

Déjà, Naujocks s'élance dans le corridor de droite, il fait irruption dans la seconde pièce, celle dont la fenêtre est allumée. Un autre homme s'y trouve. Avant qu'il ait pu réagir, Naujocks l'assomme d'un coup de crosse. Un appel de Karl :

— Vite, par ici !

Naujocks se précipite, pénètre dans un studio où se trouve déjà Heinrich, prêt à lire son message devant le micro.

Karl a disparu dans la pièce voisine où se trouve le *dispatching* qui doit permettre de transmettre — comme par hasard — l'émission vers Radio Breslau et, de là, dans toute l'Allemagne. Une vitre épaisse sépare la pièce du studio. A travers elle, Naujocks et Heinrich aperçoivent Karl qui s'agite, baisse et lève toutes les manettes les unes après les autres. Il semble avoir perdu la tête. Naujocks sort du studio, rejoint Karl, le trouve absolument affolé :

— Qu'y a-t-il ? lance Naujocks.

— Je ne peux pas trouver la manette de connection...

— Il faut que vous la trouviez, imbécile ! Je croyais que vous connaissiez votre affaire.

C'est un homme éperdu qui répond :

— Si je la trouve, je saurai la manœuvrer ! Mais je ne la trouve pas !

C'est le désastre. « L'émission devait d'une façon ou d'une autre être faite, dit Gunter Peiss. De l'autre côté de la vitre, Heinrich gesticulait, agitant son texte. Lui aussi avait perdu son calme habituel et semblait terrorisé. »

— Pouvez-vous au moins faire une émission locale ? demande Naujocks à Karl.

— Oui, mais seulement sur la longueur d'ondes locale. C'est insuffisant. On ne pourra pas l'entendre hors du village.

— Eh bien, faites-la ! Faites quelque chose ! Il faut bien que ce sacré texte soit lu à quelqu'un !

Naujocks regagne le studio, ordonne à Heinrich de commencer à lire au signal de Karl :

— Vous crierez, car je vais faire du bruit et tirer des coups de feu.

Dès que Karl donna le signal, raconte Louis Saurel, historien des SS, « Heinrich lut son texte très rapidement, presque en criant. Bien que prévenu de ce qu'il allait entendre, Heinrich sursauta au premier coup de revolver, faillit laisser tomber le microphone et se trompa dans la lecture. Sur un geste autoritaire de Naujocks, Heinrich, visiblement tendu et très nerveux, parvint à se dominer et à achever à peu près correctement l'émission. A peine celle-ci fut-elle achevée, que le chef de l'expédition, Karl et Heinrich quittèrent au plus vite le studio, maintenant empli de fumée[1] ».

Escorté de ses complices, Naujocks sort en courant du poste de radio de Gleiwitz. Comme il descend les marches extérieures

1. Louis Saurel : *Les SS* (1966).

du bâtiment, il aperçoit le cadavre annoncé : un homme « grand et long, vêtu en soldat polonais ».

« Il était vivant mais complètement inconscient, racontera Naujocks à Nuremberg. Je pouvais me rendre compte qu'il vivait non à son regard mais à son souffle. Je ne vis pas de traces de balles, mais il avait le visage maculé de sang. » Vivant, peut-être mais, quand la police de Gleiwitz arrive quelques minutes plus tard, c'est bien un cadavre qu'elle trouve.

Le 1er septembre 1939, à 7 heures du matin, Alfred Naujocks pénètre dans le bureau de Heydrich. Il n'est pas rasé. Il n'a pas dormi depuis deux jours. Pendant tout le voyage du retour, il s'est dit que l'*Opération Himmler*, conduite sous ses ordres, était en définitive un lamentable échec. Tout avait été prévu pour que la prétendue attaque polonaise fût, en quelques instants, connue de l'Allemagne entière. En fait, seuls les propriétaires d'appareils de radio du village de Gleiwitz avaient été les bénéficiaires d'une entreprise qui avait demandé tant de peine et de soins. Naujocks est sûr que sa carrière est terminée. Peut-être même est-ce un sort bien pire qui l'attend.

Or Reinhard Heydrich prononce un mot, un seul :

— Félicitations !

Il ajoute :

— Dommage pour le contretemps, mais je suppose qu'on n'y pouvait rien. Je dois avouer que j'ai été inquiet la nuit dernière quand je n'ai rien entendu à 19 h 30. L'important est que l'émission ait eu lieu et que nul n'ait été pris.

Naujocks veut expliquer pourquoi l'opération n'a pas entièrement réussi, il cherche des raisons à cet échec. Agacé, Heydrich l'interrompt :

— Il s'est trouvé que j'avais prévu une telle éventualité. Avez-vous lu les journaux ce matin ? Eh bien, jetez un coup d'œil sur le *Volkischer Beobachter*, vous y trouverez un article fort intéressant en première page.

Naujocks déplie le journal. Un grand titre : « Des agresseurs attaquent la Radio de Gleiwitz », et cette information :

« Un groupe de soldats polonais s'est emparé la nuit dernière, peu avant 20 heures, du bâtiment de la radio de Gleiwitz. Seuls quelques employés se trouvaient à cette heure-là en service. Il est manifeste que les assaillants polonais connaissaient parfaitement les lieux. Ils ont attaqué le personnel et fait irruption dans le studio, assommant ceux qu'ils rencontraient sur leur chemin.

« Les agresseurs coupèrent la ligne du relais de Breslau et lurent au micro un discours de propagande préparé à l'avance, en polonais et en allemand.

« Ils ont déclaré que la ville et la station-radio étaient aux mains des Polonais et ils ont insulté l'Allemagne, faisant mention du “Breslau polonais ” et du “Dantzig polonais”... »

Un « encadré » donne le texte du discours lu par Heinrich. Heydrich commente :

— Hitler est très content. Il m'a appelé à 5 heures du matin.

Voilà donc la raison de la satisfaction de Heydrich. Hitler est satisfait. Donc, Reinhard Heydrich l'est aussi.

Pour le Führer, l'affaire de Gleiwitz s'est révélée la première bonne nouvelle de la journée. Il a passé une excellente nuit : « Führer calme, a bien dormi... », peut-on lire dans le journal du général Halder. « Opposé à l'évacuation : preuve qu'il espère que la Grande-Bretagne et la France resteront tranquilles. » Quelques heures plus tard, Adolf Hitler annoncera au Reichstag que les forces armées allemandes sont entrées en Pologne. Il se réclamera du faux attentat de Gleiwitz :

— Pour se défendre contre les coups de main polonais, les troupes allemandes sont entrées en action ce matin à l'aube. Cette action, présentement, ne peut être considérée comme un acte de belligérance, mais simplement comme une riposte aux attaques polonaises...

L'*Opération Himmler* a rempli son but. Hitler avait besoin d'un alibi. Alfred Helmut Naujocks le lui a fourni.

— La Pologne, cette nuit, dit encore Hitler, pour la première fois et sur notre territoire, a fait ouvrir le feu par ses soldats réguliers. Depuis 5 h 45 du matin, nous tirons de notre côté. A partir de maintenant, à toute bombe répondra une bombe !

Cette guerre, où tant de mensonges seront déversés, commence par un mensonge. Dans ses premiers communiqués, le haut commandement allemand osera qualifier de « contre-attaques » les opérations militaires entreprises dès l'aube. La Wilhelmstrasse contribuera de son mieux à répandre cette version fallacieuse.

Même les soldats allemands auront droit à la version officielle. A leur intention, Hitler lui-même, le 1er septembre, donne encore de la voix :

« L'Etat polonais a rejeté le règlement pacifique recherché par moi. Il préfère en appeler aux armes... Une série de violations de frontières insupportables pour une grande puissance démontre que les Polonais ne veulent plus respecter la frontière du Reich.

« Pour mettre fin à ces folles menées, il ne me reste pas d'autre moyen que d'opposer dès maintenant la force à la force. »

A Londres, à Paris — à Rome aussi —, on négocie encore. Un Suédois, Dahlerus, assure la liaison entre Goering et le gouvernement britannique. A 8 heures du matin, il s'est rendu chez le Reichsmarshall qui lui a annoncé que « la guerre avait éclaté parce que les Polonais avaient attaqué la station de radio allemande de Gleiwitz et fait sauter un pont près de Dirschau ». Aussitôt, Dahlerus a appelé le Foreign Office.

— J'ai averti mon interlocuteur, déclarera-t-il à Nuremberg, que, selon les renseignements qui m'avaient été communiqués, les Polonais étaient passés à l'attaque.

A 10 h 30, Henderson, l'ambassadeur de Grande-Bretagne, confirme l'*attaque* polonaise !

A 21 h 40, le même Henderson et, une heure plus tard, l'ambassadeur de France Coulondre font connaître à Ribbentrop que, faute pour l'Allemagne de retirer ses troupes du territoire polonais, la France et la Grande-Bretagne rempliront leurs obligations envers la Pologne. Avec beaucoup d'énergie, Ribbentrop affirme encore « qu'il n'est pas question d'une agression allemande » mais d'une agression polonaise puisque, la veille au soir, des troupes « régulières » polonaises ont attaqué le sol allemand.

Le mensonge a fait long feu. Personne ne voudra plus le croire. Rien désormais ne peut éviter le cataclysme le plus meurtrier que des hommes aient préparé de leurs propres mains.

X

Laval joue et gagne

10 juillet 1940

Jusque-là, le théâtre du Grand Casino de Vichy n'avait guère abrité que les comédies d'Henry Bernstein ou de Louis Verneuil, les opérettes de Lecocq ou de Messager. Sur la fin des après-midi d'été, les conférences de membres de l'Académie française venaient les relayer. Décennie après décennie, le public répudiait tout changement : des colons, riches et pauvres, venus d'outre-mer pour soigner leur foie, des dames entre deux âges, convaincues que les vertus des eaux thermales pourraient leur conserver une éternelle jeunesse. Les curistes de Vichy se pliaient à un triple dogme : le bon ton, les eaux ferrugineuses, le silence. Paix et repos : le programme de la Compagnie fermière.

Ce jour-là, 10 juillet 1940, toutes ces règles vont voler en éclats. Dans la salle du Grand Casino, nul colon d'Indochine ou d'Algérie. Plus une seule admiratrice de Claude Farrère ou de Georges Duhamel. Rien que des hommes, tous — ou à peu près — sur le second versant de leur âge. Des sénateurs, des députés, la plupart vêtus de sombre. Est-ce parce qu'ils ont pris le deuil ?

A Vichy, quand se joue le destin de la France. (Lapi-Viollet.)

En vérité, ces parlementaires se trouvent là pour assister à des obsèques : celles de la République. Pour l'immense majorité d'entre eux, celle-ci a guidé leurs premiers pas dans la vie politique. Les plus anciens ont connu le temps où on la sentait peu assurée, voire menacée. Ils se sont battus pour elle. Ils l'ont aimée, parce qu'ils ont cru, amis de la liberté, que le régime républicain était celui qui la garantirait le mieux. Quelques jours plus tôt, ils le croyaient encore. Ces sénateurs et ces députés républicains vont, de leurs propres mains, mettre à mort leur République.

Certains, pourtant, ne s'y résignent pas. Vincent Badie est de ceux-là. Avec vingt-six autres signataires, il a préparé un texte qui, s'il ne s'oppose pas à ce que le pouvoir soit remis entre les mains du maréchal Pétain, affirme que le futur régime doit rester républicain.

Les autres, presque tous les autres, veulent en finir. En finir vite. De tous les coins de la salle, ils crient pour réclamer un scrutin immédiat. Puisqu'il faut que la République meure, que ce soit dans l'instant. Infernal, le vacarme :

— Le scrutin ! Le scrutin !

Infortuné Vincent Badie. Avant la séance, il a prévenu Jeanneney — président du Sénat, il dirige les débats de l'Assemblée — qu'il demanderait la parole. Rien de plus symbolique que la calvitie, les lorgnons et la barbiche de Jules Jeanneney. Par tous les traits de son visage, il incarne le sénateur de la IIIe République. Avec cette gravité solennelle qui l'abandonnait rarement, Jeanneney a juré à Badie qu'il lui donnerait la parole.

Or Badie, debout, brandissant son texte, s'époumone en vain. Nul ne l'entend, nul même ne semble le voir. Jeanneney pas plus que les autres.

Badie se décide. A longues enjambées, il s'élance jusqu'à la scène, en gravit les marches. Il ne s'arrête que devant Jeanneney, son papier toujours brandi. Bien en face, il regarde le président du Sénat.

Pour les autres, c'en est trop. Que veut donc ce trublion ? Deux ou trois parlementaires, furieux, s'élancent vers lui, le saisissent qui par un bras, qui par le cou, un autre par les revers de son veston. L'un des agresseurs n'est autre que l'ancien président de la Chambre, Fernand Bouisson. La fureur rend écarlate le visage de cet homme qui, à l'instar de Jeanneney, n'a cessé d'incarner, au cours de toute une vie parlementaire, la quintessence des vertus républicaines.

Bouisson traite ce collègue comme il en aurait usé à l'égard d'un criminel convaincu des pires forfaits. Il met toutes ses forces à lui barrer le chemin de la tribune. Badie perd l'équilibre. Bouisson le reconduit de force jusqu'à la rampe, Badie va basculer, tomber dans la salle. Il s'arc-boute, crie à Bouisson :

— Je ne vous permets pas cela ! Lâchez-moi, ou c'est moi qui vais vous repousser !

Va-t-on assister, sur cette scène de théâtre, à une empoignade de chiffonniers ? Le ton déterminé de Badie a-t-il effrayé Bouisson ? Il lâche sa proie et, grommelant, regagne sa place.

A ce moment-là seulement, Badie s'aperçoit que, pendant l'incident, Jules Jeanneney a mis aux voix le projet constitutionnel. Malgré vingt-sept signataires, son texte ne sera pas proposé aux parlementaires.

Le vote qui va commencer n'apparaît plus que comme une formalité. Déjà, la République est morte.

Pour l'historien comme pour le simple électeur, ce processus restera toujours une énigme. Un coup d'Etat peut s'expliquer. Un putsch, une révolution violente se rencontrent à tous les carrefours de l'Histoire. Que ceux-là mêmes qui s'étaient voulu les plus fermes soutiens du régime — la majorité des socialistes, la majorité des radicaux, la Chambre issue du Front populaire — aient non seulement prêté la main à l'assassinat de la République, mais y aient applaudi, voilà qui passe l'entendement.

Ne nous résignons pas au mystère. Tâchons de comprendre.

Rarement l'atmosphère de Bordeaux en juin 1940 — inextricable mélange de tragédie et de dérisoire — a été aussi bien restituée que Maurice Schumann[1]. La France officielle s'est

1. Maurice Schumann : *Un certain 18 juin* (1980).

ruée dans la capitale de la Gironde. Elle y campe : à la préfecture, au domicile réquisitionné d'un négociant en vins, dans une simple chambre d'hôtel. Aucun parlementaire ne sait exactement où se trouvent ses collègues. Dans la nuit du 17 au 18 juin, Edouard Herriot, président de la Chambre, souhaitant que Lyon, dont il est depuis si longtemps maire, soit déclaré ville ouverte, mettra plus d'une heure à découvrir la résidence du maréchal Pétain, nouveau président du Conseil.

Cette capitale provisoire, Emmanuel Berl l'a vue comme la capitale du désarroi : « La ville grouillait de parlementaires, de fonctionnaires, de journalistes surmenés, de réfugiés hagards, d'affairistes avides, de fuyards terrifiés. Plus de chambres dans les hôtels, plus de tables dans les restaurants : les édifices publics sont tous réquisitionnés par les ministères. Les Bordelais eux-mêmes voyaient leurs maisons envahies par les Parisiens. »

Ce climat, ceux qui bientôt vont voter la mort de la République l'ont connu, traversé, éprouvé. Avant de parvenir à Bordeaux, ils ont suivi les routes de l'exode, se sont mêlés à des piétons harassés, à des automobiles surchargées, à des charrettes tirées par des chevaux épuisés. Ils ont assisté à la fuite de tout un peuple. Ils gardent dans les oreilles les hurlements hallucinants des sirènes des Stuka qui fonçaient, pour la mitrailler, sur cette foule innocente. Ils ont croisé ou dépassé les convois militaires désorganisés. Ils n'ont pas osé soutenir le regard des soldats en déroute, insoutenable reproche.

A Bordeaux, ces parlementaires tournent en rond. A chaque instant, ils se heurtent aux murs de l'impuissance et de la peur. « Dans ce bouillon de culture, toutes les nouvelles circulent, même les plus folles. Toutes les passions s'exaltent ou se masquent, toutes les intrigues virulent. Que faut-il faire ? Où faut-il aller ? Tout le monde a peur [1]. »

C'est le 14 juin que le gouvernement s'est installé à Bordeaux. Dès la première heure, un mot s'est trouvé sur toutes les lèvres : armistice. Le généralissime Weygand, qui a succédé à Gamelin, réclame depuis le début du mois que l'on traite avec

1. Emmanuel Berl : *La Fin de la IIIe République* (1968).

celui qu'il considère sans appel comme le vainqueur. Le 12, au château de Cangé — sur le Cher — où s'est réfugié Albert Lebrun, président de la République, Weygand a solennellement déclaré, devant les vingt-trois ministres du gouvernement Paul Reynaud, que l'armistice ne pouvait plus être évité. Le 13, au même château de Cangé, à l'appui de cette thèse combattue par un grand nombre de ministres, un renfort capital s'est découvert. Le vieux maréchal Pétain, vice-président du Conseil, a tout à coup demandé la parole. Etonné, Lebrun la lui a sur-le-champ accordée.

Le vainqueur de Verdun a tiré une note de sa poche. Le jour déclinait, il n'y voyait pas assez. Il est allé se placer dans l'embrasure d'une fenêtre. Dans le silence, la voix chevrotante, bientôt si familière aux Français, s'est élevée. Pétain se déclarait sûr, lui aussi, qu'il fallait solliciter un armistice. Fermement, il répondait à ceux qui, depuis la veille, envisageaient de résister dans le « réduit breton », ou encore de transporter l'appareil de l'Etat en Afrique du Nord. Pour le Maréchal, le réduit breton était un leurre, le départ hors de France un crime : « Priver la France de ses défenseurs naturels dans une période de désarroi général, c'est la livrer à l'ennemi. C'est tuer l'âme de la France, c'est par conséquent rendre impossible la renaissance. » La voix s'est assurée quand Pétain a abordé ce passage : « Je déclare, en ce qui me concerne, que, hors du gouvernement s'il le faut, je me refuserai à quitter le sol métropolitain. Je resterai parmi le peuple français pour partager ses peines et ses misères. » La conclusion résumait tout : « L'armistice est, à mes yeux, la condition nécessaire de la pérennité de la France éternelle. »

Le vieux soldat a parlé. Il faut avoir vécu en ce temps-là, avoir considéré partout son image multipliée, pour mesurer la dimension de ce que l'on pourrait appeler : le phénomène Pétain. Depuis 1918, les Français s'enorgueillissent de leur victoire — et se complaisent dans son souvenir. Aux yeux de beaucoup, Pétain incarne *personnellement* cette victoire. Le destin lui a accordé un physique qui correspond au concept même que l'on peut se créer d'un grand soldat victorieux. Qui ne serait impressionné par l'imposante stature de cet octogénaire, son pas majestueux, le visage « marmoréen », le regard bleu que l'on est tout prêt à assimiler à un autre bleu, celui de la ligne des Vosges ?

De plus, ce militaire est tenu pour républicain. On l'oppose à Foch, élève des jésuites. On dit volontiers que Pétain n'a rien de clérical. Ce qui est vrai. Son mariage, à soixante-cinq ans, avec une divorcée va jusqu'à rassurer. Les démocrates citent le mot du Maréchal, découvrant trop tard que son mariage ne s'imposait pas :

— J'attendais depuis vingt ans. J'aurais dû attendre encore dix ans !

Républicain ? Depuis quelques années, tous n'en sont plus si sûrs. Pendant l'entre-deux-guerres, pour certains milieux d'extrême droite, Pétain est incontestablement apparu comme un recours. Ceux qui songeaient à substituer à la République un Etat autoritaire ont volontiers imaginé le Maréchal à sa tête. Les conjurés de la Cagoule ont pensé à lui. Et d'autres, comme le colonel de La Rocque : des contacts ont été pris, sinon avec Pétain, du moins avec certains de ses collaborateurs. L'un des traits dominants du caractère du Maréchal est la prudence. Il veut bien que l'on avance son nom mais lui ne complote jamais. Très longtemps, il est resté à l'écart de la politique mais, en 1934, quand il est devenu ministre dans le gouvernement Gaston Doumergue, il a déclaré :

— Je viens de découvrir la politique. C'est bien amusant.

Désormais, chaque semaine, après dîner, des personnalités de formations différentes mais d'opinions identiques se relaient auprès de Pétain pour lui donner des « leçons de politique ». Un militant royaliste au cerveau quelque peu échauffé, Raphaël Alibert, préside à cette singulière école du soir[1].

C'est le temps aussi où paraissent des brochures qui présentent le Maréchal comme la solution providentielle. En 1935, Gustave Hervé publie : *C'est Pétain qu'il nous faut*. On découvre dans cet opuscule l'annonce de la plupart des mesures

1. Robert Aron : *Histoire de Vichy* (1954). Livre composé avec Georgette Elgey.

qui seront édictées à Vichy en 1940 : ce qui paraît moins curieux quand on sait que Raphaël Alibert est aussi l'inspirateur de la brochure d'Hervé. Pétain n'a pas approuvé la brochure. Il ne l'a pas non plus désapprouvée. On retrouvera Alibert, en 1940, conseiller privilégié du maréchal.

Ce qu'il ne faut jamais oublier, quand on parle de Philippe Pétain, c'est l'âge. Dans sa vie, tout est arrivé tard. Trop tard. En 1914, proche de la soixantaine et sur le point de prendre sa retraite comme colonel, c'est à la guerre qu'il a dû d'échapper à une définitive obscurité. Le recevant à l'Académie française, Paul Valéry lui dira : « Vous êtes celui d'entre nos chefs qui, parti devant six mille hommes pour la guerre, l'avez achevée à la tête de trois millions de combattants. »

L'âge, oui. Quand il devient pour la première fois ministre, il a soixante-dix-huit ans. Quand on fait de lui un ambassadeur auprès de Franco, il en a quatre-vingt-un. La charge de l'Etat lui sera remise à quatre-vingt-quatre ans. Avec cela, une forme physique éblouissante, une autorité si naturelle qu'elle en impose à tous, un magnétisme que subissent même ses adversaires. Le 23 juillet 1945, au premier jour de son procès, l'enceinte de la première chambre de la cour d'appel ne sera peuplée que de ses ennemis. « Faites entrer l'accusé ! » Il paraît en petite tenue de maréchal de France, uniforme kaki, médaille militaire, ceinturon de soie, gants blancs. Un silence écrasant l'accueille. Alors, il élève son képi et salue à la ronde. Et c'est l'événement « stupéfiant » : ce public se lève, d'un seul mouvement. Plusieurs des gardes républicains se mettent spontanément au garde-à-vous, sans qu'aucun ordre leur ait été donné.

Ambitieux ? Sûrement. La vie lui a tout apporté mais il lui demande toujours davantage. Lui aussi se fait une certaine idée de la France mais, de plus en plus, avançant en âge, il a tendance à assimiler cette France-là à sa propre personne. Il ne méconnaît pas l'existence de cette entité qui a nom : le maréchal Pétain. Le jour vient où le personnage se décide à faire corps avec l'entité.

L'armistice : tout est là. La véhémence de Weygand, l'adjuration pathétique de Pétain n'ont pas convaincu le président du

Conseil Paul Reynaud. Celui-ci ne nie pas la réalité de la défaite — qui l'oserait ? — mais un armistice séparé lui semble contraire à nos engagements avec l'Angleterre. Reynaud penche pour une capitulation de l'armée. Le gouvernement se transporterait en Afrique du Nord, où l'on ferait passer tout ce que l'on pourrait rassembler de troupes et de matériel, et surtout cette flotte dont Darlan a fait la deuxième du monde. Sur ces deux conceptions, le gouvernement se divise, se déchire, s'affronte. Jusqu'au bout, Reynaud espérera que les Etats-Unis viendront au secours de la France. Roosevelt, prisonnier de son électorat isolationniste, répond que c'est impossible.

Dès l'arrivée du gouvernement à Bordeaux, Reynaud sait qu'il a perdu la partie. Sur tous les fronts, l'armée française reflue. Dijon et la Saône sont atteints par l'ennemi, des colonnes blindées allemandes fondent sur La Charité-sur-Loire, la forêt de Fontainebleau est occupée. Weygand transmet à Lebrun le message angoissé du général Georges : « Grave situation de ravitaillement pour les troupes et les populations civiles repliées. Manœuvres difficiles en raison embouteillement des routes et du bombardement des voies ferrées et des ponts. *Nécessité absolue prendre décision.* »

Maintenant, Reynaud considère que l'armistice est inéluctable. La majorité des ministres s'y est ralliée. De son propre échec, le président du Conseil tire la leçon : il démissionne. Albert Lebrun, qui traverse tous ces événements comme un cauchemar, s'épouvante devant cette soudaine vacance ministérielle. Il interroge Reynaud : à qui doit-il s'adresser ? Quelle est la personnalité qui, à son avis, serait la mieux qualifiée pour demander l'armistice ?

— Le maréchal Pétain, répond Reynaud.

Quoique Paul Reynaud s'en soit souvent défendu par la suite, cet avis donné par lui — qui pèsera si lourd dans l'Histoire — n'est pas discutable.

D'ailleurs, Lebrun obtempère sur-le-champ. Il convoque le Maréchal, lui offre de constituer le gouvernement. Stupéfait, Lebrun voit Pétain tirer une liste de sa poche : celle de ses ministres ! Voilà un Lebrun secrètement ravi. Avec une admirable naïveté, il confiera, au procès Pétain, que « dans la grande tristesse du moment, il avait tout de même eu un petit soulagement : alors que des constitutions de ministère duraient parfois trois ou quatre jours, il en avait un à la minute... ».

Le nouveau gouvernement comprend seize ministres et deux sous-secrétaires d'Etat. Parmi les nouveaux, des « techniciens » : Weygand, Darlan, le premier président de la Cour de cassation Frémicourt. Alibert est sous-secrétaire d'Etat à la présidence du Conseil.

Comme un diable surgi de sa boîte, Pierre Laval va entrer en scène. Depuis plusieurs jours, il est persuadé que son heure va sonner. Il tend son énergie qui est immense. A ses yeux, l'armistice est déjà un épisode dépassé. Ce qui l'intéresse, c'est l'après-armistice. Pierre Laval a toujours détesté la guerre. Si, avec une apparente maestria, il a glissé de l'extrême gauche à la droite la plus conservatrice, il n'a jamais répudié l'idéal de sa jeunesse : le pacifisme. S'il a milité longtemps dans les rangs du parti socialiste, c'est que les socialistes se proclamaient le parti de la paix. Pendant la Grande Guerre, il a souhaité l'arrêt des hostilités : il a cru possibles des conversations à Stockholm entre socialistes des deux camps. Ce qui était aller très loin. Après 1919, il s'est voulu le disciple passionné de Briand — parce que Briand déclarait la paix à l'Europe. En 1935, quand Laval était président du Conseil, toute sa politique a tendu à éviter la guerre. Sans se préoccuper des idées ni des régimes de ses alliés éventuels, il a cherché à isoler l'Allemagne :

— Moi, j'aurais négocié avec le diable !

A Bordeaux, ce qui hante les veilles et les nuits de Pierre Laval, c'est la négociation qui, fatalement, va suivre la guerre.

L'Angleterre ? Elle sera vaincue avant quinze jours. Il importe, dans la course au traité de paix, de la battre de vitesse. Convaincu qu'il n'est pas né pour les seconds rôles, Laval se sent un négociateur-né. Il est l'homme des contacts. La fierté d'avoir efficacement traité avec des hommes aussi foncièrement différents que Mussolini et Staline nourrit ses certitudes autant que ses rancœurs. Il estime que ses collègues du Parlement, en l'éloignant du pouvoir et en l'empêchant de poursuivre sa grande politique étrangère — c'est lui qui dit *grande* — ont commis, bien plus qu'une faute, un crime. C'est la République qu'il en accuse.

Comment ne pas s'attarder à ce paradoxe ? L'homme qui avait adhéré au parti socialiste en 1903, à l'âge de vingt ans, et qui aussitôt s'était intégré à la tendance la plus extrême, celui-là non seulement ne croit plus au socialisme, mais moins encore à la démocratie. La République parlementaire l'a empêché de mettre au service de son pays ses forces et ses talents. Il ne le lui pardonne pas.

A Bordeaux, il se voit en réserve de la France. Avec sa gouaille facilement faubourienne, son éternelle cigarette au coin des lèvres, il répète qu'il a « roulé » Mussolini, « roulé » Staline. Maintenant, il veut « rouler » Hitler. Parmi tout le personnel politique français, il est persuadé d'en être seul capable : à condition d'avoir les coudées franches et de ne pas dépendre, à tout instant, des foucades de parlementaires caractériels. Une seule solution : un nouveau régime. Après quoi, la route d'un autre Congrès de Vienne lui sera ouverte. Le fils de l'aubergiste de Châteldon n'a guère accoutumé de cultiver la modestie et la référence à Talleyrand ne fait naître en lui aucun complexe.

C'est à l'hôtel de ville qu'on le voit surtout, en compagnie du député-maire, son ami Adrien Marquet, l'un des animateurs du parti néo-socialiste. Il va, vient, vêtu de l'un de ses éternels costumes croisés à rayures. Sur la chemise crème, la célèbre cravate blanche. La mèche noire, peignée vers la gauche, glisse sur le front. Le teint est si brun que l'on évoquerait volontiers un malade atteint de jaunisse. Il lui vient de sa mère, Claudine, la robuste paysanne d'Auvergne.

Entre l'auberge de Châteldon et l'hôtel de ville de Bordeaux, un étonnant destin s'est inscrit qui lui a permis d'abord — à la force du poignet — de passer son baccalauréat, puis — étant pion à Lyon — sa licence en droit. Après quoi, la réussite. Avocat, député, sénateur, ministre, président du Conseil.

— Comment ne serais-je pas républicain, demandait-il, quand la République m'a permis d'être ce que je suis ?

Rien n'est simple en histoire. Rien n'est simple dans la vie de Pierre Laval. Républicain, il l'a été, foncièrement, logiquement. Plus tard, face à la camarilla maurrassienne de Vichy et à la presse pronazie de Paris, il reviendra peu à peu à la République. Son antirépublicanisme de 1940 résulte d'une opportunité — ou d'un opportunisme, comme on voudra. Pour mieux « rouler » Hitler, il faut tuer avec éclat la République. Après, on verra bien.

Face à face, le Maréchal et Pierre Laval. Laval sait que, si Pétain l'a convoqué, c'est pour lui offrir un ministère. Il ne se trompe pas :

— J'ai pensé à vous pour la Justice.

Soudain sursaut de Laval. Ce qu'il veut, ce sont les Affaires étrangères. Le Maréchal dit qu'il a promis le maroquin à Baudouin. Laval se fâche. Pétain va faiblir. Charles-Roux, secrétaire général des Affaires étrangères, ranime la volonté défaillante du vainqueur de Verdun : nommer Laval aux Affaires étrangères, c'est inutilement provoquer l'Angleterre. Baudouin restera ministre des Affaires étrangères. L'heure de Laval n'a pas encore sonné.

Je me souviens. J'avais quatorze ans. Dans ce petit port de Bretagne où nous étions repliés, la radio rythmait notre vie et scandait nos angoisses. Soudain, le 17 juin, à l'heure du déjeuner, on annonça un message du maréchal Pétain. Ah ! comme nous avons écouté ! Le vieux soldat nous annonçait qu'il assumait la direction du gouvernement : « Sûr de la confiance du peuple tout entier, je fais à la France le don de ma personne pour atténuer son malheur. »

Nous écoutions toujours : « C'est le cœur serré que je vous dis aujourd'hui qu'il faut cesser le combat. » Cesser le combat ! C'est sur ces mots que les larmes me sont venues. « Je me suis adressé cette nuit à l'adversaire pour lui demander s'il est prêt à rechercher avec nous, entre soldats, après la lutte et dans l'honneur, les moyens de mettre un terme aux hostilités. »

A la même heure, des millions de Français ont pleuré. A la même heure, des régiments entiers ont mis bas les armes. « Il faut cesser le combat », avait dit le Maréchal. Erreur suprême.

Certes, on avait demandé l'armistice mais, en attendant que les conditions nous soient connues, il était indispensable de continuer à se battre. Et si elles étaient inacceptables ? Très vite, à Bordeaux, on a compris la faute. Le texte remis à la presse a été rectifié. « Il faut cesser le combat » est devenu « Il faut tenter de cesser le combat. » Trop tard. Le mal était fait.

La question qui domine tout — en attendant la réponse de l'Allemagne — reste celle du départ pour l'Afrique du Nord. Bientôt, les Allemands seront à Bordeaux. Le gouvernement risque de perdre sa liberté. Au gouvernement, deux tendances s'opposent : celle d'Albert Lebrun qui veut partir, celle du maréchal qui annonce que, si les pouvoirs publics partent, lui restera.

Après une conférence entre le chef de l'Etat, le président du Conseil et les présidents des deux Chambres, Jeanneney et Herriot, on s'arrête à une transaction : le président de la République, les présidents des deux Chambres, les membres des deux Assemblées, la majorité des ministres s'embarqueront pour l'Afrique. Pétain, président du Conseil, restera en France avec les autres ministres. Le vice-président du Conseil, Chautemps, partira pour l'Afrique, muni d'une délégation de pouvoir qui, le cas échéant, lui permettra de gouverner.

Le 19 juin, à 6 h 30 du matin, on apprend que les Allemands acceptent d'ouvrir les négociations d'armistice. A 9 heures, le Conseil des ministres décide que Lebrun embarquera en fin d'après-midi dans un port de la Méditerranée et que les parlementaires, eux, quitteront Bordeaux à bord du paquebot *Massilia*.

Trois personnalités britanniques de premier plan surviennent alors à Bordeaux : Alexander, premier lord de l'Amirauté, sir Dudley Pound, amiral de la flotte, lord Lloyd, ministre des Colonies. Ils veulent obtenir la promesse que la France ne livrera pas la flotte à l'Allemagne. Les négociations durent toute la journée. Pétain, Darlan, Baudouin prennent l'engagement solennel que l'on sollicite d'eux. Du coup, le départ pour l'Afrique du Nord est retardé.

Dans la nuit du 19 au 20 juin, des avions allemands bombardent Bordeaux. On apprend que la Wehrmacht progresse vers la ville à toute allure. Le jeudi 20, au matin, Lebrun, avec toute l'énergie dont il reste capable, déclare au Conseil des ministres qu'il faut partir dans la journée. Lui-même et les ministres s'embarqueront à Port-Vendres. Le *Massilia*, avec les parlementaires, appareillera en fin d'après-midi.

Partir ? Aussitôt, Pierre Laval a discerné ce que ce départ pourrait présenter de périlleux pour les projets qu'il nourrit. Quelques coups de téléphone lui suffisent pour réunir une délégation de parlementaires. A 14 heures, il la conduit auprès du maréchal Pétain. La fermeté de l'Auvergnat frappe le vainqueur de Verdun :

— Monsieur le maréchal, nous avons appris que le gouvernement pensait se transporter en Afrique du Nord. Nous tenons à vous dire notre hostilité à cette décision. Les Français ne comprendront pas un tel départ. Ils diront que le gouvernement a déserté. Nous savons que vous-même avez décidé de rester sur le territoire de la métropole. Nous venons vous adjurer de faire en sorte que ni le président de la République, ni le gouvernement, ni les parlementaires ne partent pour Alger.

Sans hésiter, le Maréchal félicite la délégation de vouloir rester en France. L'avant-veille, il avait congratulé tout aussi chaleureusement une autre délégation de parlementaires venus lui faire part de leur désir de quitter la métropole.

Sur sa propre volonté de rester en France, Pétain ne ressent et ne formule aucune hésitation. Sur le départ du gouvernement et des parlementaires, sa doctrine — c'est évident — n'est pas encore assurée.

Alors intervient l'étrange Raphaël Alibert. A aucun prix, ce monarchiste ne veut que les pouvoirs publics se transportent en Afrique du Nord. A ses yeux, ce départ signifie la survie de la République. Alibert sent qu'il n'y a pas une minute à perdre. Ce qu'il va hasarder, c'est l'un des plus incroyables coups de poker de l'Histoire.

Il fait irruption dans la salle où Lebrun se concerte avec le maréchal et Camille Chautemps. L'entrevue s'achève, tout est réglé. Demain, le gouvernement français siégera à Alger. Alibert se jette à l'eau :

— Monsieur le président de la République, j'ai à vous faire part d'une très importante nouvelle. Je l'ai reçue à l'instant même où nous devions venir ici, et je n'ai même pas eu le temps d'en informer M. le maréchal Pétain. Elle est pourtant de nature à influencer, je crois, vos décisions. Il est inexact que les Allemands aient passé la Loire. Le commandement nous informe au contraire que nos troupes résistent solidement et que le fleuve n'a été franchi sur aucun point.

— C'est en effet très grave, dit le Maréchal.

Une fois de plus, Lebrun paraît « décontenancé, hésitant ». C'est à lui que s'adresse Alibert :

— Ne croyez-vous pas, monsieur le président de la République, que nous pourrions, l'urgence étant moins grande, ajourner toute décision définitive à demain matin ?

— C'est en effet plus prudent, opine le Maréchal.

Albert Lebrun hésite encore. Puis :

— C'est un dernier délai, mais je reste prêt à partir. Communiquez-moi vos dépêches au fur et à mesure que vous les recevrez. Je compte sur vous, n'est-ce pas ?

Le tour est joué. Car *Alibert n'a reçu aucune information de l'armée*. Ce qu'il vient d'obtenir l'a été au prix d'un énorme — et inqualifiable — mensonge. Mensonge dont il se glorifiera dans un récit qu'il faut lire :

« J'ai fait Pétain — je n'ai pas à en rougir, car en agissant ainsi j'ai pensé servir mon pays — j'ai fait Pétain par un mensonge et par un faux.

« Le mensonge n'était qu'une première manche. Il fallait gagner la seconde. Voici mon faux.

« Rentré à la préfecture, je suis bombardé de coups de téléphone de Jeanneney, d'Herriot, de Campinchi qui, tous, me demandent si l'ordre de départ est enfin donné. Il faut absolument en finir : je me décide. Je prends le papier personnel du maréchal, je dicte à ma dactylo pour chacun des ministres l'ordre de demeurer à son domicile jusqu'au lendemain 8 heures, dans l'attente d'instructions, et de ne quitter sous aucun prétexte la ville avant de les avoir reçues. Je prends le cachet du maréchal. Je l'appose et je signe : *sans ce faux, Pétain n'eût jamais été chef de l'Etat*[1]. »

Comme le feu sur une traînée de poudre, le contrordre du maréchal s'est répandu dans Bordeaux. Résultat : quand, le 21 juin à 12 h 30, le *Massilia* appareille, il n'emporte à son bord que trente députés et un sénateur. Les plus notoires : Daladier, Mandel, Jean Zay, Campinchi, Mendès France.

Le même 21 juin, relayant Alibert, Pierre Laval passe à l'action.

Il n'est pas ministre, il n'est qu'un parlementaire parmi tous les autres. Il fonce. Accompagné de députés à qui il a énergiquement inculqué leur leçon — tels que Marquet, Piétri, Bergery —, il fait irruption dans le cabinet de Lebrun. Le plus émotif des présidents de la République note plaintivement dans ses *Mémoires* : « Ils entrèrent en trombe, sans se faire inscrire, contrairement à l'usage. » Ahuri, Lebrun voit devant lui « des hommes affolés, ayant perdu le contrôle d'eux-mêmes, gesticulant, parlant tous à la fois ».

C'est Laval qui mène le jeu, domine le tumulte, s'impose et en impose. Sa voix à l'accent rocailleux, naturellement sourde, s'enfle et tonne. Balayés, le protocole, le respect, les prévenances dus au chef de l'Etat :

— Vous ne partirez pas, vous ne devez pas partir ! Nous n'acceptons pas que, par ce biais presque frauduleux, le gouvernement aille continuer en Afrique un combat qui se révèle impossible ! Allez-vous reprendre une politique condamnée, celle de Reynaud et de Churchill, à la faveur d'un départ en Afrique ?

Atterré, Lebrun écoute sans découvrir aucune parade, aucune réplique. Laval hurle :

— N'écoutez plus les conseils de ceux qui ont conduit le pays à l'abîme ! Pourquoi les avez-vous suivis ?

Faiblement, Lebrun tente de s'expliquer :

---

1. Le récit de Raphaël Alibert a été fait au député Fernand-Laurent. Le texte du « faux » sera retrouvé et communiqué à la Haute Cour en 1945.

— C'est que mon devoir constitutionnel m'en faisait une obligation.

Ce qui a pour conséquence de faire redoubler la violence de Laval :

— Et ce Jeanneney qui nous a fait tant de mal, celui-là, je le hais, je le hais, je le hais !

— Parlez moins haut, observe Lebrun. Plus vous criez, moins je vous entends.

Un autre parlementaire, Dommange, s'exclame que si Lebrun s'en va, un nouveau gouvernement se formera en France. Aussitôt Laval enchaîne, littéralement hors de lui :

— Si vous quittez cette terre de France, vous n'y remettrez plus les pieds !... Oui, quand on saura que vous avez choisi pour partir l'heure où notre pays connaissait la plus grande détresse, un mot viendra sur toutes les lèvres : celui de défection... Peut-être un mot plus grave encore, celui de trahison !... Si vous voulez partir, c'est votre droit, mais vous ne devez le faire qu'à titre privé. Donnez votre démission !

Sur sa chaise, Lebrun reste immobile, accablé. Il murmure :

— Vous ne connaissez pas les Allemands... Vous ne connaissez pas les Allemands...

D'évidence, on en a fini avec Lebrun. Les parlementaires, en désordre, quittent la pièce. Laval les suit. La voix faible et triste de Lebrun s'élève :

— Monsieur Laval, vous pourriez me serrer la main.

Magnanime, Laval veut bien serrer la main du Président. Et il s'en va.

Le jour même, à Rethondes — dans le wagon qui a vu, le 11 novembre 1918, Foch dicter ses conditions aux parlementaires allemands —, Hitler et Keitel communiquent à la délégation française les conditions de l'armistice. Une clause essentielle : l'Allemagne ne réclame pas la remise de la flotte française. En revanche, Hitler est formel : les réfugiés politiques allemands présents en France devront être livrés. Weygand, après avoir dit très justement que cet article était contraire à l'honneur, finira par s'incliner. Au moins aurait-on pu, au cours des jours suivants, et jusqu'à la signature définitive, alerter ces réfugiés antinazis — plusieurs milliers — et faciliter leur acheminement vers l'Espagne, par exemple. On fera tout le contraire. La police française redoublera d'efforts pour mettre la main sur ces infortunés. On a promis de les livrer, on les livrera. Beaucoup connaîtront un sort effroyable. Deux vieux dirigeants socialistes, infiniment respectables, Breitscheid et Hilferding, mobiliseront particulièrement les efforts de la police française. A peine livrés, ils seront décapités à la hache[1].

L'heure de Laval va sonner le 23 juin. Ce jour-là, de par la volonté du Maréchal, il entre au gouvernement. Il est ministre d'Etat. Jamais pourtant Pétain n'a ressenti de particulière estime à son égard. Ni lui ni son entourage ne l'aiment. Weygand le déteste, partageant en cela l'opinion de l'armée. Les « purs » le trouvent trop riche. Les monarchistes, les maurrassiens, les fascistes français, voient en lui un calque de la République honnie. A Bordeaux, Berl entend répéter :

— Ce n'est vraiment pas la peine d'avoir perdu la guerre, si c'est pour revenir à Pierre Laval !

Un jour, le Maréchal dira :

— Ce qu'il y a de décourageant avec M. Laval, c'est sa méconnaissance des valeurs spirituelles.

En accueillant Laval dans son gouvernement, Pétain amorce une révolution. Il ne peut plus se leurrer quant au but que l'Auvergnat — contre vents et marées — poursuit. Dès cette heure-là, Pétain se rallie à la possibilité d'un changement de régime. Il ignore encore quelle forme celui-ci pourra revêtir. Il sait seulement que, pour réaliser l'opération, il aura besoin de Laval.

Quatre jours plus tard, une nouvelle étape est franchie. Le Maréchal nomme Laval vice-président du Conseil.

En évitant le départ pour l'Afrique du Nord, Pierre Laval a gagné une première manche. Il est en place pour gagner la seconde : liquider le régime.

---

1. William L. Schirer : *La Chute de la Troisième République* (1970).

Le 28 juin, le général Weygand adresse une note au Maréchal. Elle est éloquente :

« 1) La France ne veut plus de l'ancien ordre des choses. 2) Il faut instaurer un régime social sans lutte de classes. 3) La famille doit être mise à l'honneur. 4) Contre la vague de matérialisme, il faut réformer l'éducation de la jeunesse. 5) A programme nouveau, hommes nouveaux. Le temps nous presse. »

Naguère, l'armée s'enorgueillissait d'être la « grande muette ». Décidément, les temps ont changé.

D'après la convention d'armistice, Bordeaux doit être occupé par les Allemands. Il faut donc que le gouvernement se replie vers la zone dite libre. Où aller ? On décide de se transporter à Clermont-Ferrand où l'on parvient vers la fin de l'après-midi. Il faut lire, dans les souvenirs des protagonistes, le récit accablant de ce nouvel exode. Ce personnel qui va prendre d'assaut les chambres des hôtels de Clermont et celles des villes d'eaux des environs est à l'image de la France : éperdu.

Le 30 juin, dans la matinée, un conseil restreint réunit Pétain, Alibert, nouveau ministre de l'Intérieur, Laval, Baudouin, ministre des Affaires étrangères et Bouthillier, ministre des Finances. Retenons cette date : pour la première fois, *officiellement*, il est question de changer de régime. Sur le principe, les cinq présents sont d'accord. Sur les modalités, ce n'est pas encore le cas.

Ce que souhaite avant tout Bouthillier, c'est qu'il soit possible de gouverner « sans être harcelé par le Parlement ». Le ministre des Finances tient une solution toute prête :

— Il suffirait de différer jusqu'au 15 janvier 1941 une nouvelle réunion des Chambres. L'article premier de la loi constitutionnelle du 16 juillet 1875 vous le permet, puisque cette loi stipule que le Sénat et la Chambre des députés se réunissent chaque année le second mardi de janvier. D'ici là, monsieur le Maréchal, la situation aura évolué. On verra clairement où l'on en est. Et puis, à ce moment, vous pourrez exposer au Parlement ce que vous aurez fait.

Silence des autres. Est-ce un acquiescement ? Le Maréchal, lui, se déclare prêt à accepter cette solution qui *sauvegarde l'existence de la République.*

L'après-midi, nouvelle réunion du même conseil. Cette fois, Laval et Alibert — l'ex-anarcho-syndicaliste et le maurrassien à l'unisson — exposent leur plan :

— Il s'agit de convoquer le plus tôt possible les députés et les sénateurs, de les réunir en Assemblée nationale et de leur faire voter un texte autorisant le maréchal, président du Conseil, à promulguer une nouvelle loi constitutionnelle.

On ne saurait mieux dire qu'il s'agit de renverser le régime. Autour de la table, Bouthillier et Baudouin s'agitent. Rêve-t-on ? Comment peut-on espérer découvrir au sein des deux Chambres une majorité qui accepterait de consacrer son propre suicide ?

Sous les coups de boutoir des objections, Laval — son éternelle cigarette aux lèvres — garde un calme dédaigneux. Les sénateurs, les députés, il est sûr de les mettre dans sa poche. Il ne le dit pas, mais sûrement il le pense.

Le curieux de l'affaire, c'est que le Maréchal, à cet instant précis, s'affirme sceptique. C'est même avec une fermeté inaccoutumée qu'il répond à Laval : les circonstances actuelles ne sont pas propices à une réforme de la Constitution.

— Il faudrait, pour cela, être à Paris et dans un Paris libre. Nous verrons cela plus tard.

Foin de la déférence que l'on doit à un maréchal de France ! Laval éclate, répond à Pétain comme il l'eût fait à un quelconque interpellateur du Palais-Bourbon. La colère le fait trembler, il crie que l'on ne peut tolérer aucun délai, que l'on n'a pas le droit d'hésiter. Il est sûr de parler au nom de son pays. La France est vaincue. Bientôt, il faudra en venir au traité de paix. Donc, négocier avec l'Allemagne nationale-socialiste. Hitler ne voudra prendre au sérieux qu'un régime nouveau. Si l'on attend, il sera trop tard. Que nul ne s'inquiète du vote des Assemblées : il les connaît, lui, les Assemblées ! Qu'on lui donne carte blanche, il fait son affaire du résultat.

Ceux qui l'entendent là, à cette table, comprennent pourquoi l'avocat Laval a si souvent gagné les procès qu'il plaidait. Sa force de conviction emporte tout. Tous regardent le Maréchal et le voient ébranlé. Malgré tout, le vieil homme hésite encore : si l'on veut convoquer l'Assemblée nationale, il faut la signature du président de la République. La donnera-t-il ?

Fulgurante, la réplique de Laval :

— Je me fais fort d'obtenir le plein accord d'Albert Lebrun !

Il n'attend pas la réponse, il est déjà debout, il bouscule la porte, court à sa voiture qui démarre en trombe dans la direction de Royat où réside Albert Lebrun.

Une heure plus tard, le conseil siège toujours. Laval paraît, hors d'haleine. Sur son visage, un air de triomphe qu'il ne songe même pas à dissimuler :

— Eh bien, monsieur le maréchal, ça y est !

Non sans admiration, le Maréchal considère l'Auvergnat au teint de quarteron. Le vieux soldat au regard bleu lance deux mots qui scellent un avenir :

— Alors, essayez...

Le 1er juillet, le gouvernement quitte ce Clermont-Ferrand décidément trop incommode. On a choisi de se rendre à Vichy. La célèbre station thermale regorge d'hôtels : une providence pour un gouvernement en exil, on n'ose dire en transhumance. Sur l'heure, les infortunés curistes reçoivent l'ordre d'évacuer leurs chambres. Chaque hôtel abritera désormais un ou plusieurs ministères ainsi que les services officiels. Le président Lebrun réside au pavillon Sévigné. Le Quai d'Orsay dispose de deux étages à l'hôtel du Parc, cependant qu'un autre est réservé au maréchal Pétain, un autre encore au président Laval. A l'encontre des autres ministres, fatalement cloués sur place, Laval pourra au moins rentrer tous les soirs chez lui. Châteldon, dont — Rastignac paysan — il a acheté le château, ne se trouve qu'à quelques kilomètres.

« Essayez », a dit le Maréchal à Laval. L'Auvergnat fait bien plus qu'essayer. La machine est en marche, l'Assemblée nationale convoquée. Elle ne sait pas encore pourquoi mais, de partout, les parlementaires se mettent en devoir de répondre à la convocation diffusée par la voie des ondes : « Les sénateurs et les députés sont invités à rejoindre d'urgence Vichy, en vue de l'Assemblée nationale. »

Radio-Paris, sous contrôle allemand, ira même un peu vite en besogne. Le speaker explique que l'Assemblée nationale convoquée « doit voter au gouvernement du Maréchal un texte lui permettant de donner à la France la Constitution nouvelle qu'imposent les circonstances ».

Rien de plus étrange que ce Vichy de juillet 1940. Une faune insolite s'y côtoie : des activistes, des journalistes de toute opinion, de toute nationalité, des aventuriers, des gens en quête de places et de prébendes, de simples curieux. On prend d'assaut les rares chambres d'hôtel non réquisitionnées. On couche sur la paille au Concours hippique, on fait queue dans les restaurants. « Les bars débordent de rumeurs, de pronostics, de fausses nouvelles. Comme il n'y a plus de téléphone, que le télégraphe est hors d'usage, que les ouvrages d'art sont détruits et les routes obstruées, c'est au Chantecler, à la Restauration, au bar des Ambassadeurs, du Parc et du Cintra, que se retrouvent les courriéristes en quête d'informations [1]. »

Tout cela, les parlementaires le découvrent peu à peu. Ils étaient deux cents à Bordeaux. Ils seront bientôt six cents à Vichy, conscients qu'une immense réprobation pèse sur eux. C'est une constante chez nous : les Français, après une défaite, accusent plus volontiers le régime qu'eux-mêmes. Le premier Empire est mort à Waterloo, le second à Sedan. Les Français de 1940 veulent oublier que la République a gagné la Grande Guerre et ne lui pardonnent pas d'avoir perdu celle-ci. Chez ces bourgeois qui forment l'essentiel de la population et de la clientèle de la ville d'eaux, un cri général monte contre elle. Il s'enfle pour faire le procès du Front populaire. Quand Léon Blum, courageusement, paraîtra à Vichy, il sera injurié et couvert de crachats par les hommes de Doriot et les cagoulards.

Ces parlementaires traumatisés suivent l'irrésistible mouvement qui conduit chacun à faire le siège de l'hôtel du Parc. La plupart s'agglutinent devant l'entrée, les plus audacieux se

1. Robert Aron : *op. cit.*

glissent dans le hall. Là, que voient-ils ? Laval qui passe, cigarette aux lèvres, grave et sûr de lui, mais surtout le Maréchal. Un témoin, Pierre Nicolle, nous en propose une image quasi cinématographique : « L'attention de tous est attirée irrésistiblement vers le fond du grand salon, dans la partie qui sépare celui-ci de la salle à manger privée. A chaque table, les femmes, les hommes se lèvent dans une attitude respectueuse. Un homme vient d'apparaître, entouré de deux ou trois personnages. Cet homme, c'est le maréchal Pétain. Il est en veston, la tête haute, il avance lentement, de cette démarche curieuse qui semble le porter majestueusement. Ses yeux bleus posent leur regard sur la salle entière, il répond affablement d'un signe de tête et de ce geste de la main qui lui est familier aux saluts déférents qui l'accueillent. A plusieurs reprises, il s'arrête, échange quelques paroles avec les uns ou les autres, questionne, sourit, puis se retire... »

Dans ce pays qui doute de tout — et d'abord de lui-même —, dans cette France de l'abandon et du désespoir, les Français croient découvrir soudain l'arbre auquel se raccrocher. Ses racines leur semblent s'implanter au plus profond de la terre de France. Les vaincus regardent vers l'homme d'une victoire. Il est octogénaire — et c'est le Père. On jure qu'il n'est responsable de rien — et c'est le Recours.

Une intrigue, fût-elle aussi habile que celle que va mener Pierre Laval, ne peut réussir que si elle s'étaie sur une tendance majoritaire de l'opinion. A n'en pas douter, elle existe.

Un certain général de Gaulle parle à la radio de Londres. Il jette l'anathème sur le gouvernement de Vichy, affirme que la France n'a perdu qu'une bataille et non point la guerre. On l'écoute peu. Ceux qui, répondant à son appel, le rejoindront les jours suivants à Londres, ne seront qu'une poignée, d'autant plus héroïques qu'ils se sauront isolés dans la nation.

Laval constate que c'est l'histoire qui apporte le plus d'eau à son moulin. Encore tout cela n'est-il rien en regard de la terrible nouvelle qui va parvenir le 3 juillet à Vichy : à Mers el-Kébir, la flotte anglaise a ouvert le feu sur la flotte française. Le total des victimes françaises est de 1 297 tués et disparus, de 351 blessés.

Au conseil restreint qui va se réunir le 4 juillet, à 8 h 30 du matin — où ne se rencontrent que le Maréchal, Laval, l'amiral Darlan et Baudouin —, la colère gronde. Darlan et Laval préconisent une attaque sur Gibraltar. Baudouin proteste violemment, convainc le maréchal qu'il vaut mieux s'abstenir. En revanche, on décide de rendre officielle la rupture des relations diplomatiques entre la Grande-Bretagne et la France : elle existait de fait depuis le départ de sir Ronald Campbell. On a évité le pire.

Au Conseil des ministres qui se réunit à 10 heures, la position de Baudouin et du Maréchal est confirmée : il n'y aura pas d'attaque contre l'Angleterre. Gardons-nous cependant de minimiser les conséquences de Mers el-Kébir dans le processus de liquidation du régime.

D'ailleurs, Laval, maître en pragmatisme, ne perd pas une minute. L'émotion et la colère ne sont pas apaisées qu'il tire un papier de sa poche : c'est un projet de loi rédigé en collaboration avec Alibert. La voix martèle chaque ligne de l'article unique de cette loi :

« L'Assemblée nationale donne tous pouvoirs au gouvernement de la République sous la signature et l'autorité du maréchal Pétain, président du Conseil, à l'effet de promulguer par un ou plusieurs actes la nouvelle Constitution de l'Etat français. Cette Constitution devra garantir les droits du travail, de la famille et de la patrie. Elle sera ratifiée par les Assemblées qu'elle aura créées. »

Plusieurs ministres ouvrent la bouche pour prendre la parole, questionner, discuter. Laval — véritable prestidigitateur — s'est dressé :

— Je m'excuse de ne pas vous laisser ouvrir une discussion à ce sujet. Soixante sénateurs m'attendent auxquels je dois des explications.

Déjà, il est dehors.

Conformément à la Constitution, le Sénat et la Chambre des députés siègent séparément. Les députés, sous la présidence d'Edouard Herriot, se réunissent au Casino. Les sénateurs, eux, se sont vu attribuer la salle des Sociétés médicales. C'est vers ce dernier lieu — particulièrement austère — que Laval, à grands pas, se dirige. Quand il entre, sûr de lui, les sénateurs le considèrent avec une curiosité inquiète. Ce qu'ils attendent, ce sont des explications sur la réforme constitutionnelle dont tous s'entretiennent. Brutalement, Laval entre dans le vif d'un autre sujet :

— Le gouvernement a décidé de ne pas déclarer la guerre à l'Angleterre.

D'évidence, les sénateurs n'imaginaient pas que l'on ait pu envisager une telle réplique à Mers el-Kébir. Laval enchaîne :

— Le Parlement doit être dissous. La Constitution doit être réformée. Elle doit s'aligner sur les Etats totalitaires. L'institution des camps de travail doit être envisagée. Si le Parlement n'y consent pas, c'est l'Allemagne qui nous imposera toutes ces mesures avec, comme conséquence immédiate, l'occupation de toute la France.

A un tel langage, le sénateurs ne répondent que par un profond silence. Sans doute suffirait-il, à cette heure précise, qu'un seul se lève et dise clairement que la Constitution de 1875 ne sera pas modifiée pour que le projet mis en œuvre par Laval s'effondre. Personne ne se lève.

Jusqu'au 10 juillet, date à laquelle l'Assemblée nationale votera son propre anéantissement, il ne reste que six jours. Six jours pendant lesquels un seul homme va mener l'une des plus audacieuses manœuvres de l'Histoire : celle à la fois de la séduction et de l'intimidation.

Seul ? Pas tout à fait. Laval a ses amis, ses clients. D'aucuns diront ses complices. On connaît leurs noms : Jean Montigny, Xavier Vallat, Adrien Marquet, Marcel Déat — lui aussi néo-socialiste — François Piétri, Georges Bonnet, Gaston Bergery, d'autres.

Serait-ce que, dès le premier jour, les parlementaires se sont résignés à l'abdication pure et simple ? Nullement.

Le 5 juillet — un vendredi —, les sénateurs sont sortis de leur stupeur. Nombre d'entre eux ont décidé de réagir contre les intrigues de Laval. Dès les premières heures de la matinée, Jean Taurines, sénateur du Rhône, convoque les anciens combattants du Sénat. D'enthousiasme, ils votent une motion de fidélité au maréchal Pétain, mais ils se hâtent de proclamer en même temps leur attachement à la légalité républicaine. Cet ordre du jour, Jean Taurines annonce qu'il ira le porter au Maréchal. Ce sera l'occasion de lui expliquer pourquoi les projets de Laval sont inacceptables.

Toute la journée, Taurines tentera d'obtenir un rendez-vous. En vain. A ses réclamations, Alibert oppose un barrage obstiné.

Pendant ce temps, au Casino, Laval affronte les députés. Ils ne sont encore que quatre-vingts. Sur la scène, on a installé une tribune et un fauteuil présidentiel. Laval vient s'asseoir au premier rang des fauteuils d'orchestre, réservé aux membres du gouvernement. Pas un seul de ces députés n'ignore la déclaration sans nuances, inadmissible, prononcée la veille par Laval devant les sénateurs. Nul n'est disposé à se laisser faire et déjà les interpellateurs se succèdent. Voici Marcel Héraud, député indépendant de Paris : « Il ne faut pas tolérer les menaces qui visent à coup sûr le régime. » Voici Georges Monnet, député SFIO, ami personnel de Léon Blum : « Qu'arrivera-t-il si, le maréchal Pétain étant investi du pouvoir, un accident lui survient ? »

Impavide, Laval écoute. Il se lève, mais évite de monter à la tribune. S'adossant à la rampe, il fait face à la salle. Il parle. Un discours ? Non. Une conversation à bâtons rompus. L'acoustique est excellente. Il n'a pas besoin d'élever la voix. Pas plus que la veille, il ne dissimule rien. Allant droit au but, il provoque :

— Nous avons à rebâtir la France. Nous voulons détruire la totalité de ce qui est. Ensuite, cette destruction accomplie, créer autre chose, qui soit différent de ce qui a été, de ce qui est. De deux choses l'une : ou bien vous acceptez ce que nous vous demandons, et vous vous alignez sur la Constitution allemande ou italienne, ou bien Hitler vous l'imposera. Désormais, il n'y aura qu'un seul parti, celui de tous les Français, un parti national qui fournira les cadres de l'activité nationale.

S'aligner sur les Constitutions allemande ou italienne ! Voilà ce que sont contraints d'entendre ces élus du Front populaire !

Laval brosse un tableau de la politique étrangère de l'entre-deux-guerres, rappelle ses propres efforts pour la paix, condamne l'Angleterre et, agressivement, revient à son propos initial :

— Nous venons de vivre des années où il importait peu de dire d'un homme qu'il était un voleur, un escroc, un souteneur, voire un assassin. Mais si l'on disait : « C'est un fasciste », alors le pire qualificatif lui était décerné ! Nous payons aujourd'hui le fétichisme qui nous a enchaînés à la démocratie en nous livrant aux pires excès du capitalisme, cependant qu'autour de nous l'Europe forgeait, sans nous, un monde nouveau qu'animaient des principes nouveaux.

Ainsi Laval, pratiquant cyniquement l'escalade, ne redoute pas de faire l'éloge du fascisme ! Ses propos dépassent tout ce que les députés redoutaient d'entendre. Nul, comme la veille au Sénat, n'ose lui répondre. Le silence, encore.

La séance est levée. La salle se vide. Cordial, amical, Laval saisit les uns et les autres par le bras, leur glisse des confidences. Il vient de prendre publiquement Héraud à partie. Maintenant, il le traite comme un vieil ami :

— Il y a Hitler et Mussolini : il faut prendre une place entre eux. Moi, tu sais, je suis très bien avec Mussolini. En jouant de l'un contre l'autre, on pourra peut-être arriver à faire quelque chose, mais il faut que je sois là. Tes critiques n'ont aucune raison d'être. Laisse-moi faire, c'est dans l'intérêt de la France que je travaille.

Il s'éloigne, laisse Héraud perplexe. Les autres aussi. Et s'il était vrai que ce Laval détesté soit — lui seulement — en mesure de « rouler » Hitler ?

Le lendemain, 6 juillet, au Sénat comme à la Chambre, on parle, on parle. On défend la République mais, insensiblement, ses meilleurs amis admettent qu'elle doit disparaître.

Ce n'est que le soir, à 18 h 15, que la délégation des sénateurs anciens combattants peut enfin être reçue par le Maréchal.

En pleine forme, le Maréchal. Il accueille les sénateurs avec cordialité et naturel. Il les rassure. Eliminer le Parlement ? Il n'en est pas question. Lui, Philippe Pétain, ne veut pas jouer au chef absolu. Il agira au grand jour et soumettra les nouveaux textes constitutionnels aux commissions parlementaires au fur et à mesure de leur élaboration. Les sénateurs respirent. Ils sont rassurés. Du coup, Paul-Boncour propose de suspendre la Constitution jusqu'à la paix.

Le Maréchal approuve. Il demande qu'on lui soumette un texte. Terminée, l'audience. Les anciens combattants s'en vont, pleinement satisfaits. Dans la soirée, ils vont répéter partout que l'on peut faire confiance au Maréchal.

Le peut-on vraiment ?

Le 7 juillet, à 15 heures, le groupe des sénateurs anciens combattants adopte, à l'unanimité moins deux voix, le contre-projet élaboré par Paul-Boncour. Dès que Laval apprend l'existence de ce vote, il sent le danger. Il court au Sénat, prononce un nouveau discours, beaucoup plus nuancé que celui du 4 juillet. Il va jusqu'à admettre que, dans la nouvelle Constitution, le Parlement pourrait subsister :

— Des parlementaires pourront être désignés comme les législateurs du nouveau régime. D'autres assumeront un poste d'autorité. Il se peut même que le Sénat soit, à défaut de l'autre Chambre, maintenu en fonctions. Enfin, il va de soi que les parlementaires élus par la nation, même s'ils ne siègent plus dans leur assemblée, continueront à bénéficier des avantages matériels attachés à leur mandat.

De l'art et la manière d'user de la carotte et du bâton !

Taurines, non convaincu, va porter au Maréchal le texte de Paul-Boncour. Pétain déclare qu'il l'accepte pour sa part, mais il faut convaincre M. Laval qui, « comme vous le savez, est, pour cette discussion, l'avocat du gouvernement ». Taurines descend chez Laval qui refuse tout net. L'heure n'est plus à la cordialité. Taurines se fâche, annonce qu'il déposera le contre-projet.

— Eh bien, s'écrie Laval, si votre contre-projet est voté, je démissionnerai et ce sera alors la dictature du général Weygand.

Taurines ne cède pas d'un pouce. Un pli de contrariété barre le front de Pierre Laval.

Il n'est pas au bout de ses peines. L'après-midi, à 16 heures, au Casino, Pierre-Etienne Flandin, ancien président du Conseil arrivé de la veille, prend la parole. Il affirme que point n'est besoin de changer la Constitution. Il suffit de demander au président de la République de donner sa démission et d'élire ensuite le maréchal Pétain président de la République :

— Ainsi, nous obtiendrons le résultat cherché, tout en respectant la Constitution !

Flandin est acclamé. A cette heure précise, incontestablement, Laval est en échec. Le 8 juillet, il en tire la leçon. Parlant d'abord devant les députés, puis devant les sénateurs, il rassure. En même temps, il inquiète :

— Je vous mets en garde : on nous guette !

Il revient sur la nécessité pour la France de s'intégrer « dans une politique européenne et continentale » et il conclut avec une conviction qui entraîne les applaudissements :

— Cela est possible, cela est indispensable, à condition de préserver toujours ce qui nous donne la fierté d'être français !

Même tactique auprès des sénateurs. Les nouveaux propos de Laval lui rallient des élus du Sénat qui se montraient, la veille encore, les plus récalcitrants. Pas de doute : c'est au cours de ces deux réunions que Laval a joué le jeu le plus serré et qu'il a marqué le plus de points.

9 juillet, 9 h 30. Les députés se réunissent dans la salle du Grand Casino où l'on a tenté de reconstituer le décor du Palais-Bourbon. Un « à la manière de ». Edouard Herriot préside. Il tient des propos conciliants :

— Autour de monsieur le maréchal Pétain, dans la vénération que son nom inspire à tous, notre nation s'est groupée en sa détresse. Prenons garde à ne pas troubler l'accord qui s'est établi sous son autorité.

Ce que l'on demande aux députés, c'est de voter sur le principe d'une réforme constitutionnelle. Vote positif : 395 voix pour, 3 voix contre.

L'après-midi, sous la présidence de Jeanneney, les sénateurs se réunissent dans la même salle. Ne voulant pas être en reste,

Jeanneney atteste « à monsieur le maréchal Pétain notre vénération et la pleine reconnaissance qui lui est due pour un don nouveau de sa personne ». A son tour, le Sénat approuve la révision de la Constitution, par 229 voix contre une seule.

Les Assemblées sont donc convenues de réviser la Constitution de 1875. Elles n'ont pas encore décidé de ce qui la remplacera. Tout va se jouer le lendemain à la réunion, en Assemblée nationale, des députés et des sénateurs.

10 juillet, 10 h 30. Baignant les jardins du Casino, un soleil éclatant. Les députés, les sénateurs arrivent par petits groupes. Un cordon d'agents contient la foule accourue comme au spectacle. On se nomme les parlementaires, on se pousse du coude, on commente, on murmure, parfois on invective. Voici Blum, Reynaud — mal remis d'un grave accident d'automobile dans lequel il a perdu sa compagne, Hélène de Portes —, Flandin, Louis Marin, Paul-Boncour, Herriot, Jeanneney.

Enfin Pierre Laval, maître d'œuvre et chef d'orchestre. Costume croisé, chapeau cronstadt, cravate blanche, petit sourire. Jamais sans doute il ne s'est senti aussi fort, aussi sûr de sa ruse, de sa fermeté nuancée de souplesse, du mépris qu'il ressent pour les hommes.

On sait que le Maréchal ne paraîtra pas à l'Assemblée nationale. Toute la responsabilité du combat revient à Laval.

La séance est présidée par Valadier, vice-président du Sénat. Il peut compter, en face de lui, 666 députés et sénateurs. D'emblée, il va lire le projet du gouvernement, ce fameux article unique révélé naguère par Laval aux ministres pétrifiés et qui donne au maréchal Pétain tous pouvoirs pour promulguer la nouvelle Constitution de l'Etat français. Constitution qui sera « ratifiée par les Assemblées qu'elle aura créées ».

Déjà voici Taurines, fidèle à lui-même, qui s'avance et dépose sur le bureau, au nom des sénateurs anciens combattants, le contre-projet dont il donne lecture. Importantes, les différences entre les deux textes. Dans le premier, celui de Laval, le Maréchal est autorisé à promulguer la Constitution ; dans le second, celui de Taurines, il est seulement chargé de la préparer. Dans le premier, il agit souverainement ; dans le second, il doit collaborer avec les commissions des Assemblées. Dans le premier, enfin, la Constitution sera ratifiée par les Assemblées qu'elle aura créées ; dans le second, elle sera ratifiée par la nation [1].

Ces différences, comment Laval n'en saisirait-il pas toute la portée ? Assurément la motion des anciens combattants peut rallier beaucoup de voix. Ce qu'il faut, c'est l'éliminer. Il gagne la tribune. « Par déférence envers les anciens combattants du Sénat », il accepte de modifier le projet gouvernemental :

— La version stipule : « La Constitution sera ratifiée par les Assemblées qu'elle aura créées. » Je propose de substituer à cette phrase la formule suivante : « La Constitution sera ratifiée par la nation et appliquée par les Assemblées qu'elle aura créées. » Voilà qui doit vous donner entière satisfaction !

Taurines, lui, est loin d'être satisfait. Il témoigne que le Maréchal lui a déclaré sa volonté de n'être « ni un dictateur ni un César ». Il ne veut pas du projet du gouvernement. Il insiste pour l'adoption du contre-projet.

On applaudit Taurines. Laval a-t-il perdu la partie ? De son fauteuil qu'il a rejoint, il fait signe qu'il veut parler. On se tait. La voix qui roule les *r* prend possession de l'Assemblée. Elle ne la lâchera plus :

— Permettez, mes chers collègues, que je reste assis. Le débat prendra ainsi un caractère plus familier...

Dans les grands moments, Laval use toujours d'une arme secrète. Cette fois, c'est une lettre que lui a adressée le Maréchal et qui contient cette phrase déterminante : *Le vote du projet que le gouvernement soumet à l'Assemblée nationale me paraît nécessaire pour assurer le salut de notre pays.* Dès lors, les éventuels contestataires savent qu'en votant le contre-projet de Taurines, ils voteront contre le Maréchal.

Onze lignes qui règlent tout. Laval est remonté à la tribune. Il parle. Tous les témoins, amis ou adversaires, ont dit que ce discours fut le meilleur qu'ait jamais prononcé Pierre Laval. Il

1. Benoist-Méchin : *Soixante jours qui ébranlèrent l'Occident* (1956).

narre l'histoire d'une guerre déclarée sans qu'elle ait été préparée, l'histoire d'une défaite, d'un choix.

— Partir ? C'était livrer ce qui restait de la France à l'invasion totale. On ne sauve pas la France en quittant son sol, ai-je dit. Je le maintiens. Notre place était de rester au milieu des populations qui souffrent, pour souffrir, si cela était nécessaire, avec elles.

Après l'évocation de Mers el-Kébir, de la marine française écrasée sous les obus, c'est le rappel des calamités qui écrasent les Français.

— Sentez-vous que le malheur est sur la France ? Sentez-vous comme tout cela est triste et douloureux ?

Dans la salle du Grand Casino, des larmes coulent. Retrouvant une nouvelle force, Laval reprend sa démonstration. Il affirme que la constitution envisagée ne peut pas être réactionnaire.

— Nous pensons à la famille, aux droits de la personne humaine, à tout ce qui fait la raison de vivre. Cela, nous le défendrons. Nous avons la chance, le bonheur d'avoir en France, à travers ce malheur que nous vivons, un soldat victorieux, un maréchal de France. L'univers entier a du respect pour cet homme qui incarne la plus belle page de notre histoire. Nous avons la bonne fortune de l'avoir, de pouvoir nous abriter derrière lui pour assurer le salut de notre pays. C'est à cela que je vous convie et, ce soir, j'en suis sûr, il ne manquera pas un suffrage pour l'adoption du projet, parce que c'est à la France que vous le donnerez.

Un tonnerre d'applaudissements — prévisible — salue cette péroraison. Quelques questions sur le texte, pour la forme. On lève la séance. Elle reprendra l'après-midi à 17 h 15, sous la présidence de Jeanneney.

Une dernière fois, le président du Sénat lit le texte modifié sur lequel députés et sénateurs vont avoir à se prononcer. L'Assemblée décide de passer immédiatement au vote.

Une voix, dans la salle :

— Pardon, pardon, je demande la parole. Nous sommes vingt-sept. Et nous voulons...

Vincent Badie livre le dernier baroud d'honneur de la République. Il va le perdre. Sa protestation se noie dans l'indifférence. On vote. Votants : 666 ; majorité absolue : 334 ; pour l'adoption : 569 ; contre : 80 ; se sont abstenus : 17.

C'est fait, la République est morte.

Rayonnant, Laval fait face à l'Assemblée :

— Un seul mot, au nom du maréchal Pétain : je vous remercie pour la France.

Des voix lui répondent : Vive la France !

Un cri unique s'élève qui, face à cette unanimité, paraît tristement insolite :

— Vive la République quand même !

Marcel Hastier a proféré ce dernier hommage à la République défunte. Aucun écho.

Le lendemain, 11 juillet, le maréchal Pétain promulgue trois actes constitutionnels. Le premier est ainsi conçu : « Nous, Philippe Pétain, maréchal de France, vu la loi constitutionnelle du 10 juillet 1940, déclarons assumer les fonctions de chef de l'Etat français. »

L'acte constitutionnel n° 2 énumère les pouvoirs du chef de l'Etat. C'est bien simple, il les a tous. Il est plus absolu que Louis XIV.

L'acte constitutionnel n° 3 précise que le Sénat et la Chambre des députés subsisteront jusqu'à ce que soient formées les Assemblées prévues par la nouvelle Constitution, mais qu'elles seront ajournées jusqu'à nouvel ordre.

Après avoir signé ces trois actes, le Maréchal a ôté ses lorgnons, il a posé sa plume. Et il a dit :

— Voilà !

XI

Eliminez Trotski dans l'année !

20 août 1940

Au Kremlin, une grande pièce terne et grise. Trois portraits sur les murs : ceux de Lénine, Marx et Engels. Sur le bureau, des dossiers empilés dans un ordre rigoureux.

Parallèle à ce bureau, une longue table flanquée de quelques chaises et recouverte d'un tapis vert. Ce jour-là — nous sommes en mars 1939 — deux hommes silencieux y ont pris place. Le premier, Lavrenti Beria, chef du NKVD, cligne les yeux derrière ses lorgnons sans monture. Le second, Pavel Soudoplatov, un homme robuste de trente-deux ans, le regard brillant sous d'épais sourcils sombres, semble fasciné par le troisième personnage qui va et vient dans la pièce et dont les pas sont comme étouffés par les bottes molles de Géorgie. L'uniforme sans insigne, la grosse moustache, la pipe : qui ne reconnaîtrait Joseph Staline ?

Avec une déférence que l'on sent de rigueur, Beria prend la parole. Soudoplatov l'écoute avec d'autant plus d'attention qu'il est question de lui. Beria suggère de le nommer directeur adjoint du Département étranger du NKVD et en même temps

---

Léon Trotski : une autre conception du communisme mondial. (Collection Viollet.)

responsable de toutes les opérations anti-trotskistes. De sa voix blanche, Beria explique :

— Soudoplatov aurait pour mission de mobiliser toutes les ressources du NKVD afin d'éliminer Trotski, l'ennemi du peuple numéro 1.

Tout au long de l'exposé, Soudoplatov remarque que l'attention de Staline ne se relâche pas un seul instant : « Sa concentration, la manière dont il suivait les mots de Beria étaient palpables[1]. » Il l'a vu d'abord tenant à la main sa pipe déjà bourrée de tabac, puis frotter une allumette et l'allumer. Jusqu'au moment où Beria s'est tu, il n'a pas cessé de tirer de courtes bouffées. Maintenant il s'interrompt dans sa marche, regagne son bureau et se laisse tomber dans son fauteuil. Il se concentre. Bien sûr, les deux autres respectent ce silence. Enfin, Staline déclare lentement :

— A part Trotski en personne, il n'y a aucune figure politique importante dans le mouvement trotskiste. Si on élimine Trotski, tout danger disparaîtra.

Un silence encore. Soudain, Soudoplatov croit voir Staline se raidir « comme s'il était en train de donner un ordre ». C'est un verdict qu'il prononce :

— Il faut en finir avec Trotski dans l'année.

Il explique que la guerre éclatera bientôt en Europe. Si l'on ne prend pas les devants, on s'exposera à voir les alliés de l'Union soviétique se mettre en retrait. Le précédent espagnol doit être médité.

Staline se lève, va droit à Soudoplatov :

— Vous prendrez la tête des troupes de choc pour que l'action contre Trotski soit une réussite.

Soudoplatov et Beria se sont dressés, eux aussi. Très ému, Soudoplatov sollicite l'autorisation de recruter d'anciens combattants ayant participé aux opérations de guérilla pendant la guerre civile espagnole.

Aucune hésitation de la part de Staline :

— C'est votre travail et le devoir du parti de trouver le moyen de sélectionner un personnel qualifié, capable de mener

1. Pavel Soudoplatov : *op. cit.*

à bien cette tâche. On vous procurera l'aide et le soutien nécessaires. Vous dépendrez directement du camarade Beria et de personne d'autre, mais c'est vous qui avez la pleine responsabilité de cette mission. C'est vous qui devez prendre personnellement les dispositions nécessaires pour envoyer sur place l'équipe qui quittera l'Europe et se rendra au Mexique. Vous écrirez vos rapports de votre main.

Une double poignée de main va ponctuer l'ordre que vient de donner la maître de la Russie. Trotski est condamné.

Une réelle conviction avait longtemps habité ceux qui avaient entrepris la révolution d'octobre 1917 : Léon Davidovitch Trotski succéderait à Lénine. Son itinéraire, à lui seul, semblait le démontrer. Dans ses premières années de militantisme, il s'était, comme beaucoup de révolutionnaires, choisi un pseudonyme. Cependant que Joseph Djougachvili préférait, en toute modestie, « homme d'acier » (Staline), Léon Bronstein, fils d'un cultivateur juif d'Ukraine, s'était souvenu d'un gardien de prison qu'il avait connu naguère. Ainsi Bronstein s'était-il transformé en Trotski.

Dès 1905 — il a vingt-six ans —, il est président du soviet insurrectionnel de Saint-Pétersbourg. Jeté en prison, il s'en évade, il émigre. Son idéologie se forme. En 1917, la révolution le surprend aux Etats-Unis. Il rentre en Russie, se retrouve président du soviet de Petrograd puis président du Comité militaire révolutionnaire. Il organise et dirige l'insurrection d'Octobre. Après la prise du pouvoir, il sera commissaire aux Affaires étrangères. Il est petit, râblé, pointant en avant une courte barbe, ayant toujours l'air d'être prêt à bondir.

Il ne fait aucun doute, pour la majorité des Russes ralliés au bolchevisme, que la victoire a été l'œuvre de deux hommes : Lénine et Trotski. Si différents qu'ils aient été, ils symbolisent à eux deux le nouveau régime.

Quand s'engage la guerre civile, Trotski galvanise le peuple. On lui doit la formation de l'Armée rouge. Pendant deux ans et demi, dans son fameux train blindé, il parcourt la Russie, colmate les brèches ouvertes par les blancs, enlève ses troupes dans d'irrésistibles assauts et écrase définitivement l'adversaire.

Au milieu même de l'action, il est resté un théoricien. Victor Serge l'a montré, courant d'un front à l'autre et dictant en même temps une réponse fulgurante au socialiste allemand Karl Kautsky.

A la mort de Lénine, le prestige de Trotski se révèle immense : la jeunesse intellectuelle de Moscou et de Petrograd ne jure que par lui [1]. Qui, sinon lui, pourrait succéder à Lénine ? Erreur. Insidieusement, le règne de Staline a commencé. La parole de Trotski enfièvre d'immenses foules. Staline — lui — préfère l'ombre au sein de laquelle, patiemment, il a posé les jalons de son ascension. Trotski est célèbre à l'étranger où il a beaucoup voyagé. Staline, qui n'a jamais quitté la Russie, préfère le travail de bureau.

Trotski foule aux pieds les honneurs et les titres. Quand, en 1921, Staline est nommé secrétaire général du parti communiste, Trotski ne comprend pas que, de ce titre à ses yeux sans importance, Staline va faire le tremplin de son propre pouvoir. Il va lui permettre de placer partout des hommes dont la fidélité assurera sa toute-puissance.

Sous l'influence de Staline, le parti décide, après l'échec des révolutions d'Allemagne et de Hongrie, de donner le pas à la socialisation de la seule URSS plutôt que de préparer la révolution mondiale. Furieux, Trotski dénonce ce qu'il appelle une abdication. Quand il voit la centralisation bureaucratique assurer sa mainmise sur tout le pays, il multiplie les critiques. Impitoyable, Léon Trotski.

Quelques années plus tard, une opposition aussi catégorique aurait entraîné son arrestation, une parodie de jugement et une exécution immédiate. Staline n'a pas encore les moyens de se conduire ainsi. Il doit tenir compte de la popularité de Trotski, restée considérable. Il se contente, en 1927, de le faire exclure du parti communiste. Manœuvre suprêmement habile : il a rogné les griffes du lion. Après quoi, en 1929, l'expulsion de Trotski d'Union soviétique va être reçue par beaucoup de communistes comme une preuve de la magnanimité de Staline.

---

1. Préface de Bernard Feron à la biographie de Victor Serge : *Vie et Mort de Trotski*.

L'homme du Kremlin a-t-il cru être débarrassé de son ennemi ? Réfugié en Turquie, Trotski multiplie les articles et les déclarations contre Staline. Inquiet, le gouvernement turc exige son départ. La Suisse, l'Allemagne sociale-démocrate, l'Angleterre, le Danemark, la Suède refusent de le recevoir. La Norvège l'accueille mais Staline, dont la vindicte monte en même temps que l'omnipotence, exige son expulsion. Il l'obtient. Voici Trotski en France. Nous sommes au temps du Front populaire mais, après tant d'autres, la France lui demande de quitter son territoire.

Si l'Europe lui est fermée, où pourra-t-il trouver asile ? Miracle : le président Cardenas, chef de l'Etat mexicain, lui fait savoir que le Mexique consent à l'accueillir. Trotski est à la fin de son errance. Il sait déjà que là-bas, à condition de ne pas se mêler de la politique intérieure du pays — il s'y est engagé —, il va pouvoir se déchaîner contre Staline.

Avec l'aide de ses partisans aux Etats-Unis, il a loué à Mexico, dans le quartier de Coyoacan, au coin de la rue de Vienne et de la rue Morenos, une grande maison de style colonial. Le Vieux — comme l'appelle affectueusement son entourage — va en faire une véritable forteresse : un mur de béton la ceinture, flanqué de deux tours crénelées qui abritent des mitrailleuses. L'entrée a été dotée d'une porte blindée. Des secrétaires-gardes du corps en armes veillent jour et nuit sur la sécurité du vieux chef qu'ils vénèrent. Tout cela coûte cher. Les trotskistes du monde entier subviennent aux dépenses.

Quand Trotski s'est installé là, à l'approche de la soixantaine, est-ce donc qu'il craignait pour sa vie ? Bien sûr.

Déjà, en Europe, on a voulu l'abattre. On ne s'est pas contenté de s'en prendre à sa personne. Il n'a plus reçu de nouvelles de son fils Serge, déporté en Sibérie. C'est également en Sibérie que la mort a attendu sa sœur Olga. Sa fille s'est suicidée. Sa première femme et son gendre ont été envoyés en camp de concentration. Les procès de Moscou ont désigné Trotski à la vindicte du monte entier. Tous les vieux bolcheviks, avant de faire face au peloton d'exécution, l'ont dénoncé à qui mieux mieux. Il est devenu le « super-traître », l'agent machiavélique d'un complot mondial.

Intraitable, Trotski a voulu rendre coup pour coup. Avec cette différence que Staline dispose d'une armée de tueurs et Trotski seulement de sa plume. Installé dans sa citadelle de Mexico, le Vieux redouble d'efforts. « Il est seul, écrit sa femme Nathalie. Il se sent le dernier combattant d'une légion anéantie. Il devient ainsi, pour beaucoup d'hommes, un symbole, et il le sait. Son devoir est de maintenir droite, claire, une doctrine, une vérité historique, une attente résolue. Pour toutes ces raisons, il est condamné. »

Les autorités mexicaines, elles aussi, craignent pour la vie de leur hôte. Elles ont fait construire, à trente pas de l'entrée, une *casita* en briques, pourvue d'une meurtrière. En permanence, des policiers veillent.

Chaque matin, Trotski se lève tôt : la lumière, dit sa femme, « est alors fraîche, le ciel invariablement radieux ne flambe pas encore ». Avant de commencer son travail, il s'autorise un tour de jardin, va nourrir les lapins et les poules et jette un coup d'œil aux cactus qui, sans doute parce qu'ils sont « résistants et guerriers », le touchent. Il gagne son cabinet de travail dont il ne sortira plus qu'aux heures de repas. Il écrit une vie de Staline, multiplie les articles, les dénonciations. Non pas que tout soit défendable dans son combat. Il tombe parfois dans le travers fatal des exilés : aveuglé par la passion, il devient l'ennemi de ce qui était sa raison de vivre. Paradoxalement, sa bête noire principale n'est plus le capitalisme, mais le communisme accusé par lui de s'être tout entier rangé sous la bannière stalinienne.

Physiquement, il tient toujours la tête droite. Rien n'a changé de sa démarche alerte et de ses gestes vifs. « Il semblait ne pas vieillir, confie sa femme, bien que sa chevelure aux mèches rebelles devînt grise... Il recevait généralement les visiteurs à sa table de travail, légèrement incliné pour mieux les entendre, le regard bleu très attentif ; il parlait d'une voix toujours nette, en ponctuant bien sa phrase, en s'efforçant, même en anglais, en allemand ou en français, de la construire clairement. Il était courtois, attentif à ne pas créer, même involontairement, les légers malentendus qui peuvent blesser ou jeter une ombre sur les relations personnelles... »

Et Staline ? La machine qu'il a choisie est en marche.

A la tête du réseau appelé à éliminer Trotski, Soudoplatov a désigné Léonide Eitingon, rencontré par lui au Département étranger où il dirigeait la section des opérations clandestines et retrouvé à Barcelone alors qu'il montait des opérations de guérilla derrière les lignes franquistes. Juif de Biélorussie, Eitingon a multiplié les faits d'armes pendant la guerre civile espagnole. Formé à l'Académie militaire de Moscou, intégré à la Tcheka puis à la Guépéou, il s'est retrouvé en Chine où l'ont attendu quelques missions difficiles.

Eintingon a accepté avec bonheur l'offre de Soudoplatov. Les deux hommes en sont convenus : il n'est possible d'approcher Trotski que par le réseau espagnol. Or Eitingon en connaît tous les membres, ainsi d'ailleurs que tous les réseaux d'agents soviétiques aux Etats-Unis et en Europe occidentale.

Une première équipe est formée rapidement sous la direction de l'un des organisateurs du parti communiste mexicain, le peintre David Alfaro Siqueiros. Il sera doublé d'un second réseau clandestin à la tête duquel on place une aristocrate espagnole, Caridad Mercader. Elle a quitté son mari, homme d'affaires doté d'une grande fortune, s'est enfuie à Paris avec ses quatre enfants et n'a regagné Barcelone que pour participer à la guerre d'Espagne. Son fils aîné a été tué au combat cependant que le deuxième, Ramon, servait dans un détachement de guérilleros.

Eitingon a connu les Mercader en Espagne. Il a recruté Caridad et Ramon comme agents soviétiques. Après la victoire du franquisme, il les a fait passer à Paris. Mais c'est Ramon qui l'intéresse le plus. Il lui a donné l'ordre de jouer le personnage d'un jeune homme d'affaires mondain et de s'abstenir de toute activité politique. Il se présente sous le nom de Mornard, de nationalité belge. Les fonds qui permettent au jeune Espagnol de mener la vie à grandes guides lui viennent naturellement d'Eitingon.

Au début de l'été 1939, Ramon va faire une rencontre qui se révélera lourde de conséquences. Il s'agit d'une certaine Sylvia

Agelof, Américaine d'origine russe qui ne fait pas mystère de son appartenance aux groupes américains de la IVe Internationale. D'ailleurs, sa sœur Ruth a travaillé, à Mexico, au secrétariat de Trotski. Sylvia se trouve à Paris en compagnie d'une amie journaliste, Ruby Weill. Selon Nathalie Trotski, c'est cette dernière qui a mis Sylvia en relations avec le soi-disant Jacques Mornard, fidèle au rôle qu'il jouait, « riche, grand voyageur, qui comptait faire une carrière dans le journalisme ». Soudoplatov, venu rejoindre Eitingon à Paris, trouve Ramon fort beau. Il affirmera même plus tard qu'il n'était pas « sans rappeler les traits réguliers de l'acteur français Alain Delon ». Le certain, c'est que son charme s'est exercé auprès de Sylvia qui y a bientôt succombé.

A Paris Soudoplatov a non seulement rencontré les Mercader mais aussi certains membres du groupe Siqueiros. Sa préoccupation essentielle est qu'il n'existe aucun contact entre les deux équipes. Chacune doit continuer à ignorer l'existence de l'autre.

Pendant un mois, Eitingon va initier Caridad et Ramon aux techniques du renseignement. Si la mère et le fils ont participé en Espagne à des opérations militaires fort risquées, si Ramon s'est même battu au corps à corps armé d'un couteau, ils ignorent tout du maniement d'un poste de radio. C'est ce à quoi l'enseignement d'Eitingon veut remédier.

Tout indique que la guerre est proche en Europe. Le moment vient où Sylvia Agelof doit regagner les Etats-Unis. Les amants se séparent avec douleur. Il nous est aisé d'imaginer la joie de Ramon quand, quelque temps plus tard, il apprend de la bouche d'Eitingon que ses chefs soviétiques leur réservent, à sa mère et à lui, une mission et que celle-ci se situe justement aux Etats-Unis ! Il va donc pouvoir retrouver cette Sylvia dont il semble réellement et sincèrement épris. D'après ce qu'a révélé, en 1969, Ramon Mercader lui-même, Eitingon l'avait seulement informé qu'il ferait partie d'une équipe chargée de lutter contre le trotskisme au Mexique. Il s'était bien gardé de lui confier que sa mission serait de tuer Trotski[1].

1. C'est à Pavel Soudoplatov que Ramon Mercader a fait ce récit lors d'un déjeuner au Cercle de l'Union des écrivains à Moscou.

Au mois d'août 1939, Caridad et son fils s'embarquent au Havre pour New York. On a procuré à Ramon le passeport d'un certain Frank Jacson, combattant canadien des Brigades internationales disparu pendant la guerre d'Espagne. A l'arrivée, retrouvailles émerveillées de Ramon et Sylvia, bonheur absolu qu'ils affichent au grand jour. Ils sont si sûrs de ne plus pouvoir se passer l'un de l'autre qu'ils décident de vivre ensemble comme mari et femme.

En octobre 1939, Eitingon rejoint à son tour New York. Il y installe une société d'import-export : une excellente couverture. En fait, il prépare activement l'assassinat de Trotski par l'équipe Siqueiros qui est d'ores et déjà en place à Mexico. Communiquant avec elle grâce à une radio clandestine, il lui annonce qu'elle sera bientôt renforcée par l'arrivée d'un certain Iossif Grigoulevitch, imposé par Beria lui-même et qui va rejoindre Mexico en janvier 1940. Sa présence ne doit normalement susciter aucun soupçon car son père possède une grande pharmacie en Argentine.

C'est également en janvier 1940 que Ramon est envoyé par Eitingon à Mexico. Sylvia l'accompagne. Nous pouvons logiquement penser que Ramon l'y a encouragée fortement. Même s'il aime Sylvia, comment ne verrait-il pas, dans ses relations avec Trotski, un élément inespéré de sa réussite ? Parce que, maintenant, il sait. Il sait qu'il devra tuer Trotski.

Comment Sylvia n'aurait-elle pas, dès son arrivée à Mexico, rendu visite à Trotski ? Le Vieux la reçoit avec joie. Elle reviendra souvent à Coyoacan. Chaque fois, Ramon l'y conduit en voiture. Il vient la chercher en fin de journée et l'attend patiemment à la porte. Les gardiens remarquent bientôt ce grand garçon à l'allure sympathique. Ils vont finir par bavarder avec lui.

Ramon n'a rien dit à Sylvia. Pour réussir dans sa tâche, il doit manifester une prudence extrême. La moindre maladresse susciterait aussitôt la méfiance de ceux qui protègent Trotski et sans doute de Trotski lui-même. L'accès de la demeure lui serait définitivement interdit.

Des Français amis de Trotski, Alfred et Marguerite Rosmer, sont à cette époque les hôtes de Trotski. Sylvia les connaît de longue date. Quand elle leur parle de son « mari », ils lui témoignent leur désir de le connaître. Un dîner entre les deux couples est organisé. On sympathise. A ce point que le faux Jacson emmènera les Français visiter le pays en voiture.

Au mois de mars, Sylvia doit repartir pour New York. Elle fait promettre à Ramon de ne pas se rendre, en son absence, chez Trotski. Se méfie-t-elle de lui ? Non. Simplement, elle veut se réserver la joie de présenter elle-même l'homme qu'elle aime à son vieux maître.

Or Ramon ne va pas tenir sa promesse. Il faut reconnaître que l'initiative n'est pas venue de lui. Alfred Rosmer est tombé malade. Puisque Ramon dispose d'une voiture, sa femme lui demande de l'emmener à l'hôpital français de Mexico puis, après rétablissement, de le ramener chez Trotski. Ainsi, pour la première fois, pénètre-t-il dans la forteresse. D'ailleurs, il avertit aussitôt Sylvia, par lettre, qu'il a manqué à son serment. Appelé par les Rosmer, il reviendra à Coyoacan. Maintenant qu'il entre librement dans la maison, il va peu à peu rencontrer tout le monde... sauf Trotski. Trois mois vont même s'écouler avant qu'il ne fasse sa connaissance.

Ce qui va donner le temps au groupe Siqueiros de passer à l'action.

Dans la nuit du 24 au 25 mai 1940, tout repose au sein de la grande maison. Tout dort. Léon et Nathalie Trotski dans leur chambre, leur petit-fils Sieva dans la chambre voisine, les secrétaires-gardes du corps dans les leurs, de même que les hôtes français, Alfred et Marguerite Rosmer, et les trois domestiques mexicains.

Un seul homme de garde veille : Robert Sheldon Harte, un jeune Américain. Au-delà les murs, une dizaine de policiers assurent la garde extérieure.

Soudain, une violente fusillade déchire la nuit, tellement proche que le fracas en est insoutenable. Mu par le réflexe immédiat du révolutionnaire, le Vieux se laisse glisser sur le plancher et entraîne sa femme. Ils demeurent là, sur le sol, allongés, immobiles. Les balles sifflent au-dessus de leurs têtes. Trotski ne se méprend pas : de la fenêtre, c'est le lit qui est visé. On constatera que le matelas et les oreillers ont été traversés de part en part et que les murs, comme le plancher, sont criblés de balles.

Trotski voit un homme en uniforme s'encadrer dans la porte et, longuement, arroser la pièce avec sa mitraillette et se retirer. Par miracle, ni Léon ni Nathalie ne sont touchés. Une jambe de Trotski est effleurée. Rien de grave.

Le silence enfin. Un instant après, un bruit de moteurs. Deux voitures, semble-t-il. Elles s'éloignent.

Dès 5 heures du matin, la police est là. Le colonel Salazar, chef du Service secret de la Direction de la police, s'est dérangé en personne. A peine arrivé devant la maison, il a abordé les policiers qui l'attendaient. Il est furieux, Salazar.

— Enfin, vous étiez dix !

— Mais eux, ils étaient vingt. Ils portaient des uniformes de la police et de l'armée. Nous, on a cru à des renforts. Quand ils nous ont mis les mitraillettes sur le ventre, il était trop tard.

— Et les six gardes de Trotski ? Et la porte blindée ?

— Les agresseurs ont sonné et on leur a ouvert.

Une autre voiture. En descendent des agents du Service secret et les adjoints de Salazar. Une troisième voiture : celle du général José Manuel Nuñez, chef de la police.

Avant d'entrer, les visiteurs doivent exhiber leurs papiers. Ils pénètrent dans le jardin qui, diront-ils, leur a semblé une oasis « avec ses grands arbres au feuillage épais, sa pelouse bien entretenue et ses massifs de fleurs [1] ».

Au-devant de Salazar s'avancent, revolver à la main, les secrétaires-gardes du corps, des hommes jeunes. Une question angoissée de Salazar :

— Trotski a-t-il été tué ?

Aussitôt qu'une réponse négative lui a été donnée :

1. Julian Gorkin : *L'Assassinat de Trotski* (1970). Julian Gorkin a pris une part active à l'enquête sur l'assassinat de Trotski. Son livre, pour lequel il a pu utiliser les douze cents documents officiels de l'investigation, constitue un témoignage essentiel.

— Y a-t-il quelqu'un de mort, de blessé dans la maison ?

— Non. Personne.

Etonnement du colonel : pas un mort malgré tous ces coups de feu !

On conduit les visiteurs auprès de Trotski et de sa femme. Sur leur pyjama, ils ont passé une robe de chambre. Ce qui frappe les Mexicains, c'est l'extraordinaire sérénité du Vieux, égale à celle de ses gardes du corps. Sur le visage de Trotski, erre de l'ironie et de la moquerie. Les policiers le dépeindront petit mais robuste, le front haut, les cheveux blancs, la barbiche en pointe. Derrière les lunettes d'écaille, des yeux clairs, vifs, scrutateurs.

Même impassibilité chez Nathalie. Le beau visage est encadré de cheveux blond cendré, très fins. Certes, elle a vieilli, mais comment douter qu'elle ait été très belle ? Ce qui l'a marquée, ce n'est pas tant l'âge que les soucis et les angoisses[1].

Trotski raconte ce qui s'est passé la nuit précédente :

— Quand les coups de feu ont cessé, nous nous sommes aperçus qu'on avait placé une bombe incendiaire juste à la porte de communication qui se trouve entre notre chambre et celle de mon petit-fils... Il avait été surpris dans son sommeil, comme nous, par l'irruption des assaillants. Si inexplicable que cela paraisse, il est indemne, seulement égratigné au pied par le frôlement d'une balle. Cela tient sans doute à ce qu'il n'a pas perdu son sang-froid. Il s'est jeté à terre et caché sous son lit. Mes collaborateurs et mes gardiens sont alors accourus. Et nous avons pu constater que les portes n'avaient pas été forcées... Comment avait-on pu pénétrer dans la maison ? Nous sommes passé dans le vestibule et nous avons constaté la disparition de Robert Sheldon Harte, Bob comme nous l'appelions familièrement. Les assaillants l'ont sans doute enlevé.

Pour Trotski, il ne fait pas de doute qu'on a voulu les tuer, lui et les siens. La bombe incendiaire devait anéantir ses archives.

— Car nul n'ignore — et le NKVD moins que quiconque — que j'écris actuellement la biographie de Staline sur lequel je possède une documentation sans égale.

---

1. Isaac Deutscher : *Trotski* (1965).

Nouvelle question du colonel Salazar :

— Soupçonnez-vous une personne ou un groupe d'avoir dirigé cet attentat ?

La réponse du Vieux fuse, assurée et moqueuse :

— Mais comment donc ! Bien sûr !

Par le bras, il entraîne le colonel vers le clapier. Il se penche vers lui, baisse la voix :

— L'auteur de l'attentat, c'est Joseph Staline !

Quand Salazar quitte la maison de Coyoacan, grande est sa perplexité. Un soupçon a pris naissance dans son esprit : ne s'agirait-il pas d'un attentat simulé ? Comment Trotski, sa femme et son petit-fils ont-ils pu échapper à une telle mitraillade ? On peut prévoir le parti que Trotski saurait tirer d'un faux attentat. La preuve : d'emblée, il en a accusé Staline. Malgré tout, il y a cet enlèvement, la disparition de Robert Sheldon Harte. Curieux.

L'enquête piétine. Un jour, des policiers surprennent une conversation entre receveurs d'autobus. Ils parlent de l'attentat et des uniformes portés par les assaillants :

— C'est un juge qui les a prêtés. Le juge de Tucabaya.

On interroge le juge. Fort embarrassé, il convient qu'un ami lui a bien demandé des uniformes mais qu'il a refusé. Il accepte de nommer cet ami : un certain Martinez. On le trouve, on l'interroge. Il passe aux aveux :

— Oui, j'ai emprunté des uniformes. Seulement pour faire plaisir à un ami, ex-commandant des Brigades internationales.

Il s'agit du capitaine Nestor Sanchez. Il reconnaît qu'il a fait partie de l'expédition conduite par un peintre, David Alfaro Sigueiros, et un Juif français. Après avoir désarmé les policiers qui gardaient la maison de Trotski, le Juif français s'est entretenu, à travers la porte, avec Robert Sheldon Harte. C'est lui qui leur a ouvert.

— Sheldon Harte a-t-il trahi Trotski ?

Sanchez l'affirme, donnant pour preuve que c'est Harte, au départ du groupe, qui a conduit l'une des voitures.

Trotski, informé, réagit violemment : que Harte ait pu le trahir, voilà qui n'est pas envisageable !

Un peu plus tard, la police découvrira, dans une maison abandonnée du désert de Leones, le cadavre, abattu de deux balles dans la tête, de Sheldon Harte. En souvenir de cet ami fidèle, Trotski fera poser une plaque sur l'une des tours de sa maison :

A la mémoire de
Robert Sheldon Harte
(1915-1940)
Assassiné par Staline.

Il faudra attendre 1994 pour que Pavel Soudoplatov révèle que Iossif Grigoulevitch, agissant au sein du groupe Siqueiros, « parvint à entrer en contact avec l'un des gardes du corps de Trotski, Sheldon Harte ». Bob avait ouvert la porte aux assaillants.

Une ligne encore : « Harte fut liquidé parce qu'il connaissait Grigoulevitch et qu'il aurait pu nous identifier. »

Un mardi de mai 1940, une voiture quitte Moscou et roule vers l'ouest dans la direction de *Blijaia*, la datcha de Staline, à une demi-heure de voiture de la capitale. A l'intérieur, Beria et Soudoplatov.

Il est fort mal à l'aise, Soudoplatov. Si Staline a souhaité l'interroger, c'est assurément à propos de la tentative d'assassinat de son vieil ennemi. Et de son échec. Staline déteste les échecs.

A peine entré dans le bureau de Staline, Soudoplatov doit en effet s'expliquer. Il le fait de son mieux :

— Si la tentative a échoué, c'est parce que le groupe d'assaut n'était pas composé d'assassins professionnels. Eitingon n'a malheureusement pas pris part au raid. S'il y avait participé, il aurait vérifié les plans de la maison et se serait assuré que Trotski avait bien été éliminé. Personne, dans le groupe Siqueiros, n'avait été formé à fouiller une maison ou un appartement. C'étaient tous des paysans ou des mineurs à peine aptes à la guérilla.

— Et maintenant ? demande Staline.

Soudoplatov, qui s'est concerté avec Beria, explique qu'un nouvel attentat se prépare et que, cette fois, il faudra en exclure les agents soviétiques qui ont réussi à s'infiltrer chez les trotskistes des Etats-Unis et du Mexique. C'est courir le risque de perdre tout entier le réseau antitrotskiste implanté aux Etats-Unis et en Amérique latine.

Le regard de Staline se vrille sur Soudoplatov. Il pèse ses mots pour répondre :

— Jusqu'à quel point notre réseau d'agents aux Etats-Unis ou au Mexique, placé sous l'autorité d'Ovakimian, est-il impliqué dans l'opération contre Trotski ?

— Les plans d'Eitingon sont totalement inconnus d'Ovakimian.

Staline hoche la tête :

— L'élimination de Trotski se traduira par l'effondrement total du mouvement et nous n'aurons plus besoin de dépenser de l'argent pour combattre les trotskistes et les empêcher de détruire le Komintern ou de nous détruire.

Un ordre bref : que l'on envoie de sa part un câble à Eitingon pour lui exprimer sa pleine confiance.

Il est 11 heures du soir, Staline se lève :

— Et si vous soupiez avec moi ?

Soudoplatov se souviendra de l'humeur « badine » de Staline et du vin de Géorgie mêlé de limonade qu'il avait dû absorber : « S'il était encore en colère, il le cacha fort bien sous sa détermination à poursuivre nos efforts pour éliminer Trotski. »

Un message d'Eitingon parvient à Moscou. Il a vu Ramon Mercader, l'a informé en présence de sa mère que le moment d'accomplir sa mission était venu. La vieille Caridad a donné sa bénédiction à son fils. Compte tenu de la protection dont dispose Trotski, ils sont convenus tous les trois que, plutôt que de tuer Trotski d'un coup de feu, il valait mieux utiliser une matraque ou un couteau, plus facile à dissimuler et dont l'emploi ferait moins de bruit. Eitingon rappelle que Ramon a « déjà tué d'un coup de poignard une sentinelle postée près d'un pont qui devait sauter ». Une précision supplémentaire : « L'assassinat doit prendre l'aspect d'une vengeance personnelle de Mercader contre Trotski qui sera supposé avoir empêché Sylvia Agelof de l'épouser. » Si Ramon est arrêté, il devra prétendre que Trotski a cherché à l'enrôler « dans un groupe terroriste international dont l'objectif était d'assassiner Staline et d'autres dirigeants soviétiques ».

C'est dans des circonstances que l'enquête a parfaitement déterminées que, le 28 mai 1940, trois jours après la tentative ratée, s'est produite enfin la rencontre de Ramon Mercader et de Trotski.

Les Rosmer sont sur le point de quitter le Mexique et de s'embarquer à Vera Cruz. « Jacson » leur a offert de les emmener en voiture et ils ont accepté avec plaisir.

On lui demande d'attendre dans le jardin. Docile, il patiente en faisant quelques pas. Il aperçoit alors, près du clapier, Trotski occupé à nourrir les lapins. Ramon s'approche, salue le Vieux qui, sans s'interrompre, lui serre la main. Ramon ne prononce que quelques mots respectueux. Visiblement, ce comportement plaît à Trotski. Ramon s'éloigne, s'approche de la chambre de Sieva, petit-fils du maître de maison déjà rencontré à plusieurs reprises. Il lui a apporté un planeur et lui en explique le fonctionnement. C'est alors que Nathalie Trotski les rejoint. Elle aussi connaît déjà le prétendu Jacson. Elle lui demande s'il veut se joindre à eux et aux Rosmer pour prendre le petit déjeuner. Ramon accepte.

A son retour de Vera Cruz, Ramon ne se hâte nullement de revenir à Coyoacan. Quinze jours s'écoulent. Il ne reparaît que le 12 juin. Il ne demeure là que le temps d'annoncer son départ pour New York et de confier sa voiture aux gardes afin que ceux-ci puissent l'utiliser en son absence. Il ne reviendra au Mexique qu'un mois plus tard. Trois semaines s'écouleront encore avant qu'il ne hasarde une nouvelle visite à la forteresse trotskiste.

De son côté, Sylvia s'est mise à travailler avec le Vieux. La présence d'une secrétaire russe lui manquait. Le 29 juin, les

Trotski invitent « Jacson » et Sylvia à venir prendre le thé avec eux. La visite dure un peu plus d'une heure.

Quand on consulte les rapports conservés par les gardes, on s'aperçoit que Ramon n'est entré dans la maison que dix fois du 28 mai au 20 août. Toujours, il s'est montré un visiteur courtois, respectueux, obligeant. Il apporte quelques fleurs ou des bonbons pour Nathalie.

Cependant, depuis son retour de New York, son comportement a changé. Sylvia remarque que l'humeur de son amant s'est assombrie. Il passe une grande partie de ses journées au lit. Lui qui était communicatif devient taciturne. Il ne retrouve son aisance que quand il parle aux gardes de Trotski. Il cite devant eux les noms de trotskistes de plusieurs pays, il confie qu'il a fait des dons au parti. Il aime parler d'argent et, un jour, propose même à Trotski de jouer avec lui à la Bourse. Il vante le talent à cet égard du patron pour lequel il travaille à New York : les bénéfices pourraient aider la IVe Internationale. Trotski écoute cela avec amusement. Au vrai, rue de Vienne, on ne prend pas Jacson très au sérieux.

Le 17 août, Jacson demande à parler seul à seul à Trotski. Surpris, celui-ci le reçoit. Avec une certaine timidité, le jeune homme déclare qu'il a écrit un article et qu'il souhaiterait que Trotski le lise afin de lui suggérer éventuellement des corrections. Trotski, qui a toujours aimé rendre service, invite Jacson à l'accompagner dans son cabinet de travail. Il se met à lire l'article et le juge sévèrement : un peu de délayage autour de vagues clichés. Le Vieux indique à Jacson dans quel sens il lui faut reprendre son travail. Puis il le renvoie.

Songeur, préoccupé, Trotski rejoint Nathalie. Le comportement du « mari de Sylvia » l'a troublé. Pendant que, dans son fauteuil, il lisait l'article, Jacson s'est assis sur la table, le dominant de toute sa stature. Il n'a pas enlevé son chapeau et il a gardé sur son bras, serré contre lui, son imperméable. Pour la première fois, Trotski se demande qui est Jacson. Les paroles bizarres qu'il a prononcées sur son « patron » lui reviennent tout à coup à l'esprit. Qui est ce patron ? Il faudrait se renseigner. Peut-être Jacson voudrait-il l'entraîner dans un scandale ? L'ami de Sylvia se présente comme un Belge élevé en France et il n'a rien de français. Ne cacherait-il pas sa véritable nationalité ? Dans ce cas, pourquoi ?

Ses soupçons, Trotski les réitérera, le 19, à son secrétaire Hansen. Peut-être vaudrait-il mieux qu'il ne revoie pas Jacson ?

Le 20 août, il fait très beau. Un soleil resplendissant. Dans le jardin, les fleurs multicolores semblent s'épanouir sur la pelouse. Avec étonnement, Nathalie regarde l'homme agité qui se tient devant elle : le mari de Sylvia, ce Jacson dont elle commence à s'étonner qu'il vienne si souvent. Il ne lui semble pas dans son état normal. Nathalie se souvient que Sylvia lui a confié que son mari n'était pas bien portant. Nathalie lui offre du thé. Jacson répond qu'il préfère un verre d'eau.

Il le boit. Nathalie l'observe toujours. Elle l'interroge :

— Il est prêt, votre article ?

Maladroitement, gardant collé au corps le bras qui maintient son imperméable, Jacson lui montre quelques feuillets.

— Vous avez bien fait de le dactylographier. Léon Davidovitch n'aime pas les manuscrits mal présentés.

A pas lents, Nathalie et Jacson rejoignent Trotski toujours près des lapins. Celui-ci dit en russe à sa compagne :

— Tu sais, il attend Sylvia. Ils partent demain.

Nathalie comprend à demi-mot : le Vieux vient de lui signifier qu'il serait bon d'offrir du thé à Jacson. Elle répond également — en russe — qu'elle l'a déjà fait mais qu'il a préféré boire un verre d'eau. Trotski hoche la tête, se tourne vers Jacson.

— Vous êtes encore souffrant et vous avez mauvaise mine. C'est mal, cela.

Visiblement, Trotski n'a pas envie de quitter ses lapins mais il y a ce fichu article. Et Trotski est un homme poli.

— Alors, voulez-vous me lire votre article ?

Il ferme les portes du clapier, retire ses gants, secoue la blouse bleue qui protège ses vêtements. A pas lents, silencieusement, ils se dirigent tous les trois vers la maison. Nathalie les accompagne jusqu'au bureau. La porte se referme sur les deux hommes. Elle passe dans la pièce voisine.

Trois ou quatre minutes. Tout à coup Nathalie perçoit un hurlement strident, un long cri d'agonie. Elle s'élance. Sur le seuil de la porte de la salle à manger, elle voit Trotski debout, s'appuyant au chambranle, les lunettes tombées de ses yeux bleus, le visage ensanglanté. Elle le prend dans ses bras. Elle crie :

— Qu'arrive-t-il ? Qu'arrive-t-il ?

Tout de suite, elle a pensé à un accident : le toit est en réparation, quelque chose a dû tomber sur Trotski. Le Vieux ouvre la bouche. Un nom tombe de ses lèvres, « distinctement, sans que sa voix révèle altération, amertume ou désespoir » :

— Jacson.

Elle le soutient, l'aide à s'allonger sur la natte.

— Natacha, je t'aime.

Il a dit cela comme une affirmation qui ne souffre pas de discussion, avec la même netteté mais sur le même ton neutre.

Elle s'incline vers lui, place un oreiller sous sa tête, essuie le sang qui coule sur le visage, va chercher de la glace qu'elle place sur la blessure.

Quelques mots encore mais la voix, cette fois, est presque imperceptible :

— Il faut éloigner Sieva.

Du regard, il désigne la porte du bureau. Avec une difficulté accrue, il prononce :

— Tu sais, là-bas, j'ai senti... J'ai compris ce qu'il voulait faire... Il voulait me frapper encore, mais je l'en ai empêché.

La voix est « basse, les mots entrecoupés ». Il a dit *je l'en ai empêché* avec une sorte de fierté. Hansen, son secrétaire qui vient d'entrer dans la pièce, l'a remarqué comme Nathalie.

Que s'est-il passé ? Nous ne pouvons que nous référer au récit de Ramon Mercader. Ils sont entrés ensemble dans le bureau. Ramon a remis l'article à Trotski qui lui a tourné le dos pour le lire. Alors, aussitôt, Jacson a sorti de son imperméable un piolet d'alpiniste et il a frappé. C'est à ce moment que Trotski a poussé ce cri horrible. Il s'est retourné, a mordu la main gauche de Jacson. Deux gardes ont surgi, attirés par le cri. Ils se sont jetés sur l'assassin. Trotski est sorti lentement de la pièce, s'est trouvé face à Nathalie.

De la pièce voisine viennent des cris de douleur : les gardes passent Jacson à tabac. Sur la natte, Trotski s'affaiblit. Agenouillés aux côtés du blessé, l'un en face de l'autre, Nathalie et Hansen guettent ses réactions. Trotski s'oblige à parler une fois de plus, « aussi lentement et difficilement » :

— Qu'ils ne le tuent surtout pas ! Il faut l'obliger à parler.

On a appelé un médecin. Il survient, examine la blessure. Maîtrisant une émotion visible, il déclare qu'il n'y a rien là de grave. Trotski porte la main à son cœur et dit en anglais à l'adresse de Hansen :

— Je sens *ici*... que c'est la fin. Cette fois, ils ont...

Hansen et Nathalie lui affirment que la blessure n'est pas dangereuse. Trotski sourit faiblement comme quelqu'un qui sait qu'on veut lui mentir et que cela amuse. Sans cesse, il porte les mains de Nathalie à ses lèvres. Il continue en anglais :

— Prenez soin de Nathalie, elle a été à mes côtés pendant de longues, longues années.

— Nous le ferons, promet Hansen.

« Le Vieux pressa nos mains convulsivement, les yeux soudain remplis de larmes et Nathalie, secouée de sanglots, restait penchée sur lui, embrassant sa blessure [1]. »

L'ambulance est arrivée. On y porte Trotski. Le chauffeur démarre aussitôt et s'élance à une incroyable vitesse à travers la ville, faisant fonctionner sa sirène sans discontinuer. Le bruit se double de celui des sifflets des agents motocyclistes qui escortent la voiture. Nathalie et Hansen se sont assis près du blessé. Trotski garde sa lucidité. Sa main gauche et sa jambe gauche sont à présent paralysées. Nathalie lui demande comment il se trouve.

— Mieux, maintenant, fait-il.

On pénètre dans la clinique, on le porte dans une chambre, on le dépose sur un lit. Les médecins l'entourent. Une infirmière lui coupe les cheveux. Trotski parvient à sourire et dit à Nathalie :

— Le coiffeur est venu, tu vois.

1. Récit de Hansen.

En effet, Nathalie, lui trouvant les cheveux trop longs, avait dit un peu plus tôt qu'il faudrait faire venir le coiffeur.

Hansen affirmera qu'il a proféré encore ces mots :

— Je suis sûr du triomphe de la IVe Internationale.

Les infirmières commencent à le dévêtir. Il proteste, tourne son regard vers Nathalie :

— Je ne veux pas qu'ils me déshabillent. Je veux que ce soit toi.

Lorsqu'elle a fini de le dévêtir, elle se penche vers lui et pose ses lèvres sur les siennes. Il lui rend son baiser, longuement. Tel est leur adieu. Il perd conscience.

La blessure n'a pas moins de sept centimètres de profondeur. La voûte crânienne et l'os pariétal droit sont brisés, avec enfoncement et projection d'esquilles dans le cerveau. Les méninges sont blessées. Une partie de la région cervicale est détruite [1].

Toute la nuit, Nathalie attendra que Trotski se réveille. Il continuera à lutter contre la mort pendant plus de vingt-quatre heures. Il ne reviendra pas à lui.

Le 21 août 1940, à 7 h 25 du soir, les médecins constatent la mort. La dernière image que Nathalie garde de lui : « Ils le soulevèrent, la tête s'inclina sur l'épaule et les bras tombèrent tout le long du corps comme dans la Descente de croix de Titien mais, au lieu d'une couronne d'épines, le mourant portait un bandage. Ses traits conservèrent toute leur pureté et leur fierté. Il sembla qu'à tout moment il allait se dresser pour décider encore lui-même de son sort. »

L'autopsie révélera un cerveau d'une dimension exceptionnelle, pesant mille cinq cent soixante grammes.

— Il faut qu'il parle !

Il s'agit de l'assassin et c'est le cri général à Mexico. Comme celui du monde entier.

Jacson affirme qu'il s'appelle Jacques Mornard, qu'il est citoyen belge, fils d'un ministre plénipotentiaire, qu'il est né à

1. Constatations relevées lors de la trépanation par cinq chirurgiens.

Téhéran et qu'il a été élève à l'Ecole militaire de Dixmude. Il va être confondu par le ministre de Belgique qui lui pose des questions simples sur Dixmude auxquelles il ne peut répondre. La police découvre que le passeport au nom de Jacson est en fait celui d'un Canadien tué en Espagne pendant la guerre civile. Elle ne peut que poser la question : par quelle filière le passeport d'un ancien membre des Brigades internationales est-il venu entre les mains de Mornard ?

L'enquête n'ira pas plus loin. On n'a rien pu tirer de Sylvia Agelof, littéralement effondrée. Il est évident que la malheureuse n'est pas une complice du faux Jacson, mais qu'elle en a été la victime. Sur l'assassin, on a trouvé une lettre exposant les motifs de son acte. Il déclare qu'il était lui-même trotskiste mais que, dès qu'il a rencontré son idole, il a éprouvé une déception immense. Ce qu'il n'a pu supporter, c'est d'entendre Trotski lui proposer une mission secrète en URSS au cours de laquelle il lui eût fallu assassiner plusieurs dirigeants, dont Staline. Il a estimé que Trotski avait dupé ses partisans et que, de ce fait, il devait mourir.

« Jacson » sera jugé et condamné à vingt ans de prison. Il les accomplira sans jamais rien révéler sur sa personnalité ni sur ceux qui l'avaient fait agir.

Vingt ans au fond d'une prison. Vingt ans sans parler.

Le 13 mai 1960, Ramon Mercader, alias Mornard, alias Jacson, est libéré. Un avion l'emporte à Cuba. De là, il s'envole pour la Tchécoslovaquie puis pour Moscou où, à peine arrivé, il se voit décerner la médaille d'or de héros de l'Union soviétique.

On veut croire que l'une de ses premières pensées aura été pour les deux hommes qui lui avaient ordonné de tuer Trotski et qui, de ce fait, avaient si profondément modifié son destin : Soudoplatov et Eitingon. Il n'a pas dû chercher longtemps leur adresse : après la mort de Staline, Soudoplatov, accusé d'être le complice de Beria, a été jeté en prison. Il s'y trouve toujours et ne sera libéré qu'après plus de quinze ans de captivité, le 21 août 1968. Eitingon ? En prison, lui aussi. Il ne sera libéré qu'en 1964.

Une photographie nous montre Ramon Mercader, en janvier 1962, à Moscou. Visage devenu rond sous une casquette de bon faiseur, lunettes sans monture, stature confortable, veste légère jetée sur une chemise à carreaux, sacoche en bandoulière, il ressemble à un touriste américain.

Il ne quittera Moscou que pour regagner Cuba où Fidel Castro l'a appelé aux fonctions de conseiller au ministère des Affaires intérieures. Il mourra à La Havane le 18 octobre 1968. Son corps sera rapatrié à Moscou. Le KGB ayant décidé que les obsèques ne bénéficieraient d'aucune publicité, seul Eitingon pourra y assister.

On oubliera de prévenir Soudoplatov.

Table

Cet ouvrage a été composé par
Nord-Compo (Villeneuve d'Ascq)
et imprimé par ***Bussière Camedan Imprimeries***
à Saint-Amand-Montrond (Cher)

Achevé d'imprimer en avril 1997

N° d'éditeur : 1273. – N° d'impression : 4/458.
Dépôt légal : mai 1997.

Imprimé en France